イギリス近世の国家と都市

王権・社団・アソシエーション

坂巻 清
Sakamaki Kiyoshi

山川出版社

The State and Towns in Early Modern Britain:
The Crown, Corporations and Voluntary Associations
by
Kiyoshi Sakamaki
Tokyo: Yamakawa Syuppansha, 2016

イギリス近世の国家と都市

王権・社団・アソシエーション

目次

イギリス近世の国家と都市

王権・社団・アソシエーション

序章

イギリス近世の国家をみる視点

支配権力と自発的な社会的結合

支配権力が民衆の自発的・自然生的な社会的結合をどのように包摂しているかという問題は、時代を超え、地域を超えて問うことができる普遍性をもった問題である。支配権力が、そうした民衆の自発性を、上から低いレヴェルで抑えている場合もあれば、逆にそれを支配機構の中枢近くまで取り入れている場合もある。しかし興味深いのは、いわゆる中間団体が形成され、それが支配権力と民衆の自発的な組織形成の接点となっている場合である。中間団体は、多くの場合、民衆の自発的・自然生的な社会的結合体であり、支配権力はそれに法的な権利や地位を与え、さらには法人化して自己の制度機構のうちに取り入れ、国家秩序を編成する。こうした場合、国家の秩序編成は、支配権力と民衆の自発的な組織形成力の交錯として、多彩な特徴をもつように思われる。

以上のような問題は、一六・一七世紀イギリスの国家秩序の編成の検討に際しても問うことができる。すでにフランス絶対王政については、二宮宏之氏が社会的結合のレヴェルから国家の統治を論じて、注目されてきた[1]。イギリスについては、G・アンウィンが中世以後一七・一八世紀にまで及ぶ、自発的結合組織(アソシエーション)の展開を論じているのも[2]、以上のような問題に関係づけてみるとき、興味深く重要である。二宮氏とアンウィンの論は、絶対王政期の統治や秩序編成の理解に、重要な枠組みを与えてくれると同時に、対照的な論点も示されるように思える。また、このような問題に関連して、さらにM・J・ブラディック[3]やS・ヒンドル[4]などの国家形成論も、一六世紀半ば以後の社会変化と国家の関係を重視し、社会の変化から生じたミドリング・ソートを取り込んで国家を論じている点はとくに興味深く思われる。以下まず、これらの四人の研究について検討し、本書の視点を明確にさせてゆき、次いで本書の中心的論点となる法人団体(corporation)について、その観念がどのようにして誕生し、どのような意味をもったのかを明らかにしておきたい。

1　二宮宏之とアンウィンの社会的結合論

二宮の社団的編成論

周知のことであるが、二宮宏之氏はフランス絶対王政の統治構造について、それが官僚制と常備軍による王権の一円的・一元的領域支配とはほど遠く、その権力秩序は制度や政治的イデオロギーからではなく、基底にある社会的結合関係から捉え直すべきことを提唱し、さらにその社会的結合関係を、空間的・地縁的結合と機能的・職能的結合に分けつつ論じている。[5] まず空間的・地縁的な社会的結合は、家を起点として、村域や街区における自然生的結合から、より広域に及ぶ共同性を形成し、種々の中間的な団体や地域・地方をへて、上向して王国にまでいたる。一方その頂点にある王権は、それらの中間団体や地域を下向して権力秩序に編成しつつ、教区を末端の行政単位として、家＝戸にまでいたる支配を形成する。また、機能的・職能的結合の場合は、「祈る人」「戦う人」「働く人」という職能集団・結合体やその内部での序列を形成しつつ、国王に収斂する上向過程を形づくるが、王権は下向過程においてそれらの集団・結合体に身分としての法的地位を与え、聖職者身分、貴族身分、第三身分として国制のうちに位置づける。

これらの過程で王権は、空間的結合においても、職能的結合においても、自然生的結合体の自律性を前提として、それらに法的地位を与え、結合体は多かれ少なかれ法的権利や法人格をもつようになる。そのような結合体・中間団体が

「社団」であり、絶対王政は社団的編成に立脚し、それを介して支配していたのであって、君主が臣民を直接支配していたのではなかった。しかし、その後社団内部の均質性の喪失、社団外の社会層の出現、社会集団の序列の動揺といった事態が出現すると、王権は上から官僚制や治安維持機構の強化によって対応するが、それは社団の特権の侵害ともなり、フランス革命にも連なるという。

こうした二宮氏のフランス絶対王政の統治構造把握は、多くのフランス史家の支持を得、また広い射程範囲をもちつつ、他国史家にも影響を及ぼしている。ここでは、以上のような二宮氏の論の特徴について、アンウィンの論と対比させつつ、以下の三点を指摘しておきたい。[6]

まず第一は、自然生的結合の上向過程と王権による支配の下向過程は、基本的に循環的であり、まさに統治の構造として把握されている。こうした循環的把握は、支配権力と社会的結合との関係を捉えるうえで、もっとも基本的で重要な視点であり、両者の関係を検討する際にはまず念頭におかなければならない。ただし、この循環自体は時間的な変化を含んでおらず、変化については社団の均質性の喪失とか、社団外の人々の増大といった事象から説明されている。二宮氏の基本的な循環的把握は、のちにみるアンウィンの自発的結合組織についての時系列的な発想とは対照的である。

第二に、自然生的結合は、それ自体が秩序形成的であって、起点としての家や家長から始まって、より広域のあるいはより上位の結合体へと、これも自然生的に上向して王国にいたっている。この場合、非合法な社会的結合関係とか、秩序の均衡を破るような自発的組織は、捨象され、言及されることがなく、おそらく論旨の展開にとって対象外とされているように思われる。こうした発想は、一六世紀イギリスのコモンウェルスの理解にもみられるし、必要だとは思うのだが、[7]しかし、この点ものちにみるアンウィンの自発的結合組織のもつ非合法性、アナーキー性の指摘と異なっている。

第三は、フランス絶対王政の社団的秩序が動揺してきたとき、官僚制や治安維持機構の強化など、王権の権力支配の強化、つまり下向過程の強化の方向でそれを解決しようとしていることである。前述のような社団内外の変化に対して、王権はまず社団外の周縁的存在に対して権力的な統制を試み、やがて上からの改革に向かってゆき、社団の特権を侵害するまでにいたるのである。こうした点も、アンウィンのいうような下からの自発的結合が、制度機構化されて、国家の在り方をも変えてゆくという展望とは対照的である。

二宮氏の社会的結合と社団を軸とした国家の統治構造論は、アンウィンの自発的結合についての見解と対比して、以上のような特徴をもっている。家や家長を起点に自然生的に上向し、中間団体を介し王にいたり、王から支配権力が下向して家にまでいたるという、上下両方向を備えた国家秩序編成の循環的・構造的な把握は、後述するように、イギリスの絶対王政、とくにエリザベス期の統治構造にも基本的に妥当すると思われる。[8]

アンウィンの自発的結合組織

次に、アンウィンの自発的結合組織＝アソシエーション(Voluntary Association)についてみておきたい。アンウィンは、すでに一〇〇年も前の経済史家であり、その発想には一九世紀的な性格がうかがえる点もあるが、自発的結合組織と政治権力の関係についての考えは、今なお生命力をもち、重要な示唆を与えてくれる。彼は、周知のように当初はドイツ歴史学派の影響を受けたが、しかしやがて、国家とその政策が歴史を動かすという歴史学派的な発想を逆転させ、個人とその自発的結合組織こそを重視したのであった。個人とその自発性を重視する彼の歴史観は、一九〇八年の著書の第一章に、もっともよく示されている。[9] 結局彼によれば、西ヨーロッパ中世以後の社会史は、自発的な組織形成をとげつつ下から上向する諸力と、政治権力から下向する諸力の交錯の歴史であるとしており、両者が交錯する場が、ギルドや自治都市などであった。また、こうしたギルドなど自発的結合組織を生み出すのは、アンウィンにおいては、人間の道徳的資質と自由への志向であり、個人と自発的結合組織、都市、そして国家のいずれかが強大化することは混乱をもた

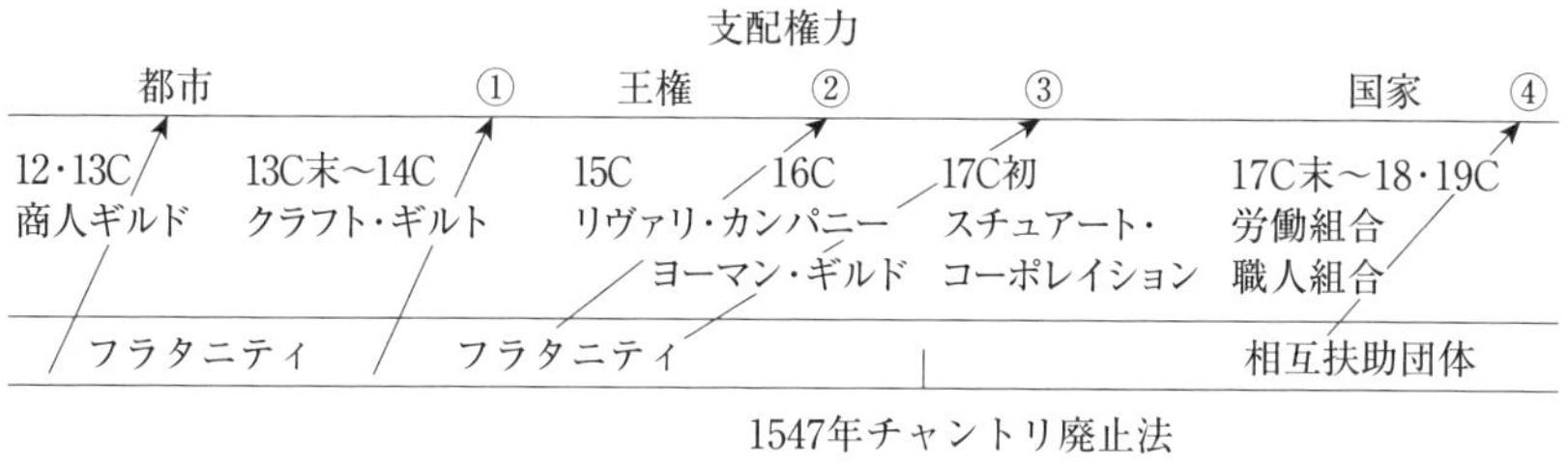

①は1363-64年のギルド独占に関する制定法，②は1528年の12大リヴァリ・カンパニー成立，③は1604年以後のスチュアート・コーポレイション，④は1871年の労働組合法人化を念頭においている。

図序-1　アンウィンにおける自発的結合組織の波状的展開
出典：Unwin, G.（1908, 1963），（1904, 1963），坂巻清（1987b）などより作成。

らすが、これらが均衡に達し、「全体的な善」のために協働することが望ましいとも述べている。しかし、アンウィンの所説は以下のような特徴をもっている。

まず第一に、アンウィンにおける下からの諸力と上からの諸力の交錯は、下からの諸力の優位を基本として、前述のように、時系列的に把握されている(図序－1)。彼のいう自発的結合組織は、中世以来、波状的(undulating)に次々と発生しては、やがて支配機構のなかに入り込むというふうに、いわば上昇転化を繰り返したのである。その自発的結合組織は、中世都市やフラタニティをも含むが、産業労働従事者の組織(industrial organization)、つまりクラフト・ギルド、ヨーマン・ギルド、職人組合、労働組合などを中心としており、その発生期には非合法的であって、時の支配権力はこれを禁圧したのであった。しかし、そうした組織が、勤労民衆にとって必要不可欠であるのなら、禁圧しても禁圧しきれるものではなく、やがて支配権力はその存在を容認し、さらには自己の政治・支配機構の一部に取り込んでゆく。そしてついには支配権力を担う組織に転化するものすら現れるのである。このような非合法な自発的結合組織の政治機構化、上昇転化が、繰り返し現れたことにより、支配権力もその性格を変えていったともいえるであろう[10]。

第二に、下からの諸力は、民衆のあいだから発芽(germation)する諸力であり、それが形成する自発的結合組織は、それ自体では目的に向かって収斂することはなく、したがってそれ自体で秩序形成的ではなく、むしろアナーキーな諸力である。とりわけ産業労働従事者の自発的結合組織が生まれ出てくるとき、既成の秩序や社会的均衡を破る傾向がある。政治権力は、そのような自発的結合組織に方向性を与え、秩序に編成しつつ、社会的な均衡を達成しようとする。歴史の展開は、下からと上からとの双方の諸力がともに必要なのであり、「下から押し上げる力は、上からの圧しつける力よりも、より強力であるに違いない」のであるが、彼においては政治権力による秩序化も不可欠なのである。[11]

第三に、アンウィンにおいては、前述のように産業労働従事者の自発的結合組織の発生と展開が主題になっていたのであるが、そのことが、他方に現れる資本家、富裕市民などミドルの社会的・政治的動向については、必ずしも明確にすることがなかった。経済の担い手あるいは経営者としての資本家については、彼はもちろん多くの研究を残している。[12]しかし、ミドル層の政治的・社会的な位置づけ、国家編成との関わりといった問題は、基本的に対象とされていない。社会的分極化の進展にともない、教区や区などの地縁的共同体のなかから、そしてとくにクラフト・ギルドやリヴァリ・カンパニーなどの職能団体のなかから、出現してくるミドリング・ソートの動向は、一六世紀後半から一七世紀のイギリスの社会や政治にとって重要な意味をもった。後述するように、彼らの議会進出状況はどのようであったか、国家秩序とどのような関係をもちつつ地方社会を担ったかといった問題は、解明されるべく残されることとなる。

2 ブラディックとヒンドルの国家形成論

ブラディックの国家形成論

アンウィンが、基本的には考察の対象としなかった、ミドリング・ソートの政治的・社会的な意義を、一五五〇年以後の国家形成(state formation)のうちに捉えているのが、ブラディックと、とりわけヒンドルである。まずブラディックについてであるが、彼は一九九一年の論文においては、M・マンの影響を強く受けており、[13]「国家は組織化された社会的権力(social power, 社会的な力)の一形態」とか、「国家は地方的な社会関係のネットワークの一部」[14]として受け止める。[15]また国家は、制度の問題であるよりはむしろ機能として重要であり、それは社会的な諸力を「監督もしくは調整」するとともに、「全体を見渡し指令する」中心ということになる。このため社会的な変化は、制度的な変化なしに国家の強化をもたらしうるのであって、例えば人口圧などから生じる社会的変化は、分極化や階層化を生むとともに、国家機能の、中心への凝集化や集中化をも生むことによって国家の強化をもたらすことにもなるのである。

このような社会的変化を重視する考え方は、基本的には二〇〇〇年に刊行された彼の著書にも引き継がれている。しかし、この著書において彼は、国家を政治権力の問題とする視点を打ち出しており、国家を「官職(offices)のネットワーク」とし、その成長・強化を論じている。まず一五五〇年頃には、国家は「調整的機能を果たす中央から引き出された、政治権力を行使する官職のネットワーク」として存在していた。[16]こうした国家は、一六世紀後半以後の人口増大、飢饉、戦争、国際競争などによる危機的状況のなかで成長し、強化され、社会的分極化に対応して家父長制国家、領域性に関連して財政軍事国家、宗教的統一・管理に即して信教国家、対外膨張・帝国形成の正当性の根拠に国王の権威が用いられたがゆえに王朝国家、といった四つの国家を結晶させていったとみる。[17]これが国家形成であるが、それは明確な目的や計画に基づいておこなう国家建設(state building)ではなく、既存の官職の職務の変更や、既存官職の欠点を補う新しい官職の創設といった方法がとられたのであって、国家形成と呼ぶのがふさわしいのである。しかし、こうした変化のうちに、state という言葉は、一五〇〇年には君公や王国の「状態」を示すにすぎなかったのが、エリザベス一世治世の後半には、「国家」の意味でも用いられるようになったという。[18]そして重要なことは、これらの官職(治安判事、治安官、教区委員、やがては貧民監督官など)のネットワークのなかに、一六世紀半ば以後台頭してきたミドリング・ソートを、ジェントリとともに、取り込んだことである。つまり、家父長制国家の救貧政策における教区役人、穀物流通規制における仲買人、財政軍事国家の艦隊や財政における商人、信教国家における教区役人、王朝国家におけるエリート層には、ミドリング・ソートが加わり、治安判事などを担うジェントリとともに、国家形成に一定の役割を果たしたのであった[19]。ここにアンウィンにはみられなかった、ミドリング・ソートの国家秩序における位置づけが示されているのである。

ブラディックにおけるミドリング・ソートの概念は、国家との関係で考えられ、国家形成に組み込まれてゆくこととなった一六世紀半ば以後の商工業者・富農層などであるとみられる。しかし、官職の担い手は、「生まれながらの支配者 natural governor[20]」とか在地の有力者として捉えられ、コミュニティとか社会的結合とか社団との関係で捉える観点は基本的にはない。したがって国家を「官職のネットワーク」というとき、都市の位置づけが明確ではない。都市は支配権力のエイジェントとなる側面もあるし、都市のもつ特権や自治権が国家を形成する「官職のネットワーク」に収まらない側面もある。また教区役人などは、教区コミュニティ・社会的結合体をその基盤としているのであり、そのなかでのエリートであることも指摘されねばならないはずである。しかし、ミドリング・ソートを国家形成のうちに位置づけたことは重視したい。

ヒンドルの国家形成論

次にヒンドルの場合も、社会との関係を重視した国家形成を論じており、マンやA・ギデンズの影響を受けている[21]。一六世紀後半以後の国家と地方の関係を、それらの相互作用・相互浸透という観点から捉えつつ、中央の上からの圧力よりもむしろ政治社会内部からの圧力を重視する。彼のいう国家形成は、「社会秩序内部での連続的な「国家の再構造化」」であり、つまるところ、それは社会変化にともなう国家統治の持続的な成長ということである。そうした国家形成は、法制的・行政的な諸制度が社会的な深みを捉えてゆく「権力」的な局面と、「権威」を表象する政治文化の創出という局面とをもっている。[22] しかし、いずれの局面においても、ミドリング・ソートが、彼の国家形成論の軸となっている。まず前者の局面については、いわゆる「政治的国民」が、貴族・ジェントリより下層の社会層にまで広がることを重視している。ジェントリが担う治安判事より下位にある、治安官、教区委員、貧民監督官などが「国家と社会の接点(interface)」であるという観点に立ち、それらの下層役人を、地方コミュニティの分極化から生まれたミドリング・ソートが担うことによって、「政治的国民」が広がり、国家形成が進展したとみるのである。

また後者の政治文化については、前者と重なる点が多いのであるが、ここでもミドリング・ソートが鍵(キイ)となる。まず第一は「参加」と「服従」の政治文化である。ヨーマン、ハズバンドマンなどのミドリング・ソートが、一六世紀後半に下層役人を担うとともに、訴訟・裁判等々にも広汎に参加したが、それは彼らの服従の理念と併存もしくは融合していた。こうした参加と服従はともに、彼らが国家的な価値観のうちに包摂されてゆくことを意味しているのである。第二は、エリザベス救貧法を軸とした教区エリートと中央政府の価値観・政治文化の共有である。つまり、教区役人となったミドリング・ソートは、貧困層との差異化をはかりつつ、救貧法の施行などを軸として、中央政府と価値観・政治文化を共有したが、それは中央の統治能力の増大となったのである。ここには、教区の「より良き人々」が、教区会を寡頭《かとう》化しながら、またプロテスタント的な立場から、モラル・リフォームによって民衆の伝統的娯楽などを抑圧する一方、家父長主義的な救貧政策を実施する事態がみられた。第三は司法主義であり、法の支配の浸透である。ここでもミドリング・ソートは、星室庁《せいしつちょう》裁判所その他中央の裁判所にも多くの訴訟申し立てをおこなう一方、地方刑事裁判でも陪審員の役をも担った。それはまた法の支配の観念の広がりをもたらし、エリザベス治世末期からスチュアート期にかけて、コモン・ローが浸透する一方、衡平法も成熟してゆくこととなり、ミドリング・ソートや民衆が法によって国家的に統合され、地方コミュニティが国家的な政治文化のうちに組み込まれてゆくことにもなったというのである。[23]

しかし、ヒンドルによれば、以上のような国家形成は、中央からの地方の包摂というだけのものではなく、地方、とくに教区における変化と関係していた。一六世紀後半から一七世紀初めの地方社会、とくに教区コミュニティで、社会的分極化の進展にともない出現したミドリング・ソートが要であり、彼らが中央の機構に接し、またその政治文化に入り込むことによって、国家形成が進み、その統治の拡大・強化がもたらされたのである。[24] このように地方コミュニティと中央の政治支配の関係をみるヒンドルの見解は、社団国家論に対しても示唆的なものがある。以上のように、ブラディックやとりわけヒンドルは、国家形成におけるミドリング・ソートの役割を重視している。こうした視点は、アンウィンの産業労働従事者のアソシエーションの上昇転化論に欠けていた、ブルジョワの政治的上昇を把握する途を開くものである。

結局、絶対王政期の王権と自発的な社会的結合(アソシエーション)の関係について、社会的結合を基底におき、社団や中間団体を介して国王にいたる上向過程と、王権による上からの権力秩序編成という下向過程とを合わせ捉える、二宮氏的な循環的・構造的な視点を基本におきつつも、アンウィン的な自発的結合組織の波状的・時系列的な形成と上昇転化が繰り返され、下から発芽する力が上から押さえ込む権力よりも強く、国家の在り方をも変えてゆくのがイギリス的であるという視点をも重視し、さらにブラディック、ヒンドルの国家形成論に示唆を得て、ミドリング・ソートと国家の接点にも焦点をあてつつ検討するという視点が求められる。こうした諸視点を考慮しつつ、本書においてはイギリス(この場合イングランドとウェールズ)絶対王政期とその前後の時期にわたって、アソシエーション、社団、王権の関係を、都市に即して以下のように検討したい。まず中世末期に始まるフラタニティ、ギルドなどの自発的結合組織の生成をたどり、王権がそれらの組織や都市を法人化などによって社団とし、やがて一五三〇・四〇年代の宗教改革によって、カトリック的な都市世界を破壊するプロセスを捉える。次いで一五四〇・五〇年代以後再編され、エリザベス時代に頂点に達した社団的秩序と国家編成を、ロンドンを中心にまた地方都市の法人化をも視野に入れつつ検討する。さらに、その社団的秩序内部に組み込まれていたミドリング・ソートが、やがて社団的秩序を破りながら、議会主権の形成に関与し政治化することをも検討したい。これによって王権、社団、アソシエーションの関係の一端を明らかにし、フランスに比しての、イギリス的な上向過程優位の特徴を把握することができるように思われる。なお、一七世紀前半には法人団体は多様化し、株式会社や植民地建設のための社団も生まれるのであるが、第八章は、アイルランド組合とロンドンデリー植民地を取り上げ、社団の帝国形成に対してもつ可能性について検討した。

なおここで、具体的な検討に入る前に、本書において中心的な概念となる、ミドリング・ソートと法人団体について検討しておきたい。後者は、次節でより詳しく取り上げるが、前者のミドリング・ソートについては以下のように把握している。つまり宗教改革後、都市やその内部のコミュニティの世俗化が進み、それとともに社会的分極化が進展して、コミュニティ内部に「より良き人々 better sort」と「卑しい人々 meaner sort」などといった二分化が生じた。[25]このうち「より良き人々」は、コミュニティのエリートであり、彼らが王侯貴族・ジェントリが支配する国家にかかわるとき、ミドリング・ソートと位置づけられる。[26]K・ライトソンによれば、言語的には、ミドリング・ソートという言葉が中間的社会層について、ある程度の頻度をもって用いられるようになったのは一六二〇年代頃からだというが、ブラディック、ヒンドルの用法からすれば、一六世紀後半に教区役人などが救貧行政など国家行政の担い手となった時点から、彼らをミドリング・ソートと呼んでいる。[27]本書は、ブラディック、ヒンドルにならって、コミュニティ内の分極化が進み、そこに形成された「より良き人々」が、国家行政にかかわり始めた時点で、彼らをミドリング・ソートとする。社会的実体としては貿易商から手工業者までの自営業者、法律家や医師などの専門職である。コミュニティのエリートがミドリング・ソートとなれば、コミュニティ内部の非エリート層も、エリートとの関係のうちにその位置づけが成り立ち、ミドリング・ソートとして、例えば下層のミドリング・ソートと呼ぶことができるようになる。ただし、ミドリング・ソートは、ミドル・クラスと異なり、社会層としての凝集性が弱く、また文化的にも独自性を確立しえず、ジェントリ層への上昇を志向し、ジェントリ文化の影響を受けやすい存在だったのである。[28]

3 法人ということ 擬人化と虚構の人格

擬人化と法人格の思想

政治的な支配権力が、種々の自発的結合組織に何らかの法的権利や法的地位を与えてゆくが、その最高のかたちが法人格を賦与した法人団体である。いわゆる社団は、これら種々の中間団体を含むが、本書においては、これらのうち、とくに法人団体を支配権力と民衆の自発的な組織形成の接点として重視している。次章以下でアソシエーションや社団についての具体的な検討に入る前に、イングランドでは、法人という観念がどのようにして形成されたのか、またそれはどのような特質をもつのかを示しておきたい。

F・W・メイトランドやC・T・カーによれば、法人の観念は、イタリアのカノン法(教会法)において形成され発達し、一四世紀頃イングランドに徐々に入り込んできたとされている。[29] さらにカーは、カノン法の根底にあるキリスト教思想から法人の形成を説明している。彼によれば、キリスト教には人体について「神秘的な身体 corpus mysticum」という観念があり、それを起点として、イタリアでは種々のものを身体になぞらえる、擬人観(化)(Anthropomorphism)が発達してゆくこととなった。[30] 擬人化はまず宗教の領域で始まり、すでに聖パウロは、教会をキリストの身体、教会の頭をキリストとしていた。こうした擬人化は、やがてイタリアにおいて宗教の領域のみならず、世俗の領域にも及び、政体(polity)も擬人化されていった。一二世紀のイタリアでは、政体の徹底した擬人化がみられ、J・サリスベリエンシスは「聖職者は身体の魂、君主は頭、評議会は心臓、裁判所は脇腹、役人と判事は目、耳そして舌、官吏は武装せざる手、軍隊は武装した手、財政部局は腹と腸、農民、手工業者などは足であり、足の痛みは国家の痛みである」としている。[31] 擬人化は、神聖ローマ皇帝とローマ教皇の争いに際しても適用され、二つの頭をもつことへの批判や、神を頭とする大きな身体のうちには、複数の小さな頭と身体をも含みうるといった議論も展開された。

こうした擬人化思想が、団体に適用されたとき、団体はさまざまな構成員からなる「人工的な身体」であるとされた。[32] そして人工的な身体は、どのようにして人格をもつのかが次の課題となった。それは法によって虚構の人格(persona ficta)=法人格を与えることで解決されたのである。しかしそれはローマ法ではなく、カノン法においてであった。ローマ法では人々の結合体は、国家を除いていかなる権利をも主張できないのである。一方カノン法の世界においては、一三世紀の半ば、のちにインノケンティウス四世となったS・フィエスキが、教会や宗教集団に虚構の人格を認めたのであった。[33] これらは虚構の、そして理想の人格であり、個々の構成員が過ちを犯すことはあっても、法人は過ちを犯すことはないとして、宗教的な法人を守ろうとしたのであった。このような主張は、法人も罪や過ちを犯すという事実によってすぐに破綻したが、法人格の思想は広まってゆき、徐々にイングランドでも受容されていった。イングランドでは、一三世紀のブラクトンの時代には、*universitas*(組合・団体)の観念があり、教会が、また都市が土地を所有するという事実に即して、法人の観念が受け入れられていった。一四世紀には都市やギルドの法人化がおこなわれているが、法人の観念はエドワード四世の時代には明確になり、それはまたコモン・ローのうちにも定着していったのである。[34]

法人格の観念の形成・発達を法理論的にみる旧来の見解に対して、S・レイノルズは、イングランドの政治的・社会的な実状に即しつつ、法人格は中世の慣習的な規範から法が分離する過程で生まれたとしている。[35] もともと中世においては、法律上の権利は集団ではなく個人に属し、集団の権利について法的な規定はなかった。しかし実際には、村民たちは共有地をもち、市民たちは市壁をもち、教会はその財産をもっていたし、ある集団が他の集団と訴訟関係にあることもあった。つまり事実上は、集団の権利と義務は個人と同様だったのだが、それを法律上の規定にするほどにまで、現実の必要性が高まっていなかったのであった。しかし一二世紀以後、経済や人口の成長、行政・裁判における文書記録の増加、政治機構の発達、法律家の役割の増大といった事態が生じ、やがて集団についても法的な規定を必要とするようになった。その最初は、死手譲渡つまり教会などへの財産寄贈問題であり、これを制限する必要から一三世紀末には死手法が制定され、法人格が法律上の問題となった。さらに死手法がギルドやフラタニティにも適用されるべきかが論じられ、一三七五年の訴訟ではロンドンのギルドやフラタニティは、国王特許状なしには土地を取得できる団体(un corps)たりえないとされ、それは都市についても同様となっていった。それでも誕生した当時の法人団体は、一貫した法的意味をもっておらず、法人団体の五つの権利も初期の特許状にはなく、一五世紀中に発生する諸問題への対応を考慮しつつ、整えられていったのである。[36]

レイノルズが、以上のように中世末期の政治的・社会的現実に即し、その必要から法人格が法的に規定されたことを示したことは重要であるが、その際法律家の果たした役割をも重視している。こうした法律家が大陸の法にも通じ、その法理論の影響を受けた可能性は十分ある。またレイノルズは、政体を擬人化・身体化することを隠喩として、その意義に立ち入らないのであるが、しかし当時の政治・宗教思想のなかに擬人化思想があったことは事実である。イングランドの政治的・社会的状況とともに、法理論的なアプローチも必要であると思われる。結局イングランドにおける法人格の観念は、一三世紀末の死手法おいて教会などについて、また一四世紀の中後期には都市やギルドについて形成されてゆき、一五世紀中後期のエドワード四世期にその五つの指標が明確になったのである。

イングランドの都市やギルドの法人化は、後述するようにとりわけ一六世紀半ば以後もっとも盛んになり、絶対王政の重要な支柱となった。さらにそれはピューリタン革命期にも継続され、ようやく名誉革命政権のもとで、都市などの法人化政策は放棄されていったのである。だが、法人団体を擬人化して身体になぞらえ、法人格を虚構の人格とみる見方は、一七世紀にも継承されている。一六五九年にW・シェファードが著した『法人団体、フラタニティおよびギルドについて』は、当時の法人についての思想を示すものとして興味深い。[37] シェファードは、クロムウェルに招かれてグロスターシャーからロンドンへ出てきた法律家であった。その法人化についての議論は、絶対王政期あるいは中世からの法人化立法と政策を継承し、革命期については国王に代えて護国卿クロムウェルをおいて法人化をみている。事実クロムウェルは法人化を否定するどころか、それを推進したのである。シェファードは、法人団体について、それは「法的虚構における身体、もしくは永続的に継承される政治的身体(政体)(a Body Politick)」であるとしている。彼は、法人団体について自然的身体(a Body Natural)と政治的身体とを区別しており、自然的身体は法人団体を構成する個々の成員であり、彼らは死滅するが新たな成員に取って代わられるという。ここで法人について自然的身体という観念が登場している点は、先にみた中世の法人思想にはなかったことであるが、政治的身体は法的虚構であり永続的であるとしている点は、共通している。なおシェファードは、国王、護国卿、主教などは一人のみで政治的身体であるとしている。[38] 以上は、E・H・カントロヴィッチの王の自然的身体と政治的身体についての議論と重なる点があるが、カントロヴィッチの論に接続させるとすれば、王の政治的身体の一部として法人団体があるということになるであろう。[39]

国王と法人団体

以上、法人観念の成立・展開を、擬人化と虚構の人格という二点を中心に述べてきたが、ここでさらに以下の二点を付け加えておきたい。まず第一は、法人団体を創出できるのは国王のみだということである。これは、E・クック、R・アトキンスのような一七世紀の国王に批判的な政治家・法律家たちも、そのように考えていた。[40] 本来法人の観念がカノン法に由来する以上、法人団体を創り出すことができるのは、国王のほか教皇や司教など宗教的権威者もいたはずである。しかしイングランドでは、一五世紀に国王がフラタニティを法人化することがみられたし、国王が国教会の首長ともなれば、国王の特許状や勅許状によってのみ法人化がおこなわれた。慣習(prescription)も伝統も、先行する国王特許状・勅許状なしには、法人団体を創ることはできなかったし、パラティン伯による法人化も存在したのであるが、これも国王の許認に拠っている。また一八世紀になれば議会が運河会社や株式会社などの法人化をおこなっているが、これは議会主権下においてである。したがって、先述のクロムウェルを除いてであるが、一七世紀末まで、国王のみが法人団体を創ることができたのである。これは、キリスト教の擬人化思想とは別に、神から王、王から臣下へ、民へという「黄金の鎖 golden chain」という考えに連なるものがある。つまり、権力の源は神にあり、神がそれを国王に与え、次いで国王が臣下にそれを与えてゆくという関係であり、法人団体(corporation)もこうした連鎖のうちに国王によって創り出されたとみることができるのである。[41]

第二に、法人格を得ることによって、何を得たかということである。都市の法人化を例としてみてみると、法人化によって、まずその名称を得た。例えばウィルトシャーのチペナムの法人化特許状は、'by the name of the Bailiff and burgesses of the Borough of Chippenham' のように、[42]まず名前を得、しかもその名前には法人の首長など都市幹部が入っている。もし法人の名称に首長などがなく、例えば 'the commonalty of Nowrich' だとすれば、それは頭のない法人として奇異であり、'the Mayor, Sheriffs and Commonalty of Norwich' のように首長などが入るべきなのである。つまり、首長などは、擬人化された身体の頭の名残りなのである。[43]次いで、典型的には範囲が地理的に規定され、市長、市参事会員、市議会などの都市役人と市政機関が定められ、また記録裁判所の開催権やその権限なども規定される。さらに団体としての永続性、訴訟の主体となる権利、土地などを保有する権利、公印を保持し使用する権利、そして国法に反しない法を制定する権利など、五つの権利をもつことが認められる。[44]ただし、これら五つの権利が全て特許状や勅許状で認められているとは限らず、とくに法の制定権を認める規定は、一五世紀には少ない。[45]

法人化は、全て形式的には都市側からの請願により、それを王権が認めるというかたちをとっている。王権側の主導で法人化する場合もあるが、都市側の自発的請願が主であるとみてよいであろう。法人化によって都市はその権利を明確にすることができ、法的な地位も強化される。王権にとっても政治的・財政的に益するところがあり、まさに両者の接点に法人化が位置することになるのである。

第一章

中世末期ロンドンの自発的結合組織の展開

自発的結合の原点ともいうべきものは、中世に広くみられたフラタニティであり、クラフト・ギルドやリヴァリ・カンパニー、また中世都市も多くの場合フラタニティと密接に関係しつつ形成されている。中世末期の王権は、これらを法人化することによって、権力集中を進めたのであるが、法人団体は、都市、村落、カレッジ、施療院、救貧院、ギルド、フラタニティ等々について形成された。[1] ここでは、これらのうち王権への権力集中にとってとくに重要と思われる、フラタニティ、リヴァリ・カンパニー、そして都市の法人化を取り上げる。その際、フラタニティやクラフト・ギルドについては、それらがもっともよく発達したロンドンについて、また都市についてはこの時期に法人化された地方都市について検討する。また時代区分については、政治権力の王権への集中の問題としては一四八五年が画期であるが、王権と社会的・宗教的な結合組織との関係では、のちにみるように、中世末期から一五三〇・四〇年代の宗教改革期までを一つの時期とするのが妥当であると考えている。[2]

1　フラタニティ

フラタニティの形成

中世以来ロンドンはじめイングランドでは、フラタニティ（兄弟団）、宗教ギルド、クラフト・ギルド（同職ギルド）など、民衆の自発的結合組織が数多く形成されてきた。こうした各種の自発的な団体は、相互に重なり合い、峻別することが難しいこともあるのだが、その後の展開を考えれば、宗教的な救済だけでなく、現世での相互扶助の側面をもったフラタニティが、もっとも基礎的な組織として、興味深く思われる。[3] フラタニティは、中世の煉獄思想の広まりのもとで、仲間の死者のためにミサを捧げてその魂を救済することに目的があり、祭壇に燈明を護持し、守護聖人を祀ったほか、病人や貧者の救済など、現世での相互扶助活動をもおこない、女性や死者も会員となった。また有力なフラタニティは、その宗教的なつとめを果たすため自らの司祭や寄進礼拝堂をもっていた。こうしたフラタニティは、一〇世紀頃から知られ始め、一五四七年のチャントリ廃止法をもって終わるが、[4] いくつかのタイプがあり、特定の地域の人々によって地縁的に形成される場合、同じ職業の者たちによって職能別に形成される場合、また橋や宗教施設の建設などの特定の目的のための集団によって形成される場合、さらには有力家門の血縁集団によって形成される場合もあったのである。[5]

しかし、ロンドンについてみると、一三世紀頃までのフラタニティと、一四世紀それも後半のフラタニティとでは、異なった特徴がみられる。その一つは、前者の時期にあっては、貴族や有力家門が私有教会や寄進礼拝堂を建立し、それらを結節点として、彼ら一族の宗教的結合とフラタニティが形成されることが多かった。しかし、一四世紀に入ってとくにその後半ともなれば商工業者が台頭し、彼ら＝教区住民による教区フラタニティが数多く形成され、有力家門のフラタニティに取って代わっていった。「近隣の絆による血縁の絆の代替」が生じたのである。[6] もう一つは、初期のフ

表1-1　ロンドンのフラタニティ設立(1258～1548年)

年　代	教区フラタニティ	セント・ポール寺院付きフラタニティ	修道院・施療院付きフラタニティ*	合計
1258～1350年	9	1 +a	b	10+c
1351～1400年	38	d	e	f
1401～1548年	27	g	h	i
合　計	74	6	11	91

*シティのほかウェストミンスターを含む。

アルファベットは，時期区分不能な数字を意味する。

出典：*VCH, City of London* (1974), Vol. 1, pp. 213-214.

ラタニティは修道院や施療院などの宗教施設に形成されるものが多かったが、次第に教区教会の役割が大きくなり、一四世紀後半には教区教会付きのフラタニティによって圧倒されるようになったということである。つまりこれも、一四世紀ロンドンにおける商工業者と教区教会の地位向上に基づくものであり、商工業者は一四世紀に入って教区教会の再建や寄進礼拝堂の設立を活発におこなっている。またかつての有力家門の私有教会が、教区教会となったものも多い。こうしていくつかのクラフト・ギルドのフラタニティが、修道院・施療院付きのフラタニティから教区教会付きのフラタニティへ代わる事態がみられ、例えばロンドンの食糧品雑貨商組合のフラタニティは聖アントニー修道院を離れて教区教会聖アンソリンへ、毛織物商組合のそれは聖メアリ・ベスレム施療院から教区教会聖ミカエル・コーンヒルへ移る等々の移動がみられるのである。[7]

こうして一四世紀後半には教区フラタニティが、ロンドンの主要なフラタニティとなるが、それはロンドンのフラタニティの設立を示す表1-1からも明らかである。[8]このように一四世紀後半に多数の教区フラタニティが形成されたのは、前述のようにこの時期にロンドンに商工業者が台頭したことにあり、同職者が比較的多く集まる教区があり結束が容易であったこと、また黒死病後の社会的・精神的不安のなかで、宗教的な救済や現世における救済・相互扶助を必要としたことなどによるものである。[9]なお教区フラタニティは、住民が自発的に生み出した結合組織であったが、その宗教的性格のゆえに、本来王権など世俗権力の統制外にあり、宗教的権威者との関係のもとにあったのである。

王権とフラタニティ

しかし、一四世紀末の王権は、それらを放置したままではおかなかった。きっかけは、一三七〇年代以降の治安の乱れと財政的必要である。ロンドン市内では市政改革をめぐって食糧派ギルド・守旧派と非食糧派ギルド・改革派の抗争が起こり[10](一三七六〜八四年)、他方では一三八一年にはワット・タイラーの乱が生じ、また宗教的にはロラード派の台頭など重大な治安問題が発生したため、こうした治安の乱れとフラタニティの関係が疑われることとなった。またフラタニティやギルドは豊かな財産をもつとみられ、対仏戦争の財政需要からも統制を加えようとしたのである。このため一三八八年には、国王リチャード二世が、全国のフラタニティに対し、その創設年代、規約、財産、役人等々についての報告書を提出させる勅令を下したのであった[11]。そのとき作成され、残存している(したがって全てではない)史料からすると五〇九のフラタニティが確認され、それらの年代別および地域別創設状況は、表1－2のようである[12]。ロンドンは四一のフラタニティについて作成された報告書が残され、それらの一部はT・スミスの史料集に収録されている[13]。

この勅令は、さしあたり全国のフラタニティの実態把握を旨とするものであるが、やがてフラタニティが世俗権力たる王権の統制に服してゆく第一歩をなすものとみることができる。そして一五世紀ともなると、

表1-2　1388年勅令によって判明したフラタニティの創設状況

年代別		地域別	
1200年以前	3	ノーフォーク	164
1201-1250年	4	リンカンシャー	124
1251-1300年	10	ケンブリッジシャー	60
1301-1350年	79	ロンドン	41
1351-1388年	224	サフォーク	39
不明	134	ヨークシャー	19
記憶にない時代	29	ノーサンプトンシャー	11
最近の創設	11	ダービーシャー	8
その他	15	エセックス	8
合　計	509	その他15州	34
		不明	1
		合　計	509

出典：Westlake, H. F. (1919), Appendix より作成。

フラタニティのなかには国王から法人化の勅許状を得て、法人格を取得するものが出現してくる。[14] それはすでにフラタニティが事実上行使していた諸権利の確認にすぎないともいえるのではあるが、しかし、従来宗教的権威との関係のもとにあったフラタニティは、法人格賦与とともに国王＝世俗権力から存立根拠を与えられ、その統制に服したとみることができる。自発的結合組織の王権＝世俗権力による統制と制度化であり、やがてそれは宗教改革をへて一五四七年には、チャントリ廃止法により、王権によるフラタニティ廃止の道を開くことにもなったのである。

2　ロンドンの教区フラタニティ

聖三位一体フラタニティ

ここで、ロンドンの教区フラタニティの例として、ロンドンの北西部の市壁外であるが、リバティ内にある聖ボトルフ・ウィズアウト・オールダズゲット教区の場合をみてみよう。この教区フラタニティは、会計簿その他の史料を多く残している数少ない教区フラタニティである。また教区の面積は、二〇エイカーほどで、ロンドンの一〇九とも一一四ともいわれる教区のうち八番目の大きさであり、[15] 人口は一五四八年には聖体拝受者のみで一一〇〇名で、平均より多かったが、ロンドンの人口増加が始まっていない一四世紀後半から一五世紀には、とくに大きな人口をもっていたとは思われない。[16]

この教区には、一四世紀後半に、教区教会聖ボトルフ・ウィズアウト・オールダズゲット教会（以下聖ボトルフ教会と略す）付きの三つのフラタニティが形成されていた。[17] まず第一は、聖キャサリン・フラタニティであり創設年代は不明であるが、一三七八年には存在し、同教会に祭壇をもち、八九年には規約も制定していたものの、その後短命のうちに消滅している。第二はＳ・Ｓ・フェビアン・セバスティアンのフラタニティ（以下フェビアン・フラタニティと略す）で、やはり一三七八年には存在し、八九年には規約も残しているが一四四六年に、第三の聖三位一体フラタニティに吸収合併されて終わっている。この第三の聖三位一体フラタニティは、一三七四年に創設され、一四四六年に前記フェビアン・フラタニティを吸収して法人化され、一五四七年まで存続した、当教区のもっとも重要なフラタニティであるので、以下このフラタニティを中心にみてゆきたい[18]。

このフラタニティは、一三七四年に復活祭に際してキリスト聖体のため、一三本の蠟燭を聖ボトルフ教会の聖遺物納所に立てることを目的に設立され、さらにその数年後三位一体の日に全員によるミサを捧げるべく集まることとなった[19]。この過程は住民の自発的結合の展開を示している。会員数は、一三七七年には総数八六名でうち三一名が夫人であり、一五世紀初頭と一四四六年のフェビアン・フラタニティとの合併時には一時増加したと思われるが、ほぼ五〇〜八〇名前後で推移したと思われる[20]。記録に現れる入会者は全部で六六七名が確認されるが、そのうち職業の判明する会員は一二四名、また聖職者、ジェントリ、役人などが一一九名いた。一二四名の職業は、表1-3のようであり、醸造屋二五名(二〇%)がもっとも多く、また一三七七年から一四六三年のあいだにフラタニティの監事役を務めた者九二名についても醸造屋がもっとも多く三二名(二五・八%)を占めている(表1-4)。こうした事態は、後述するように当フラタニティが醸造所を所有し、それを貸し出していたことと合わせ考えると、同職者の多い教区フラタニティからクラフト・ギルドが形成されることについて示唆的なものがある。しかし、前記一二四名は金細工師、食糧品雑貨商のほか、仕立屋、大工、肉屋、鍛冶屋など手工業者、小売商を含め四〇種類の職業からなり、このフラタニティが、醸造屋のクラフト・ギルドとなることはなかった[21]。また一方このフラタニティには、全部で一一九名の聖職者、ジェントリ、役人が加入し、とくに一四〇八〜一五年には五五名にのぼったが、これは当時ヘンリ四世が病気療養のため同教区近辺の宗教施設に滞在したことにともない、彼らの加入が増加したことに拠っている。しかし、フラタニティの幹部は醸造業者などの商工業者であり、商工業者中心のフラタニティであったことに変わりはない。ただし、この教区は相対的に貧しい教区であり、また市参事会員や市議会員でこのフラタニティ会員になった者も少数であり、中小の商工業者が中心であったとみられる。なおこれらの会員は、そのほとんどがオールダズゲット教区に居住していたが、しかし他教区に居住し、死亡に際して他教区教会に埋葬された者や、複数教区に不動産を残して他教区に埋葬された者などもみられる。したがって、規約には会長は当該教区の居住者たるべきことという規約がみられるものの、会員については、フラタニティ会員の地縁的性格＝教区内居住は、絶対的なものではなかったのである。[22]

次に、聖三位一体フラタニティは一三八九年に規約を残しているが、これによると、[23]

(1)フラタニティの役員。会長、監事、会計係、書記などの役員をもち、会長の選出方法は、旧会長が新会長を選出(指名)し、会員の賛同を得るという方法である。しかし市長などの世俗権力者に対する宣誓はないこと、また規約の制定に際して世俗権力者による承認の規定がないことなどが注目される。会長職を辞退する者には罰金を課した。

(2)宗教活動については、復活祭前夜と当日に一三本の蜜蠟燭を教会の聖遺物納所に灯すことと、万霊節後の日曜日か

表1-3　聖三位一体フラタニティ入会者の職業

職　業	人数
醸造屋	25名
金細工師	7
食糧品雑貨商	7
仕立屋	7
大工	6
肉屋	4
染色工	4
麦芽商	4
鍛冶屋	4
その他31職種	56
合　計	124名

出典：Basing, P. (1982), pp. xxii-xxiii.

表1-4　聖三位一体フラタニティの会長，監事の職業

1377〜1463年	
醸造屋	32名
鳥肉屋	7
馬具工	5
役人	4
蜜蠟燭工	3
ジェントリ	3
縁なし帽子工	2
鍛冶屋	2
飾文字職	2
羊皮紙製造工	2
その他８職種	8
不明	22
合　計	92名
1465〜1548年	
醸造屋	4名
役人	3
ジェントリ・エスクワイア	2
金細工師	2
製革工	1
不明	20
合　計	32名

出典：Basing, P. (1982), pp. 83-86.

ら翌日にかけて全会員によるミサをおこなうことが、春秋の二大行事であった。また教区教会に祭壇と祭壇付き司祭をもち、日常的には聖三位一体のために毎日、死亡した仲間のためには毎月曜日にミサを捧げることとしている。これらは生者・死者の魂の救済を目指した宗教活動であるが、このほか祭りや宴会もおこなわれ、祭礼と社交の共同体でもあった。

(3)相互扶助についてであるが、共同資金による貧困者の埋葬や、仲間への資金貸与をおこなうこと、老齢、病気、災難などによって貧窮化した者に対して、生活資金援助をおこなうことなどを定めている。またロンドンから五マイル以内で死亡した仲間の死体の引取りや、必要に応じての共同資金による埋葬の規定もある。

つまりこのフラタニティは、ミサ・燈明護持による宗教的な魂の救済と、現世での相互扶助をおこないながら、祭り、宴会、社交、埋葬をともにする教区民中心の共同体であり、自らの役員、規約、罰則をもっていたが、クラフト・ギルドと異なり、役員による市長などへの宣誓義務や市政府・王権による規約承認の規定がない点に、世俗権力による統制が欠けていた事情がうかがえる。なお教区教会との関係については、祭壇付き司祭はフラタニティによって報酬を与えられ、フラタニティに対し責任を負ったのであるが、その叙任は教区司祭(vicar)とフラタニティの幹部が共同でおこなうのが通常であった。このため祭壇付き司祭は教区司祭と協力関係にあり、その仕事を補助するのが一般的であって、両者のあいだに軋轢《あつれき》が生じることはごく稀だったのである。[24]

フラタニティの法人化

以上のようなフラタニティに対し、一三八八年のリチャード二世は、ひとまずその実態把握を試みたのであるが、一五世紀に入って王権は、法人化勅許状の賦与によって、統制をさらに進めることとなった。もっとも、法人化はフラタニティ側からの要請という側面をもつのであるが、結果的に世俗的な王権が宗教的なフラタニティに対する統制を獲得・強化するきっかけとなったことは否定できない。聖三位一体フラタニティの場合は、前述のようにフェビアン・フラタニティと合同しつつ、一四四六年に法人化勅許状を授与されている。その全文は、以下のようである[25]。

聖ボトルフ・ウィズアウト・オールダズゲットの教区民である、国王の乳母ジョアン・アステリ夫人、ロバート・カウォードおよびトーマス・スミスに対し、聖三位一体と聖処女マリアをたたえて、一人の会長と二人の監事および教区内外からの兄弟姉妹よりなるフラタニティもしくは永続的ギルドを創設する(found)ための許可を与えるヘンリ六世の勅許状。当フラタニティは、望み通り会員数を増加させてよく、また毎年聖三位一体の祭日や必要なときにはほかのいつでも、当ギルドの業務や運営をおこなうための一人の会長と二人の監事を選ぶべきである。彼らは、公印と永続性をもった一つの法人団体となり、財産を取得し永続的に保持することが法的に可能である。会長と監事は、ロンドンの聖ボトルフ・ウィズアウト・オールダズゲット教会の聖三位一体フラタニティもしくはギルドの会長および監事として認められ、それはこの団体が法廷において訴答しまたされる際の名称となる。前記ジョアン、ロバートとトーマスの要請により、一人の司祭のための永続的なチャントリ(礼拝寄進)が許認され、国王と王妃マーガレットの現世における幸福と彼らの魂のために、また彼らの両親と祖先の魂のために、そして当フラタニティの全ての兄弟姉妹のために、さらに全ての死せる信者のために、当教会の南側祭壇で儀式が執りおこなわれるべきものとする。また前記ジョアン、ロバートおよびトーマスの要請により、司祭の維持のため、また他の宗教上の勤めを果たすため、自由な市民的土地保有において国王から下される一〇マークの価値までの不動産を取得する許可が与えられる。二〇マークが大法官府の手数料納所(hanaper)に支払われた。一四四六年七月九日。

この勅許状の冒頭の三人の人物は、いずれも当教区の住民であり、ジョアンは国王ヘンリ六世の乳母、ロバートは財務府の書記役、トーマスは醸造屋カンパニーの組合長を経験しており、国王側近の人物と有力な醸造屋が中心となって法人化勅許状を獲得したのであった[26]。また勅許状は、法人格の五つの指標のうち、永続的団体、公印、訴訟主体、財産所有権の四つはみられるが、規約制定権は規定されておらず、当該時期のほかの法人化特許状・勅許状と同様である。ここで、もっとも興味深いのは、中世には宗教団体として世俗権力が立ち入らなかったフラタニティ、しかも住民の自発的な結合団体を、世俗権力たる王権が掌握し、その「創設を許可する」としていることである。しかも国王、王妃、その祖先、つまり王家のために祈ることが明記され[27]、仲間とその死者だけのための団体ではなくなっているのである。結局このフラタニティは、王権によって存立根拠を与えられ、王家のためにも祈ることとなって、王権によって掌握され、さらに一六世紀の廃止の礎石が与えられたともいえるのである。

しかし世俗権力たる王権と結合したことは、このフラタニティの法的地位を高めた。つまり、この法人化勅許状は、前述のように祭壇付き司祭維持のため、土地・家屋などの不動産を保有する権利を認め、訴訟主体たること、公印の保有などを公認した。こうしたことは、法人化される以前から事実上フラタニティが行使していたのであるが、王権によって公式に認められることによって、その制度的・法制的地位が明確化され、向上したのであった。ロンドンのフラタニティの法人化は、一三八八年以前にも二件、一三八八〜一四〇三年に四件あったが、一四四〇〜七五年に断然多く一四件みられる[28]。これらは、ロンドンの多数の教区フラタニティに比べればなお少数であるが、しかし宗教的な自発的結合組織としての教区フラタニティが世俗王権と結合してゆく傾向を見て取ることができる。

ところで、法人化によって不動産保有が確立したことは、フラタニティの財政基盤を強化したが、聖三位一体フラタニティの不動産保有は、醸造業との関係が密接であったことが興味深い。このフラタニティは、すでに法人化以前から、家屋を四軒とFalcon on the Hoopと呼ばれる醸造所一件を遺贈によって得ていたほか、Saracen's Headと呼ばれる一部が醸造所である連続する三軒の家屋の賃貸料徴収権をもっていた[29]。これらの家屋などの遺贈を受けるに際しては、遺贈者への供養を条件としているが、当フラタニティの基本財産となっている。さらにこのフラタニティは、一四四六年のフェビアン・フラタニティの吸収によって、家屋三軒と一軒の家屋の賃貸料徴収権とを得ており、不動産保有が増大し賃貸料収入も二・五倍ほどに達したのである。[30] ここで聖三位一体フラタニティが、家屋のほか二つの醸造所を貸し出していたことは、その幹部や会員に醸造業者が多かったこと、また醸造所(Falcon on the Hoop)の一部が一四五五年以後は当フラタニティのホールとなったことと合わせ考えれば、[31] この教区フラタニティは醸造業との関係が深く、クラフト・ギルドとはならなかったものの、教区フラタニティとクラフト・ギルド形成との関連をうかがわせるものがある。

フラタニティの変質と終焉

法人化は聖三位一体フラタニティにどのような変化をもたらしたであろうか。それはその会計簿にみられる活動から明らかにすることができる。聖三位一体フラタニティの会計簿は、一四三三年から五六年にわたって残されているのだが、[32] まず法人化勅許状を得た一四四六年前後で形式が異なっている(表1-5)。この年以前は会計期間が一定せず、三年間が一期間であることもあり、収入項目も一定していない。また収支の規模が小さく、年間一〇ポンド前後であるにすぎない。これに対して一四四六年以後は、会計期間がミカエル祭(九月二九日)を期首・期末とするようになり、一四五二年以後は収支の明細も書かれるようになっている(ただし一四四六年九月二九日から五二年の同日までの三年間は、毎年の収支の結果報告のみに簡略化されている)。収支の規模も増大して年額三〇ポンドほどになっている。[33]

次に収入の内容をみてみると(表1-5)、一四四六年以前には年九ポンドほどの不動産賃貸料と聖遺物納所の燈明料が安定した収入源になっており、とくに賃貸料収入の比重が大きく七二~八五%ほどに達している。四季納入金(会員費)は収入項目となったり、別扱いになったりしている。これに対して一四四六年以後は、合同による不動産所有の増加などにより、賃貸料収入の絶対額が増大して毎年約二四ポンドほどに達している。そして聖遺物納所の燈明料と四季納入金が毎年収入に計上されているものの、この場合も賃貸料収入が全収入に占める割合は、六五~九二%となっており、その比率という点では一四四六年以前と大差ない。

表1-5　聖三位一体フラタニティの会計簿

会計期間	1433年8月15日～1436年8月1日			1439年8月1日～1440年8月1日			1452年9月29日～1453年9月29日			1453年9月29日～1454年9月29日		
収入	£	s	d	£	s	d	£	s	d	£	s	d
賃貸料	27	14	0	9	0	0	24	7	0	24	7	0
聖遺物納所燈明料	1	17	6	0	12	4	1	7	5	1	6	10
寄贈	2	0	0	1	5	2	3	9	8	7	7	6.5
四季納入金	5	11	10	記載なし			2	2	3	1	11	0
その他	0	5	4	記載なし			6	5	6	0	6	2
合　計	37	8	8	10	17	6	37	11	10	34	18	6.5
支出合計	36	7	1	16 (16	18 17	8.5 3)	39 (39	2 2	6.5 2)	32	8	11
収支	1	1	7	1	1	7	－1	10	4	2	9	7.5

紙幅の都合で1446年前後の2例ずつを取り上げた。(　)内の数字は，史料編纂者による修正の数字。
出典：Basing, P. (1982), pp. 27-28, 33-36, 69-70, 72-75 より作成。

表1-6　聖三位一体フラタニティの支出

1445年6月24日～1446年6月24日	£	s	d
司祭サー・ハリーへ(1)	6	13	4
供養料3件(2，3，4)		8	9
セント・ポール寺院への免役地代(5)		18	0
当会の祭壇用および朝ミサ用蠟燭代(6，9)		4	1/4
聖遺物納所の燈明料およびその人件費など(7，8，10)		9	11 1/2
三位一体祭用の蠟燭飾りの作成など(11，12)		1	9
白衣の洗濯代と燭台みがき(13，14)			2
Falcon の家・器具の修理・維持費(15，16)		7	8
合　　計	9	3	7 3/4

1452年9月29日～1453年9月29日	£	s	d
(1)司祭サー・ニコラスへ	6	13	4
(2)借入金返済のためJ・レインへ	8	0	0
(3)免役地代と年金	3	18	4
(4)供養料	1	9	0
(5)蜜蠟と蠟燭製造代	2	18	0
(6)さまざまな出費	金額の記載なし		
(7)三位一体祭への出費		13	4
(8)酒宴代		3	0
(9)賃貸料徴集と会計簿作成費	1	0	0
(10)法廷での訴訟と令状および他の種々の出費	1	16	4
(11)家屋などの修理費	5	18	2
(12)空家についての出費	6	3	2
(13)滞納金		9	6
合　　計	39 《39	2 2	6 1/2 2》

(　)内の数字は会計簿上の項目の順位。《　》内は史料編纂者の修正数字。
出典：Basing, P. (1982), pp. 27-28, 34.

一方支出については、一四四五～四六年と一四五二～五三年の会計簿を例にとって比較してみる（表1－6）。まず両者に共通しているのは、祭壇付き司祭への年俸と、セント・ポール寺院への免役地代の固定的出費、そして供養料、燈明・蠟燭代、三位一体祭への出費といったフラタニティ活動にかかわる宗教的および共同の祭礼的な出費がほぼ共通しているほか、家屋の修理・維持費の項目も共通している。[34]

これに対して支出における両者の差異は、まず量的に、前記の費目のうち、司祭への年俸以外の全てでその支出額が、一四五二～五三年のほうが大きく、フラタニティの活動規模が大きくなったことを示している。だがとくに注目される第一点は、一四五二～五三年においては、家屋などの修理費や維持費（空家への出費）といった不動産維持費が顕著に増大し、これだけでも支出の三〇％に達していることである。また一四四八年には家屋の建築にともなって四五ポンドの赤字を生んでおり、こうした不動産関係の出費や赤字をまかなうために借入をおこない、その返済も一四五二～五三年には大きな比率を占めている。[35]さらに注目される第二点は、訴訟のための出費の項目がでていることである。このフラタニティは、すでに一四四三～四五年にかけてSaracen's Headなる家屋をめぐる訴訟にたずさわっていたが、一四四六年以後では、一四五二～五三年（内容不詳）、一四五三～五四年（ウェストミンスターでの訴訟であるが内容不詳）、一四五四～五五年（祭壇付き司祭に対する訴訟）と連年訴訟に従事している。[36]このことは、このフラタニティが法人化直前の時点から不動産をめぐる訴訟に巻き込まれ、その後も何らかの訴訟にかかわることが多かったことを示している。

こうしてみると、一四四六年以前のフラタニティのほうが、供養、燈明護持、ミサ、祭礼などの本来のフラタニティの活動・宗教行事が中心的位置を占めており、ゲマインシャフトリッヒな性格がより純粋であったといえる。同年の法人化以後もそうした性格は継続しているのであるが、しかし増加した家屋の維持・修理などの不動産管理、そのための資金借入と返済、そして不動産を含めた各種の問題をめぐる訴訟といったゲゼルシャフトリッヒな問題が重要になったことがわかるのである。法人化は、原因としてであれ、結果としてであれ、このようなフラタニティの変化と関連しており、それはのちのフラタニティの衰退にもつながっているのである。

その後一五世紀末以後、聖三位一体フラタニティが教区民のあいだにもつ意義は次第に低下していった。すでに、一四五二年以後、四季納入金の徴収額が減少傾向にあり、したがって会員数も減少する傾向にあった。[37] 一六世紀に入ってもなお活動的なフラタニティも多かったが、一五三〇年代に宗教改革が進み、国教会制度が成立してゆくうちに、多数のフラタニティが衰退・消滅してゆく傾向がみられた。そして一五四七年にチャントリ廃止法が出され、四八年には多数のフラタニティが礼拝堂、祭壇や基本財産を失い、司祭を支える財源を失って消滅した。聖三位一体フラタニティも、一五四八年にはその不動産を売却することとなったが、それに賛成した者は、会長・監事を含めて二四名にすぎなかった。[38] 彼らが圧倒的に商工業者であったことには変わりはないが、このときの会長は財務府役人であり、また醸造屋の比重が落ち(三名で一二・五%)、したがって同職者の結束力も落ちていた。一五四八年のオールダズゲット教区は、人口が急増しており、聖体拝受者のみでも一一〇〇名を数えている。これを前述の二四名と対比させれば、このフラタニティの意義が大きく低下していたことは明らかである。[39] しかし、一五四七年のチャントリ廃止法に基づく調査委員会によると、このフラタニティは年価値一七ポンド余りの不動産をもち、司祭への支払い、免役地代、貧民救済などにあてており、小規模ではあるが、依然として教区住民の宗教的結合の一拠点であったことがうかがえる。[40] 一五四八〜四九年に没収売却されたのはこれらの不動産であり、それとともに聖三位一体フラタニティも消滅したのである。

フラタニティの消滅は、それがすでに衰退に向かっていたにせよ、教区住民の伝統的な結合の拠点を奪うものであった。この消滅後、教区住民の社会的結合は、どのようになるのであろうか。プロテスタントの会衆(コングリゲイション)が、宗教的な共同体として、フラタニティの後継者だったともいえよう。だが、国教徒の信仰の結節点となり、従来のフラタニティの貧者の救済や、フラタニティに残された残余財産の継承などは、教区や教区教会が果たすこととなった。またこうした公式の結合拠点とは別に、民衆の新たな自発的結合として、居酒屋などを拠点とした近隣の絆が現れるのである。[41] 一方、国家の側からすれば、一四世紀末以来ロラード派への弾圧を強め、またフラタニティの法人化を進めるとともに、叙任権などにおける王権の権限を拡大しつつ、国家による信教管理を強めていった。ヘンリ八世の宗教改革は、そのような世俗王権の信教管理を完成させたのであって、フラタニティの解体もその一環をなすものといえよう。一四世紀後半にみた教区フラタニティの自発的な形成の高まりは、一五世紀の法人化の動きをへて、一五四七年法においてひとまず終点に達したのであった。

3 リヴァリ・カンパニーの成立

クラフト・ギルドからリヴァリ・カンパニーへ

一三世紀後半に禁圧されつつ、フラタニティと渾然一体となりながら形成され始めたロンドンのクラフト・ギルドは、一三一九年には市民権認可に関与して市制に結合し、一三六〇年代には、商人的なギルドと手工業・小売商ギルドの差異をはらみながらも、国の制定法によってその独占権を公認されるにいたった。[42] このように成長をとげたロンドンのクラフト・ギルドの有力なものは、すでに一三九〇年代には、王権と直接結合して法人化特許状を得、リヴァリ・カンパニーへと転化してゆく。これは、勃興してきたロンドンの商工業者を王権が取り込み、とりわけその財政基盤とする狙いがあったとみられる。一方、商工業者からすれば、従来のクラフト・ギルドの法的権限を明確化し、制度的地位を向上させることにもなった。ロンドンのクラフト・ギルドで最初に法人化特許状を得たのは一三九三年の金細工師であり、次いで絹物商であった[43](表1－7)。

これら最初期の法人化特許状には、そのフラタニティ活動のための法人化が謳われている。つまり、これらのクラフト・ギルドは、永続的団体として会長その他の幹部役員をもち、一定限度の不動産を保有して賃貸料収入を得る権限を

表1-7　リヴァリ・カンパニーの法人化

カンパニー名	年
金細工師	1393-94
絹物商	1393-94
馬具工	1395
仕立商	1408
刃物工	1416
食糧品雑貨商	1429
魚商	1433
毛皮屋	1437
ブドウ酒商	1437
毛織物商	1438
製靴工	1439
皮革商	1444
小間物商	1447
獣脂蠟燭工	1462
理髪師	1462
鉄商	1463
染色工	1471
楽師	1472
しろめ工	1474
教区書記	1475
大工	1477
縮絨工	1480
料理師	1482
蜜蠟燭工	1484
漆喰工	1501
桶屋	1501
鳥肉商	1504
剪毛工	1507-08
パン屋	1509
旅籠屋	1515

出典：Hazlitt, W. C. (1892) より作成。

もつが、不動産保有は仲間の救済や、ミサを捧げる司祭の維持の費用とするためだとしているのである。こうして王権は、世俗権力ではあるが、法人化を通してクラフト・ギルドの宗教的側面たるフラタニティを掌握し、その職業的側面とあわせて、リヴァリ・カンパニーとして両者を統一的に把握することとなった。つまりリヴァリ・カンパニーは、法人化によってフラタニティと職能団体の統一体となったのである。そして法人化特許状・勅許状は、やがて職業的な目的をも述べるようになるのであるが、それは一四三八年の毛織物商への法人化勅許状がその転換点であった。[44]

　一五世紀を通じて、クラフト・ギルドは法人化特許状・勅許状を取得して、リヴァリ・カンパニー化を進めたが、この過程はギルド内部の親方層の分解にともなう富裕な商工業者の出現や、ギルド相互の合同、あるいは有力ギルドによる中小ギルドの吸収合併のうちに進展した。[45]つまり、クラフト・ギルド内部に階層分化を促進・明確化し、上層は特権的な組合員として仕着せ(制服 livery)を着用するリヴァリマン、下層はそれを着用できない平組合員＝フリーマンとなり、さらにその下には、雇職人(ジャーニーマン)や徒弟がいた。このように王権との結合のうちに、内部の階層制が明確となり、リヴァリ・カンパニーは、ギルド行政の寡頭《かとう》的体制を形成することになったのである。

　なお、以上のような国王からの法人化特許状・勅許状の取得は、ロンドンなど都市政府にとっては、その管轄を超えてギルドが王権に直結することを意味しており、好ましいものではなかった。都市政府の反発は、一四三七年の法令を制定させることとなったが、[46]それは、⑴ギルドが国王から取得した特許状や勅許状は、治安判事かその都市の首席役人に提示し登録すること、⑵またギルドが制定した規約は、治安判事かその都市の首席役人によって承認されない限り正当性をもたないことを定めている。つまりギルドが勝手に特許状・勅許状を取得することや、内部で規約を作成することにも制約を加え、都市の主要役人（治安判事も都市役人が兼ねることが多い）の統制下におこうとしたのであった。

コミュナルな活動

法人化によって不動産所有や賃貸料収入の管理の必要が増し、そのため会計簿を作成するリヴァリ・カンパニーが増大する。絹物商、仕立商などの最有力カンパニーは、一四世紀末頃から会計簿をつけ始め、一五世紀に入ると金細工師、毛織物商なども会計簿をもち始めている。より貧しい手工業者のカンパニー、例えば鋳物師カンパニーなども、一五世紀の末になると会計簿をつけ始めている。[47]しかし富裕なカンパニーの財政収支は、その不動産収入によって貧しいカンパニーのそれより複雑となっていた。富裕なカンパニーは、ホールの土地・建物だけでなく、ほかの土地や家屋も所有して賃貸し、地代・賃貸料を取得することによってカンパニーの有力な財源としている。このため絹物商カンパニーでは一四四二年より、不動産関係の収支や管理を担当するレンター（地代係）・ワーデン（管理人）の会計簿（Renter Warden's Account）が作成されるようになっており、同様の事態はほかのカンパニーにもみられるのである。[48]ここで、絹物商カンパニーの会計簿について、一四世紀末から一五世紀半ばを取り上げると、表1-8のようである。[49]収入としては、一五世紀初頭までは、徒弟認可料、組合員費、リヴァリ認可料など同職組合の活動に由来する収入が中心であったが、すでに一四一〇年代には不動産の賃貸料・地代収入が大きな位置を占め、繰越金を除いた純収入の三七％ほどを占めている。一方、支出の項目からすると、このカンパニーはフラタニティ活動（司祭への報酬）や儀礼（楽師＝トランペット手への報酬な

表1-8　絹物商カンパニーの会計簿

項　目	1391-92年		1411-12年		1441-42年	
[収入]						
繰越金		£ 3-16- 8		£36- 5-10		£ 93-16- 1
徒弟認可	180人	£18- 0- 0	26人	£ 2-12- 0	15人	£ 1-10- 0
組合員費(1,2,3年目合計)	21人	£ 7- 0- 0	18人	£ 6- 0- 0	19人	£ 6- 6- 8
徒弟問題から	17件	£ 5-16- 8	11件	£ 1- 2- 0	6件	£ 0-12- 0
現金増加分		£ 0-13- 4				
罰金			2件	£ 0- 2- 0	30件	£ 1- 5- 2
リヴァリ(衣服)からの収益				£ 4- 0- 0		
地代・賃貸料				£20- 7- 8	3件	£ 39- 5- 0
リヴァリ認可料			3人	£16-13- 4		
リヴァリの忌避と罰金			1人	£ 2-10- 0		
特別な組合員認可料						£ 4- 0- 0
その他						£ 2-10- 6
収入合計		£34-16- 8		£89-12-10		£149- 5- 5
[支出]						
礼拝堂付き司祭の給与	1人	£ 6-13- 4	1人	£ 6-13- 4	2人	£ 13- 6- 8
同司祭の毛皮代		£ 0- 6- 8				
ビードルへの給与						£ 3-18- 0
給与				£ 3-11- 6	*	£ 2- 3- 4
慈善	2件	£ 3- 4- 0	3件	£ 6 14 0	5件	£ 17-13- 4
労働の代価として		£ 2-12- 0	楽師	£ 1-17- 4		
免役地代					6件	£ 4-10- 4
債務支払い				£ 3- 6- 8		
雑費・付随的出費						£ 5- 0- 4 1/2
建物修理代						£ 2- 5- 1
空室・地代減少額					8件	£ 14-10-8
支出合計		£12-16- 0		£22- 2-10		£ 63- 7- 9 1/2
残額		£22- 0- 8		£67-10- 0		£ 85-17- 7

*　地代徴集役　2人。
出典：Jefferson, L. (2009), Vol. 1, pp. 66-80, 243-249, 551-561.

ど）への出費、そしてビードル（雑務役）やその他の下級役員への給与が中心で、慈善も仲間の貧困者への救済であって、何よりも絹物商カンパニーのフラタニティ的な仲間共同体としての性格がうかがわれる。[50]

リヴァリ・カンパニーは、一五世紀中にそのギルド行政の発達や組合員の結合の拠点の必要からホール（組合会館）をもつようになっている。一四世紀中は、仕立屋と金細工師を例外として、ギルドがホールをもつことはほとんどなく、組合員の集会は個人宅、インや教区教会などで開催していた。しかし一五世紀に入り組合員数の増加や法人化が進むにつれ、集会の開催場所、管理運営や行政・裁判、宴会などの中心施設としてのホールが必要となった。ホールは、その組合員が多く住む地域のただなかにあることが多く、組合員が役員選挙や宴会などに出向き、彼らの社会生活の軸にもなっていた。[51]絹物商は、トーマス・ベケットを祀った聖トーマス教会（The church of St Thomas of Acre）との関係が深く、一三九一年までに同教会に接した建物において役員選挙をおこなうようになり、さらに一五世紀初めにはそこにホール、チャペル、その他の部屋と文書保管の箱とをもつようになった。[52]毛織物商は、一四三八〜三九年の法人化特許状取得に先立ち、一四二五年に聖スウィジン小路にホールを建設している。[53]また、金細工師は、すでに一三六五年にホールの建設を始め、八〇年にはそのホールの増築をおこなっている。金細工師の組合員数は多く、一三六八〜六九年に一三五名であったとみられるが、一三九三年の法人化特許状取得後さらに一八六名へと増加し、多くの規約違反、訴訟問題に直面して、ギルド行政上の複雑さが増大したが、こうしたなかで、一四四七年にはホールの再建がおこなわれている。[54]そのほか仕立商や食糧品雑貨商は、貴族の館を、しろめ工（錫《すず》と鉛の合金から日用の器具などを造る手工業者）は貴族の土地を、皮革商は聖ヘレン小修道院を取得して、ホールとしているし、より裕福でないカンパニーは、ホールを借用している。醸造屋カンパニーは、一四二二〜二三年に賃貸用のホールを建て、理髪師、製帯工、染色工などのカンパニーやギルドに貸し出している。こうして一五世紀末までに二八のカンパニーがホールをもつにいたった。[55]ホールはカンパニー行政の拠点であるだけでなく、役員選挙や宴会の場であり、さらにチャペルをもつ場合もあり、カンパニー組合員（リヴァリ・平組合員）の仲間的結束の中心でもあった。

4 階層制の確立から世俗化へ

リヴァリ・カンパニーの階層制と流動性

フラタニティをともなうコミュナルな仲間団体であったにせよ、リヴァリ・カンパニーの成立は、カンパニー内部およびカンパニー間の階層序列を明確にしていった。リヴァリとは、もともと国王、貴族、修道院やカレッジが、その奉公人や役人などに与える手当・報酬としての衣服や食糧品であったが、次第に衣服に限定され、主人などからの手当と保護の象徴として支給される仕着せとなっていった。そうした事態は、仕着せが、着用した仲間の結束の創出・強化をも生み出すこととなり、制服としての意味が強まり、異なったリヴァリの着用によって、ほかとの差異化をはかるようにもなった。エドワード三世は、ガーター勲位の衣服の授与によって、貴族の新たな序列化をおこなっている。種々のギルドにおいても、特別な場合に、支給された衣服を着用することがはやりとなった。しかし貴族の一党や、宮廷内の党派もそうした制服を着用するなど、制服が政治的・社会的な対立や混乱と結びついたため、リチャード二世期以来、制服についての禁止・規制の立法が繰り返されることとなった。しかし、リヴァリ・カンパニーは、その制服によってほかのカンパニーとの差異化のみでなく、カンパニー内部で制服を着用できる者と、着用できない者との差異化を形成したのである。[56] 金細工師カンパニーでは一四〇四年には、四人の監事、一〇二人のリヴァリ、制服なしの八〇人の若手（young man）がおり、[57] 食糧品雑貨商のカンパニーでは一四三〇年には五五人のリヴァリ、一七人の頭巾のみの着用者、四二人のリヴァリも頭巾も着用できない親方がいたという。[58]

さらに、こうした寡頭的な階層制の底辺には、正式の親方にもなれないヨーマンやジャーニーマンがいた。ヨーマンとは「完全な資格をもたない者」「従属的な位置にある者」を意味しており、一四世紀末から一五世紀前半にはジャーニーマンのことであった。彼らは新たな社会的結合組織であるジャーニーマン組合やヨーマンズ・ギルドを形成した。これらは、カンパニーの幹部から敵視され、ときには禁圧され、非合法化されており、当初はフラタニティとして結成されている。例えば、コードバン革靴工の奉公人は一三八七年組合幹部と対立し、ドミニコ修道会付きのフラタニティを結成したが、それは一四二三年にもなお存続していた。[59] また仕立商のヨーマンも仕立商カンパニーとは別の組織を結成しており、一四一五年には市当局からカンパニーの支配者に服従するよう警告を受けていたが、一七年には「ヨーマン仕立工の兄弟団 Brotherhood of Yeoman Tailors」として、仲間の死者の弔いや、それまでも慣習的におこなってきた儀礼をおこなうべく、洗礼者聖ヨハネ斬首の記念日に集会をもつことの許可を求めた。しかし市当局は、今後奉公人・徒弟は、仕立商カンパニーの組合長の面前以外で、集会をもってはならないとして、これを許可しなかった。一四四〇・五〇年代に入ると、ヨーマンリの組織(バチェラーズ・カンパニー)は、仕立商カンパニーの統制下に入り、自らの監事役など独自の役人をもった組織となった。さらに一六世紀にはヨーマンの監事はリヴァリ・カンパニーの監事代理とされ、仕立商カンパニーの組織の内部に取り込まれていったのである。[60]

こうした事態は、リヴァリ・カンパニーの階層制が、固定的でなくある程度の流動性を許容していることを示している。かつて非合法的組織を形成していたジャーニーマンなどが、一五世紀末から一六世紀には、正式の親方資格をもたないまま、結婚して世帯主となって、自宅で仕事をおこなう小親方(small masters)へと上昇していった。ヨーマンという言葉も、このような小親方を意味するようになってゆくのであり、こうした小親方の形成は、皮革商、織布工、仕立屋、仕上工、金細工師、しろめ工など多くのギルドやカンパニーについて確認できる。[61] さらに小親方は、リヴァリを着用できない平組合員(正式の親方)の地位に近づいてゆき、一六世紀後半にはリヴァリ・カンパニー内にあって自らの役人をもつほか、独自の会計をもち、規約違反の取締りをもおこなっている。このため、リヴァリ・カンパニーの階層制

表1-9　リヴァリ・カンパニーの序列（1515年）

1	絹物商	17	刃物工	33	旅籠屋
2	食糧品雑貨商	18	縮絨工	34	鋳物師
3	毛織物商	19	パン屋	35	鳥肉商
4	魚商	20	蜜蠟燭工	36	菓子屋
5	金細工師	21	獣脂蠟燭工	37	桶屋
6	毛皮屋	22	武具工	38	タイル工
7	仕立商	23	製帯工	39	弓製造工
8	小間物商	24	肉屋	40	矢製造工
9	塩商	25	馬具工	41	鍛冶屋
10	鉄商	26	大工	42	指物師
11	ブドウ酒商	27	コード革靴工	43	針金工
12	剪毛工	28	理髪師	44	織布工
13	染色工	29	塗装工	45	羊毛商
14	醸造屋	30	製革工	46	拍車製造工
15	皮革商	31	石工	47	獣皮商
16	しろめ工	32	鉛管工	48	果実商

出典：Repertories of the Court of Aldermen, Vol. 3, fo. 66b.

は、ある程度の流動性を許容しつつ、一六世紀後半にもっとも発達し、組合長から監事、補佐役、リヴァリ、平組合員、小親方、ジャーニーマンなど多様な階層が含まれることとなった。

　一方、法人化されたリヴァリ・カンパニーは、カンパニー内部だけでなく、カンパニーやギルド相互の序列を明確にしていった[62]（表1-9）。リヴァリ・カンパニーの形成は、ギルドの合同などをともなうことも多かったため、ギルド数の減少をもたらした。一五世紀初めに一一一あったクラフト・ギルドから、一五〇一年には四七、一五年には四八のリヴァリ・カンパニーが形成されているが、リヴァリ・カンパニー化しないクラフト・ギルドも存在していた[63]。一五世紀から一六世紀初めには、なおそれらの序列は定まらず、変動がみられ、十二大リヴァリ・カンパニーも確定していなかった。一五二八年に剪毛《せんもう》工ギルドと縮絨《しゅくじゅう》工ギルドが合同して、仕上工カンパニーとなりロンドンの第一二位のカンパニーとなったことにより、十二大リヴァリ・カンパニーがその序列とともに確立した[64]。絹物商を筆頭に、食糧品雑貨商、毛織物商、仕立商等々有力なカンパニーは、王侯貴族をも名誉会員として親密な関係を結び、ここに一つの終着点を迎えたともいえる[65]。十二大リヴァリ・カンパニー以下は、マイナー・カンパニーと呼ばれ、一三位の染色工以下約三六ほどのリヴァリ・カンパニーが存在し、最下位は果実商カンパニーであった。その下には、この時期になおリヴァリ・カンパニー化せず都市政府のもとにあるクラフト・ギルド、例えば角細工師、羊皮紙製造工、鋪装工などがあったし、さらにはポーターのようにクラフト・ギルドを形成しない職業も存在していた。[66] ただし、リヴァリ・カンパニーの序列は一五二八年まで確定されず、さらに一七世紀に入れば新たに多くの成立をみるなど、流動性があり、それは前述のリヴァリ・カンパニー内部の流動性に対応している。そうした流動性は、リヴァリ・カンパニーが、何よりも経済団体であり、政治や行政の単位として、例えば大陸都市にみられたように市参事会員選出や軍制の単位として固定化されなかったことを一つの有力な要因としているとみることができる。[67]

しかし、一三世紀の非合法組織として始まったクラフト・ギルドは、一六世紀においては五〇近くが法人化され、王侯・貴族とも親密な、頂点の大リヴァリ・カンパニーから底辺のクラフト・ギルド、さらにはクラフト・ギルドを形成しない職業までの格差が広がり、その序列は明確・顕著になったのである。こうした階層序列は、一五二八年にひとまず確立したが、その序列は、おおむね各カンパニーの富の大きさと王権のそれへの依存の程度を示しているといえよう。

リヴァリ・カンパニーの世俗化

こうして王権が掌握した階層制的なリヴァリ・カンパニーに、大きな衝撃をもたらしたのは、一五四七年のチャントリ廃止法である。イギリスの宗教改革は、一五三〇年代の国王至上法、小修道院解散法、大修道院解散法へと展開したが、リヴァリ・カンパニーへの直接の影響はほとんどなく、これらに対しては、大勢に順応していった。例えば毛織物商カンパニーの議事録には、これらの問題はほとんど言及されていない。[68] 一五三三年の国王のキャサリンとの離婚やアン・ブーリンとの結婚については、不平はあったようであるが、ロンドン市長は、ギルドのメンバーに「どんな情報交換をするべきかよく心得るべき」であり、さもなくば王の「激しい不興と過酷な処罰」を受けると警告している。[69] つまりリヴァリ・カンパニーにもロンドン市長にも、抵抗や歓迎の姿勢はみられず、黙諾しているのである。修道院解散にともなう土地の購入も、絹物商カンパニーが購入しているが、毛織物商などは購入せず、さして多くはない。そして、一五三六年の恩寵の巡礼の反乱には、ロンドンのカンパニーは鎮圧のための王と市長の命令に応じて、資金と兵士を提供している。[70]

しかし、一五四七年にエドワード六世のもとで制定されたチャントリ廃止法は、リヴァリ・カンパニーにも大きな影響をもたらした。この法令によって、カレッジ、自由礼拝堂、寄進礼拝施設は、それらに所属する土地、保有物、地代・年金収入とともに、国王に帰属することとなり、また全ての法人団体、ギルド、フラタニティ、カンパニーなどが司祭、死者の供養、燈明護持などにあててきた収入(地代・賃貸料)は、国王の収入とすることとなった。[71] これによって、従来カトリック信仰と結びついていたカレッジや各種の寄進礼拝施設、司祭維持のための地代などは没収され、都市やリヴァリ・カンパニーが維持してきたフラタニティ活動は、経済的基盤を失い消滅してゆくこととなった。当時のロンドンのリヴァリ・カンパニーのうち、一八カンパニーがチャントリのための司祭八三名に毎年五三七ポンド余りを支払い、さらに三三カンパニーが一九〇件余りの供養のために毎年二一八ポンド余りを支出していたほか、九カンパニーが燈明料に一一ポンド余りを支出している。これらが全て国王に没収されたのであるから、国王は毎年少なくとも七六六ポンド余りの収入を獲得し、かつチャントリを消滅させてゆくことができたのである。[72] こうしてリヴァリ・カンパニーのフラタニティ活動や儀礼の多くは消滅してゆき、そのホールの守護聖人の肖像なども撤去されていった。職能的側面と宗教的側面の統一体であったリヴァリ・カンパニーは、これによってその宗教的側面を失い、カンパニーの世俗化が進むこととなった。そして、エドワード六世の時代からは、リヴァリなど個人のあいだで、プロテスタント信仰が浸透し始め、プロテスタント形式での遺言状の作成や葬式をおこなう者が現れてくるのである。[73]

第二章

都市の法人化

1 都市法人化の進展と階層化

都市法人化のクロノロジー

次に都市の法人団体化を取り上げ、それにともなう王権による権力集中について検討してみたい。まずその全体的な推移を概観してみると、イングランドとウェールズの都市法人化の年代別の進展は、以下のような表2－1に示される。[1]

一三四五年のコヴェントリから一七〇三年のウエアラム(ドーセットシャー)まで、約三六〇年ほどのあいだにイングランドとウェールズで、二二〇の都市が法人化されている。この間、都市の法人化数には波があり、いくつかの時期に区分することが可能である。まず第一期は一三四五年から一五三九年までで、一五世紀中頃をピークとしてその前後をも含めたかなり長期にわたる時期である。一四世紀中頃に始まった都市の法人化は、一五世紀初頭までは少数で八都市にすぎなかったが、一五世紀中頃に急増し一四三九～八四年に二七都市が法人化した。しかしチューダー期に入ると減少して、一四八五～一五三九年まで、一四都市にすぎなくなっている。[2] 第二期としてヘンリ八世末期の一五四〇年からメアリ一世治世の終わる一五五八年までの一八年間で、この時期は四六都市が法人化され、都市法人化がもっとも盛んだ

表2-1　都市の法人化(イングランドとウェールズ)

年　代	都市数	左の内数	1年当り	再法人化(外数)
(Ⅰ)1345年～1539年	49			
1345～1409年		8	0.13	
1439～1484年		27	0.60	
1485～1539年		14	0.26	
(Ⅱ)1540年～1558年	46			
1540～1553年		23	1.77	1
1553～1558年		23	4.60	
(Ⅲ)1559年～1603年	53			
1559～1579年		25	1.25	3
1580～1603年		28	1.22	14
(Ⅳ)1603年～1640年	52			
1603～1615年		31	2.82	19
1616～1625年		11	1.38	13
1625～1640年		10	0.67	22
(Ⅴ)1641年～1660年	1	1	0.05	
(Ⅵ)1661年～1688年	16	16	0.59	
(Ⅶ)1689年～1703年	3	3	0.21	
合　計	220	220	平均0.61	72

出典：Weinbaum, M. (1937), pp. 132-135; Tittler, R. (1998), pp. 345-347.

った時期である。エドワード六世期にも多かったが、とくにメアリの治世期が最多で一年当り四・六〇の都市が法人化されている。次いで第三期は、エリザベス時代であるが、この時期も全部で五三都市の法人化がみられ、あとに述べるように都市の社団的秩序が確立した時代とみられる。第四期は、初期スチュアート朝時代で、やはり五二都市の法人化がみられた[3]。これは後述するように、都市内抗争の増大と関連しており、エリザベス時代との違いがある。以後、ピューリタン革命期は極めて少なく一都市のみであり、王政復古期に一六都市の法人化がみられたが、名誉革命後は少なくなって三例にすぎず、名誉革命後の政権は、都市を新たに法人化する政策を基本的に放棄したとみられる[4]。

なお、こうした都市の法人化は、王権の主導でおこなわれる場合もあるが、基本的には都市側からの請願に基づいておこなわれることが多い。その手続きは一六世紀には確定し、都市住民からの請願が、国務長官(secretary of state)に届けられ、法制役人による検討をへて、彼らによって授与されるべき特許状(charter)ないし勅許状(letter patent)の草案が準備され、それが王の案として十分であると判断されると、王璽《おうじ》局で文言を点検して王璽(Privy Seal)を付して都市へ送付される。なお、それは、大法官府に登録されるのである。[5] 法人化都市は、都市住民の下からの自発性を基本にして、それを王権が上から掌握して公式化するところで成立している。まさに住民の自発性と政治権力の接点をなしているのが法人団体なのである。以下、まず第一期について、一四世紀から一五三〇年代くらいまでの都市の法人化の特徴をみてみる。

法人化による都市の階層化

まず第一期の都市法人化は、王権のもとへの権力集中の進展として捉えられる。一五世紀は、とくに一四三九・四〇年頃以後がM・ワインバウムによって「法人化の古典的時代」と呼ばれる。一三四五年のコヴェントリから一四〇九年のリンカンにいたるまでの八つの都市法人化はその前史をなし、それらの特許状は法人化の五つの指標(永続的継承性、訴訟主体、土地保有主体、公印保持、法制定権)を明確に述べていない。一四〇九年のリンカンの法人化以後三〇年間都市法人化がなされず、一四三九年のプリマスおよび四〇年のハルへの法人化特許状にいたって、これらの指標が明確に述べられるようになり、「法人化の古典的時代」となるのである。[6] ただし法の制定権は、ハルへの特許状にも現れておらず、一五世紀末に若干の都市で規定されるようになる。[7] 一四三九年以後都市の法人化が大幅に増加しているが、これはヘンリ六世の親政期とエドワード四世の治世に一致しており、政治的混乱や戦争のなかで、これら二人の王による都市からの忠誠と財源の獲得の必要性に、都市側の権利強化への希求が一致したものとみられる。[8] しかし、一四三八年以前においても諸都市は、実質的に法人化の諸指標を行使していたし、しかも前史の時代である一四〇九年までのあいだに、コヴェントリ、リンカンのほか、ブリストル、ヨーク、ニューカースル、ノリッジなど、有力都市の法人化が多いことを指摘できる。これに対して一五世紀後半はウッドストックとかスタムフォードなどを含む中小都市の法人化が多い。

ここで、『特許状記録集要覧』に抄録されている二一都市の法人化特許状および『勅許状記録集要覧』の五都市の法人化勅許状、それにブリストル（一三七三年）[9]、グロスター（一四八三年）[10]の特許状により合計二八都市の法人化について検討してみると、都市の階層的な構成が明らかとなってくる（表2－2）。つまり、(1)法人化とともに州となり、シェリフ（州長官）をもった都市、(2)州にならずシェリフをもたないが、市長などが令状復命権を与えられた都市、(3)州にならずシェリフももたず、さらに令状復命権や州のシェリフに対する不入権をも欠いた都市、に分けることができる。

(1)この時期に州となり、シェリフをもった都市は、ブリストル（一三七三年）、ヨーク（一三九六年）、ニューカースル（一四〇〇年）、ノリッジ（一四〇四年）、リンカン（一四〇九年）、ハル（一四四〇年）、サウサンプトン（一四四五年）、カンタベリ（一四四八年）、ノッティンガム（一四四九年）、コヴェントリ（一四五一年）、グロスター（一四八三年）、チェスター（一五〇六年）、エクセター（一五三七年）の一三都市であり[11]、このほか実質的に州であったロンドンを加えると一四都市となる。したがって、一七世紀末までに一七のイングランド都市（ウェールズを含めると一九都市）が州となったが[12]（表2－3）、この時期にその大部分が州となったのであり、都市の階層編成の要ができあがったとみることができる。

一四世紀末から一五世紀前半は、イギリス地方都市のうちでも大規模な都市が黄金時代を迎えた時代であり、とくにブリストル、ヨーク、ノリッジはロンドンに次ぐイングランド第二の地位を競う商工業都市であったし、ニューカースル、ハル、サウサンプトン、コヴェントリなども当時なお重要な商業ないし工業都市だった[13]。一方リンカンやカンタベリは、政治的・宗教的に重要な都市だったのであり、結局この時期には富を蓄積した重要な地方商工業都市を中心に、政治的・宗教的な中心地を州としていったのである。

州となった都市の特許状に共通してみられるのは、

①シェリフを選出し、州裁判所（county court）をもつことを認める。

②市長はエスチーター（国王復帰財産管理官）となる。ただしコヴェントリはこの職についての規定を欠き、ニューカ

ースルは一三三三年にすでに得ている。[14]

③コロナー(検屍官)の選出権をもつ。ただし、ニューカースル、サウサンプトン、コヴェントリなどは、一三世紀中にすでにこの職を得ている。[15]

④一三七三年のブリストルへの特許状以後、市長や市参事会員などの有力都市役人が、治安判事となり重罪を含む裁判権をもつ。[16]

⑤法人格に関する規定は、その初期的な段階にあり、一四〇九年のリンカンまでは、ワインバウムの五つの指標のうち永続的な団体と公印に関する規定のみであることが多く、一四四〇年のハル以後、土地保有や訴訟主体についての規定が登場してくるのである。[17]

⑥このほか都市の境界・管轄の明確化があり、地理的境界を明確にし管轄領域を確定することによって、周辺領主の介入を排除する。一方、市長がスチュワード(宮内執事)、マーシャル(宮内武官)、市場監督官(the clerk of the market)などの国王役人を兼ねる場合は、それらの国王役人に対する不入権をもつことにもなる。

つまり、まずシェリフと州裁判所をもつことによって、その都市が州であることが示され、国王の令状はシェリフ宛に出される。またエスチーター、コロナー、治安判事は国王役人であるが、市長など有力な都市役人がこれを兼ねている。官僚制を欠くイギリスにおいては、都市役人が無給で国王役人を兼ねることが、極めて興味深い。

これらの役人については後述するので、ここでは簡単に触れるにとどめるが、エスチーターは国王の復帰財産を管理するとともに、その都市の富や収入源としての状況を把握する財政上の任務を果たす。[18]コロナーは殺人その他の検屍をおこなうとともに、国王の裁判のための準備をする司法関係の国王役人である。また治安判事も市長や有力市参事会員などが兼ね、主として裁判を担ったのである。市長などがこれらの国王役人を兼ねることによって、都市は州の国王役人に対する不入権を得ることとなる。さらにこれらの都市では、市長が、スチュワード、マーシャル、市場監督官など

永続的団体	公印	所有主体	訴訟主体	法	備　考
(○)	○				1450年代に州となる
	○	○			国王役人による特権侵害への防御
	○				Sh は候補者 3 名から大法官府が 1 名選出
○	○				火災損害を考慮し法人化
	○				州となる。財務府と関係強
	○				州となる。財務府と関係強
	○				州となる。財務府と関係強
○	○	○	○		州となる。王への奉仕負担考慮し法人化
○	○	○			市が負担を負ってきたことを鑑み法人化
○		○			これまでの特許状の言語が曖昧なため
○	○	○	○		潮の変化と敵来襲で貧困化したため法人化
○			○		宮内役人による都市特権侵害のゆえに
○	○	○	○		特権の侵害を受ける。商人ギルド設置
○	○				ランカスター公領内の港。衰退のゆえに
○			○		王への反乱者に対抗したことを考慮
○	○	○	○	○	表現が曖昧で侵害されるゆえに法人化
○	○	○	○		王の復位に貢献した。商人ギルド設置
○	○	○	○		商人ギルド設置
○	○	○	○		商人ギルド設置
○	○	○	○		旧特権の表現曖昧。商人ギルド設置
○	○	○	○		海港が衰えた。商人ギルド設置
○	○	○	○		都市領主からの願いと住民の奉仕負担を考慮
○	○	○	○		王国内の関税，通行税などの免除
○	○	○	○		上納金と洪水による貧困化のゆえに
○	○	○	○		リチャード 3 世への当市の好意
○		○	○		ヘンリ 3 世以来の特許状・勅許状確認
○	○	○	○	○	王が市長を指名。商人ギルド設置
					ダンウィッチと競争。法人化による関税回避
			○		国王役人の干渉排除
					土地保有・役職・特権認可。Es 不介入など

V, Richard III (1476-1485).
CPR, Henry VII, Vol. 1 (1485-1494), Vol. 2 (1494-1509).
ブリストルについては Harding, N. D. (1930)，グロスターについては鵜川馨 (1991a)，354-377頁。

表2-2　中世都市の法人化(1345〜1508年)

年	都市名	首長	Sh	Es	Cr	JP	令状復命
1345	コヴェントリ	M					
1348	ヘドン	M			○		○
1373	ブリストル	M	○	○	○		
1393	ベイジングストーク	M					
1396	ヨーク	M	○	○	○	○	
1400	ニューカースル	M	○			○	
1404	ノリッジ	M	○2名	○	○	○	
1440	ハル	M	○	○	○	○	
1446	イプスウィッチ	2Ba		○		○	
1446	ロチェスター	Ba			○		○
1449	ライ	Ba					
1451	チチェスター	M				○	
1453	ウッドストック	M					
1458	ウェインフリート	Ba					
1460	ノーサンプトン	M(Esq)*		○		○	
1462	コウルチェスター	2Ba				○	○
1462	ラドロウ	Ba			○	○	○
1462	スタムフォード	A			○	○	○
1463	グランサム	A			○	○	○
1467	ドンカスター	M			○	○	○
1468	ブリッジウォーター	M				○	○
1468	ウェンロック	Ba			○	○	○
1472	ビュードリ	?					
1481	キングストン・オン・テムズ	2Ba					
1483	グロスター	M	○	○	○	○	
1484	ハンティンドン	2Ba					
1484	ポンテフラクト(パムフレット)	M			○	○	○
1490	サウスウォルド	2Ba					
1505	トートネス	M					○
1508	ルースィン						

M＝市長，Ba＝ベイリフ，A＝市参事会員，Sh＝シェリフ，Es＝エスチーター，Cr＝コロナー，JP＝治安判事，法＝法制定権　　*エスクワイアの称号をもつ

出典：*CCR*, Vol. 5, 15 Edward III-5 Henry V, Vol. 6, 5 Henry VI-8 Henry VIII.
CPR, Henry VI, Vol. 5 (1446-1452); Edward IV, Henry VI (1467-1477); Edward IV, Edward

の国王役人を兼ねることが多かった。スチュワードは宮内執事であり、またマーシャルは宮内武官であって、国王の地方巡回に際しその宿泊所から一二マイル以内を管轄し、前者はその王宮の食糧調達などの雑事を、後者は軍備やとりわけ馬の徴発をおこなう国王役人であった。[19] また市場監督官も騎馬隊とともに市場に入り、市場の度量衡や取引を監視する国王役人であったが、州となった都市の多くの法人化特許状は、これらの国王役人が直接都市に介入することをやめさせ、市長などにその役割を委ねたのである。[20]

なお、メイトランドによれば、州(county)は、単一の組織体であって、「準法人的性格」をもっていたという。実際、例外的であるにせよ、デヴォンシャーは公印をもっていたのであり、法人化特許状においても州への昇格は、その州団体(*Corpus* of the County)からの分離と表現されていることは注目される。[21] 州となった都市は、前述のように一四世紀末から一五世紀前半に多いのであるが、この時期にこれらの都市は重要な商工業中心地であった。とくに一五世紀初頭ま

表2-3　州となった都市

年	都市名
(1199)＊	ロンドン(1608年)
1373	ブリストル
1396	ヨーク
1400	ニューカースル
1404	ノリッジ
1409	リンカン
1440	ハル
1445	サウサンプトン
1448	カンタベリ
1449	ノッティンガム
1451	コヴェントリ(1345年)
1483	グロスター
1506	チェスター
1537	エクセター
1553	リッチフィールド(1548年)
1568	プール
1604	☆カーマーセン(1546年)
1610	☆ハーヴァーフォードウェスト
1621	ウースター(1555年)

＊ロンドンが，ロンドンとミドルセックスのシェリフ選出権を得た年。
☆ウェールズの都市。
(　)内は，法人化された年。
出典：Cook, C. & Wroughton, J. (1980), p. 90; *The Corporation of London* (1950), p. 24.

での時点では、ブリストルは毛織物輸出でロンドンと一、二を競うほどであったし、ヨーク、ノリッジなども毛織物工業が繁栄していた。[22] 州としての法人化は、こうした経済的に重要な都市の国制上の地位を高めるとともに、それらを国王の財政基盤として、シェリフやエスチーター(市長)を設置し、彼らに財務府と密接に連絡をとるよう規定している。とくにヨークの場合は、彼らが毎年財務府役人へ収得金の納入と報告をおこなうことが明記されている。[23] 州となり、シェリフとエスチーターをもつことは、国王の財政基盤に強く組み込まれたことでもあったのである。

(2)次に州にならずシェリフをもたないが、市長などが令状復命権を与えられた都市がある。これは、郡(ハンドレッド)相当の法人化都市であって、一三四八年のヘドン以来、ロチェスター、コウルチェスター、スタムフォード、ラドロウ、ブリッジウォーター、ドンカスターなど、中小都市が多い。[24] 検討した二八市の特許状・勅許状のうち、少なくとも一〇がこれに相当する(前出表2-2)。これらの都市は以下のような特徴をもっている。

①シェリフの選出権は欠くが、市長などが令状復命権をもち、当該州のシェリフ、エスチーター、治安判事に対する不入権、スチュワード、マーシャル、市場監督官などの国王役人への不入権を与えられている。

②しかし、これらの都市ではノーサンプトンを例外として、エスチーター職を与えられないのが一般的である。

③一方、市長をはじめ主要都市役人は、治安判事となり重罪を含む裁判権を与えられていた。ただし、全ての都市が法人化特許状によって治安判事職を与えられたのではなく、それ以前や、それ以後に与えられた都市もある。[25]

④コロナー職については、これをもつ都市が多く、特許状にこれを欠いているのはコウルチェスター、ブリッジウォーターなど少数である。[26]

⑤法人格の規定については、一五世紀後半になって整ったものが多くなり、永続的団体、公印保持、訴訟主体、所有主体についての規定が明確になり、一四六二年のコウルチェスターと八一年のキングストン・オン・テムズの場合には、法の制定権が明記され、法人格の五つの指標全てが揃っている。[27]

⑥都市の境界の明確化。および宮廷役人への不入権をもつことが一般的である。

州ではなく郡相当の都市であるが、市長が令状復命権をもち、国王の令状はシェリフではなく市長に対し発せられることとなる。州の国王役人(シェリフ、エスチーター、治安判事など)に対する不入権をもつ一方、市長やほかの有力都市役人が治安判事となることが多い。しかし、エスチーター職をもたない都市が多いのは、中小都市が多く財政的な基盤としての役割がさほど大きくないことを反映しているといえよう。これらの都市の法人化特許状には、その授与目的が、従来の特許状の表現が曖昧であり、その特権が周辺の領主によって侵されようとしているのでそれを明確にするため(ヘドン、コウルチェスター、ドンカスターなど)[28]とか、都市の衰退を救済するため(ラドロウ、ブリッジウォーター)[29]とか記されていることが多い。結局、一五世紀後半に多い中小都市の法人化は、領主権力による都市自治権の侵害や、都市の経済的衰退への対処としておこなわれたのである。一方、市長の配下に職杖係(serjeant at mace)がおかれ、市長の職務執行を担う規定が多くみられるのは、市長権力の成長を示すともみられるが、その職杖には王室の紋が付されるべきとされているのは興味深い[30]。

結局、これらの都市においては、法人化によって周辺領主の介入を排除し、都市の権限を増大させる一方、市長に国王の令状を執行させ、また都市役人を治安判事としつつ、国王役人を都市内部に設定しているのである。

(3)都市階層制の底辺には、州にならずシェリフもたないうえ、令状復命権ももたない法人化都市が存在する。先述のシェファードは、村(Village)や教区(Parish)が法人化されることを指摘しているが[31]、従来の都市的な権利がないか弱く、法人化されてもその特許状に、令状復命権が規定されることなく、またシェリフ、エスチーターはもとより治安判事も設置されない場合がある。このような都市としては、リンカンシャーの小港町ウェインフリート、サフォークのサウスウォルド、北ウェールズのルースィンなどがある[32]。これらの町は法人化以前には、明確な都市特権を欠いており、法人化特許状を得ても、首長にベイリフ(市執政官)などの選出権を得るにとどまったり、公印をもち、法人格を得ても、特権としては市場開設をはじめとする若干の経済的特権などを得るにすぎない。令状復命権、治安判事職さらには不入権をも欠くため、法人格は得たものの、当該州のシェリフ、エスチーター、治安判事などが都市内でその権限を行使したものと思われる。このような都市は、村落の法人化であり、この時期には必ずしも多くはないが、階層制的な都市法人化の底辺に位置するものとして興味深い。

中世イングランドの都市自治権は、種々の特権を特許状によって逐次取得して積み重ねた特権の「寄せ木細工」であり、その在り方も多様であった。法人化特許状は、これらの諸特権をまとめて一体化し、とりわけ一四四〇年のハルへの特許状以後、それを基準に比較可能な標準化された内容をもつようになった。それはまた都市間の階層制を明確にし、すでにシェリフをもつなど実質的に州と同格の法人化都市であったロンドンを頂点に、州となった都市、郡相当の都市、そして村落相当の都市という序列が、法人化を通してできあがったのである。そして階層制の上部に位置しているほど、州と同格など都市の制度的地位が高いだけでなく、エスチーターなど国王役人をより多くもって、王権との関係がより緊密であった。この時期の都市法人化は、一三の地方有力都市を州と同格としつつ、多数の国王役人をもつことも認め、階層制上層の中核的な部分を多数つくったところに、その大きな特徴がある。

2　都市特権の拡大と王権の浸透

都市特権の強化・拡大

以上のような法人化は、都市の自治的特権の明確化と拡大をもたらし、都市の法的・制度的な地位を向上させたのであるが、他面都市内部に種々の国王役人を設定し、王権の都市内部への浸透をもたらすという二面性をもっていた。まず前者の側面を検討してみる。

一般に法人化は、先述のように、都市側からの請願に基づいておこなわれることが多く、自治権の強化・拡大をともなっていたのである。州へ昇格し、シェリフ選出権や州裁判所開催権を獲得し、またエスチーター職や、治安判事職をもつあるいはその数を増加させた場合、それは都市の権利の拡大と都市の国制上の地位の向上をもたらしたことは明らかである。また、郡相当の法人化都市であっても、市長に令状復命権や治安判事職が認められ、州のシェリフや治安判事に対する不入権を認められる場合も同様である。そもそも都市が特許状によって法人格を得て、永続的な団体たることや五つの諸権利を明記されること自体、都市の法的権利の強化とその地位の向上を示している。

こうした都市の自治的権利の強化と制度的地位の向上は、都市外の諸権力、つまり国王自身の役人や領主の干渉を排除することにもなった。すでに触れたように、法人化特許状の多くは、国王側近の宮廷役人であるスチュワード、マーシャルなどが、国王の地方巡回に際して、物資や馬の徴発をおこなうという権力行使から、都市が自由となることを認めている。また国王の市場監督官が都市市場に介入して、度量衡や商品の検査をおこなうことや、食糧調達官(purvayor)が市民の同意や対価なしに、食糧調達をおこなうことも禁じられている。[33] これらは、国王が権力的・恣《し》意的に市場に介入することを防止し、都市の市民的市場の確保に貢献したといえよう。このほか、財政収入にかかわる問題で、都市の治安判事職に帰する全ての罰金や没収品などを都市収入となしうることは、裁判収入が当時一つの重要な財源であったことを考慮すれば、都市にとっての貴重な権利であった。[34] さらに衰退傾向にある中小都市に対し、歳市や週市を認可し、商人ギルドの設立を認めたことも、都市の経済的権利を強化するものであった。[35]

しかし、それ以上に重要なのは、周辺の領主の干渉を排除し、都市の自治権を強化したことである。これは、法人化特許状が、都市の地理的・空間的な管轄範囲を明確にすることに端的に示されている。いくつかの都市は、その管轄範囲を拡大しており、一四五一年の特許状で、州に昇格したコヴェントリは周辺一七余りの小村を、コウルチェスターは四つの小村を都市領域に含めているし、ヘドン、ロチェスターなどの特許状にも管轄範囲が明記されている。[36] またブリストルの場合は、一三七三年八月に法人化特許状を得たが、その一カ月後の特許状によって管轄領域を詳細に規定し、さらに割当を作成して市の幹部が巡回することを定めている。ブリストルでは、法人化特許状を得るまでに、市南部のレドクリフおよびテンプルフィーの二地域をめぐって周辺領主バークレイ卿と都市の支配権が交錯し、絶えざる争いが続いていた。とくにレドクリフ地域については、バークレイ卿が一二世紀以来市民に対する裁判権、パンやエールの裁定権、十人組検査権などを主張していたが、ブリストル政府は次第にその権利を制約してゆき、最終的に一三七三年の法人化特許状によってレドクリフ地域に対する市の管轄権を確立し、バークレイ卿の領主的権利は排除されたのである。[37]
こうした事態は、王権が法人化特許状によって封建領主の権利を抑えつつ、都市の権利を強化し、さらにその地位を高めたことを示している。このほか、中小都市の場合、ヘドンやスタムフォードの場合のように、国王や近隣の領主がその法廷を都市内で開催し、そこに都市の諸問題が持ち込まれ処理されることによって、都市の自治的権利が侵害されるという事態がみられた。これに対して、法人化特許状は、都市内の問題が都市以外の法廷に持ち出されることを禁ずることによって、都市裁判権を守ろうとしている。[38]法人化によって、都市の国制上の地位を向上させたり、法的権限の強化をもたらすことは、貴族・領主の勢力を抑えるという意味をもっていたのである。

王権の浸透

以上のように、法人化によって、都市の自治権や経済的特権は強化・拡大したのであるが、しかし、他面都市内には王権の支配力が浸透し、都市自治の自立的性格がむしろ後退する一面をも指摘することができる。王権の都市支配は、国王役人が都市を外部から支配するのではなく、市民によって選出された都市役人の上層部を、国王役人として掌握するところに特徴がある。もっとも一二・一三世紀においても、都市役人は国王に対する責任を負っていたのであり、例えばベイリフは、「都市と国王に対する責任を課された二重的性格」をもっていた。[39]しかし、一四世紀末以後は、治安判事職やエスチーター職などの設定に特徴があり、市長をはじめ主要な都市役人が、これらを担ったのである。

これらの諸役人については、すでに触れたところであるが、国王役人という点に注目しつつ、特許状に示された役割をより立ち入ってみてみる。シェリフは、ベイリフなどに代わって毎年市民によって選出され、市長の面前で宣誓するが、その名前は都市の公印を付して大法官府に送られる。国王の令状は、このシェリフに送付されることとなる。シェリフは、州裁判所を開催し、その職にともなって生じた収入は、毎年財務府へ納入し、それに関する報告をする義務を負った。なお選出方法は、ブリストルでは都市が三名の候補者を選び、うち一名を国王がシェリフに選ぶという方式であり、国王の関与がみられるが、ほかの都市では都市自身が選出している。[40]

エスチーターは、有力都市の市長がこの職を兼務したが、就任に際しては国王の指名する役人の面前で宣誓し、自らもしくはその代理を通じて、毎年その職の遂行にともなって生じた収入について財務府へ報告し、かつその収入を大蔵卿などのもとへもたらす義務を負った。エスチーターは、小山貞夫氏によれば、たんに国王の復帰財産の管理や後見権にともなう封建的付随条件からの収入確保のみでなく、財務府への国王収入増大のための情報提供という役目を負っていたということであるから、王権が有力都市にエスチーター職を設置したのは、自らの財政基盤として都市を掌握しようとしたものといえよう。[41]

次に治安判事についてであるが、市長や長老の市参事会員などの有力都市役人が、治安判事（多くの場合治安維持官、労働者判事でもある）となる規定が、多くの特許状にみられる。しかも一四・一五世紀にあっては、カンタベリ、グランサム、スタムフォード等々のように、法人化特許状によってはじめて治安判事職を得ている都市が多いのである。[42]また、こうした都市の治安判事は、ハルやコウルチェスターの特許状にみられるように、重罪(felony)、侵害(trespass)、財物強要(extortion)、懈怠《けたい》(misprision)などについても裁判権をもつものとされている。ただし、法人化の初期の段階では、例えば一四〇四年のノリッジの場合のように、「国王の特別な令状がなければ」重罪の裁判をおこなえないものとしている。[43] 一方従来の都市裁判所は、侵害・契約・土地関係の訴訟を扱うことを定められていることが多い。治安裁判所と都市裁判所のあいだには、役割分担の区別があったが、長期的には重複や競合関係が生じ、次第に治安裁判所が都市裁判所の権限を吸収してゆき、したがって治安判事の役割は、ほかの地方行政上の役割と相まって、都市内においても増大する方向にあった。[44]

またコロナーについては、特許状にその役割・権限が規定されている例が見当たらないが、もともと一二世紀末以降、大巡察に際し、「国王の訴訟」を準備するため州や都市に設置された国王役人であり、検屍やシェリフの監視などの職務の遂行にもあたった。[45] コロナーは都市政府がその内部から選出ないし指名するのが一般的であり、市民が国王役人を兼ねたのである。しかしその重要性は、一四世紀に入ってエスチーターや治安判事が発達するにつれて、失われる傾向にあったという。コロナー職は、法人化特許状取得以前から、都市に与えられていることが多い。しかし、法人化特許状による都市のコロナー職の確認や授与は、州のコロナーを排除して都市の地位の向上を進めつつ、王権と都市の結びつきを強め、王権の都市内への浸透の一助となったとみることができるであろう。

以上からすれば、法人化特許状は、都市役人を国王役人として把握することによって、あるいは都市内部に国王役人としての性格をもつ役人を選出せしめることによって、王権の都市への浸透を進めた。その際、財政面はエスチーター、裁判は治安判事やコロナーを通じて掌握し、行政面ではシェリフ・市長への令状送付によって、都市内部に国王権力を浸透させた。これらの役職を全てもった有力都市、つまり都市序列の上位にある州へ昇格した都市は、王権との結合がもっとも強かったのであるが、一般的にはシェリフ、エスチーターを欠く都市が多く、治安判事こそが市長や市参事会員などによって担われつつ、都市自治と王権による支配の接点を形づくったのである。[46]

かくして法人化特許状は、たんに都市への法人格賦与にとどまらず、王権と都市の関係をより緊密にしつつ、都市の諸権利の増大と王権による都市統制力の増大とを両立させた。都市の国制上の地位は高まり、王権と都市の結合は強化されたが、そのあいだにあって封建領主はその諸権利を制約ないし縮小された。結局都市の法人化は、王権が都市の制度的地位を引き上げつつ、領主権を弱体化させ、権力集中をはかる手段としての意義をもっていたのである。

都市内部の変化

それでは法人化されていった都市内部の事情はどのようなものであっただろうか。それは都市ごとに多様であり包括的には述べられないが、次の三点を指摘しうる。

まず第一は、一四世紀後半から一五世紀初めを特徴づける州への昇格をともなう有力都市の場合である。この時期に小都市は没落したものの、先述のように有力な地方大都市は、これら小都市の商工業を吸収し、農村工業をも利用しつつ発展しており、ブリストル、ヨーク、ノリッジなどの商工業は繁栄の時代を迎えている。これらの都市の商工業の発展は、都市内部にクラフト・ギルドの形成と、その勢力を基盤とした市議会(The Court of Common Council)の成立をもたらし、従来の市参事会を中心とした都市支配層との対立、という事態をも引き起こしたのである。[47] ワインバウムは、この時期の法人化を、市議会に代表される新たな勢力を、いかに古い機構と融合させるかという問題だったと述べている。[48]

市議会の興隆については、ロンドンが一三七六年から八四年にかけて、クラフト・ギルドを単位に市議会員を選出する試みののち、区を単位とする方式で市議会を確立しているが、これもクラフト・ギルドを形成した新興の商工業者の政治勢力の興隆とみることができよう。[49] ブリストルでは、ワイン商人などの少数の富裕な商人の支配に対抗しつつ、すでに一三四四年には絹物商、毛織物業者、手工業者が中心となった四八名からなる市議会が形成された。彼らはクラフト・ギルドを形成しつつ、さらに旧来の食糧関係商人に代わって市制の中枢にも進出していった。同市を州とする法人化特許状を得たのは一三七三年であるが、これによって市議会の議員数は四〇名に減少し、市参事会を五名としたが、その構成からしても毛織物業者を中心とした市政の確立とみなせる。つまり法人化は、ロンドンをもしのぐほどの毛織物輸出港として、この頃興隆したブリストルの商工業を基盤として達成されたのである。[50] またヨークにおいても、一四〇〇年前後に織物業者関係を中心に多くのクラフト・ギルドが規約を制定しており、クラフト・ギルドの興隆期であった。ウェスト・ライディングの農村工業はまだ未成長であり、ヨークの毛織物織布業は盛んであった。クラフト・ギルドを基盤とした新たな政治勢力は、一四世紀末には都市貴族的勢力とヨークの市政をめぐって大規模な闘争を展開している。[51] またノリッジの場合は、一四〇四年の法人化にいたるまで市長職がなく、四人のベイリフと二四人会による市政が続いていた。しかし一四世紀後半にクラフト・ギルドの形成が進み、その寡頭《かとう》的体制への批判が強まり、「市民の同意」を盛り込ませる努力が続けられた。寡頭派と新興商工業者の妥協は、一四〇四年の法人化によっても達成できず、一四一五年の仲裁をへて、一四一七年にロンドンをモデルとした二四人の市参事会と六〇人からなる市議会の成立をもって一応の妥協が成立している。[52] 基本的には同様のことは、一三四五年に法人化し一四五一年に州へ昇格したコヴェントリにも指摘できる。またJ・テイトは、法人化とは別にではあるが、ロンドン、ノリッジ、リンについて、さらに一五世紀に入ってのウィンチェスター、ニューカースル、レスター、ノーサンプトンなど多くの都市の市議会の成立について指摘している。[53]

結局、一四世紀末から一五世紀初めに州となったような有力地方都市は、新興のクラフト・ギルドの勢力を市議会のうちに取り込み、また法人化によって都市としての一体性を維持しようとしたのである。また王権は、これら重要な商工業中心地を州として法人化し、自己の財政基盤として強化したのである。

第二に、一五世紀後半から一六世紀前半は、ロンドンへの商業・貿易の集中が進み、地方都市や海港の衰退、とくに中小都市の衰退が進展したが、そうした都市衰退との関係で法人化される都市が多い。スタムフォードは一四六二年に法人化されたが、市制については市長と第一の十二人会、および第二の十二人会の二つをおき、治安判事やコロナーももつこととなったが、同時にこのとき商人ギルドの設立が認められている。[54] この都市には、クラフト・ギルドが存在せず、一四六二年になってはじめて総合的なギルドである商人ギルドが形成され、商工業者を一括して統制し、経済的な回復をはかることを試みたのであった。スタムフォードは、一四六三年に法人化したグランサム、八四年に法人化したパムフレットの母都市であり、これら二つの小都市も同様の法人化特許状を得ている。海港であるブリッジウォーターも衰退、キングストン・オン・テムズも上納金負担や洪水にあって貧困化したことを、法人化の理由としてあげている。[55]なおグロスターは、一五世紀後半に法人化され州となった比較的規模の大きい都市であるが、貧困を法人化の理由としてはおらず、この都市のヨーク家支持という政治的理由があげられており、国王リチャード三世の寵愛のうちに法人化されている。しかしこの時期の多くの中小都市の法人化においては、衰退と貧困の問題が大きかったのである。[56]

第三は、一五世紀後半から一六世紀前半にかけて、衰退傾向のうちに都市内部の分極化が進み、都市の寡頭的体制が形成されていったということである。理念的には中世都市の支配者は「裕福な良き人々」であり「コモナルティの同意」を得て市政をおこなうのだが、そこには二つのベクトルが作用していた。支配層は王や神につながりつつ上から下へ、コモナルティは、権威の基礎はコモナルティにあり、支配層はその代表だという下から上へのベクトルがあり、両者一体となったところで自治的都市共同体が成立していたのであった。しかし、分極化の進展は支配層の上からのベクトルを強め寡頭化を推進していった。[57]また都市の衰退は、市政の担当を可能とするほどの経済力ある富裕層を、ごく一部の者のみとし、寡頭化を推進した。かつてクラフト・ギルドの形成をもたらした商工業者は、市議会を成立させ市政をより広い基盤にのせたが、その市議会も一五世紀後半以後は、商工業者の一部をそこに取り込み、より広いコモナルティの活動を制約するといった意味をもつようになったのである。こうした寡頭化の進展は、市参事会の終身制、市長の被選挙資格の市参事会員への限定などのうちにみられるが、このような市制の採用は一四四九年のノッティンガム、六二年のスタムフォード、六三年のグランサムなどにみられる。[58]しかし、都市寡頭制の代表的例はブリストルとエクセターにみられる。

ブリストルは、一五世紀末にいたると毛織物輸出も生産も衰退したが、一四九九年に得た特許状によって寡頭的体制が確立した。これによれば市政は、市長と六名の市参事会員と四〇名の市議会によって担われたが、市長は市参事会員から選ばれ、市参事会員は市長と市議会員が選び、市議会員は市長と二名の市参事会員が選ぶこととなった。しかも市参事会員は任期がなく、その欠員を補充選任(co-option)してゆくのであり、ブリストルの市政は自らを選挙し自らにのみ責任を負う四七名の人々の手中に収まったのである。[59]

またエクセターは、一三世紀に市長をもち、四名の補佐の助力を得て市政を遂行していたが、一四五〇年には二四人会と、それを毎年選ぶ三六人会が成立していた。これら二つの会員はすでに狭い範囲から選ばれていたが、一五〇〇年になると二四人会は毎年選出制をやめ、欠員などを自己選出してゆく補充選任の体制をとることとなった。さらに一五〇九年には二四人会員の終身制がヘンリ八世によって認められ、市長の選出はこの二四人会が指名する二名の候補者から市民が選ぶこととなったのである。エクセターは一五三五年に市長などが治安判事となり、三七年に法人化して州となったが、それは以上のような体制を確認したものであった。[60]こうした都市寡頭制の意義については、第四章第3節において述べる。

カトリック的都市世界への王権の侵入と破壊

以上のように、一五世紀後半から一六世紀前半には、都市の寡頭的体制が成立したが、内部の分極化はなお決定的ではなかったし、都市共同体としての一体性を保っていた。それには、カトリック的な都市文化も貢献していた。民衆の自発的結合組織として興隆してきたフラタニティはもとより、クラフト・ギルドもその半面にフラタニティをもち、宗教的な絆が存続していた。また都市も、都市全体を覆うような宗教ギルドによって、あるいは宗教的な祝祭や儀礼をともないつつ、都市共同体としての一体性を維持していた。都市生活は、カトリックの宗教的な暦に従って展開していたのであり、C・フィズィアン＝アダムズがコヴェントリについて明らかにした都市の様相は、まさにそうした宗教文化によって都市共同体としての一体性を保っている姿を示している。[61]

一五世紀コヴェントリには、市民の包括的な宗教ギルドとして、聖体祝日のギルドと聖三位一体のギルドが存在していた。前者はクラフト・ギルドの組合員がメンバーとなり、ミッドサマー前夜などに行列行進(プロセッション)をおこない、結婚式や葬式への出席義務を負った。後者の聖三位一体のギルドは社会的により上層の者がメンバーで、シェリフ職とか市長職に就いた者、あるいは各クラフト・ギルドの幹部やその経験者が加入しており、前者のギルドのメンバーが地位上昇にともなって、後者のギルドへと移行していった。このように二つの宗教ギルドが存在していたが、これらは各クラフト・ギルドを一体化し、また市内のさまざまな社会的裂け目を縫合し、都市共同体の一体性を保つことに貢献していた。[62]もっともクラフト・ギルドには序列があり、行列行進はそうした序列を可視化してみせたが、行列行進の祝祭性や儀礼的性格は、それらを一体化した実体として示したのであった。

しかしそれだけではない。市長はじめ、主要都市役人やギルド役人は、就任に際し、宣誓、就任式、宴会などの儀礼を執りおこない、この儀礼を終えることによって、はじめてその役職・地位が確定された。儀礼は都市制度にも深く組み込まれていたのである。各ギルドや小コミュニティでの共同食事、メイデー、モリス・ダンス、五月柱などの伝統的な慣行や祝祭もまた都市共同体の一体性を強めており、カトリック文化に基づく祝祭や儀礼が、社会差を埋め、人々の結合を強めて、社会秩序を安定させ、都市の構造的な連続性の形成に貢献していた。[63]またコヴェントリの人々の生活は、カトリックの暦を基本としていた。それは二分法的であり、時間的にはクリスマスから始まって翌年のミッドサマーまでの半年が宗教的な時間であり、この半年のうちにレント祭、イースター祭、ミッドサマー祭など宗教に由来する行事が多かった。一方、ミッドサマーからクリスマスまでの半年は、ミカエル祭や万聖節もあるが、基本的に世俗の時間であり、農業中心のかつての世界では、農作業に専念すべき重要な時間である。都市では、この時期には、クラフト・ギルドの役員選挙がおこなわれることが多い。こうした時間的区別は、空間的な二分法にもつながる。寺院や教会の多い宗教的な地区と、ギルドホールなど世俗の地区が区別されるのである。[64]

宗教改革は、こうした二つのうち、世俗の勝利であった。二つの宗教ギルドは、一時合同ののち、一五四七年の法によって廃止された。行列行進、野外劇、五月柱なども遅かれ早かれ廃止されていった。コーパス・クリスティの野外劇の上演は、一五七九年が最後であり、プロテスタントの代替劇がミッドサマーに演じられるようになった。また五月柱は一五九一年が最後であり、これをもってカトリック的な祝祭や儀礼は消滅し、世俗化された階層制および時間と空間が残ることとなった。祝祭や儀礼によって結合されていた、都市やギルドの一体性が失われることによって、それらの寡頭的な体制が前面に現れることとなる。[65]こうして王権は、宗教改革によってカトリック的な都市世界を破壊したのではあるが、すでにそれ以前から宗教ギルドやクラフト・ギルドの法人化を進め、本来宗教的権威者の管轄下にあった問題をも掌握していった。また都市法人化は、王権による都市の存在根拠そのものの掌握でもあった。国王を国教会の首長とする宗教改革、また一五四七年のチャントリ廃止法は、このような王権のカトリック的都市世界の掌握・侵入・破壊の最終的な完成をもたらしたといえるであろう。[66]

以上、中世末期に始まる法人化は、都市の権限を拡大する一方、都市内の治安判事などの国王役人の設置・増強によって、王権が都市内部に侵入する道をも広げ、王権と都市の関係を緊密にした。結局、王権は、都市法人化によって都市の制度的地位を高めて領主権を抑える一方、フラタニティやクラフト・ギルドの法人化によっては、カトリック信仰の世界をも左右しうる位置を獲得し、王権への権力集中を進めたのである。なおこの権力集中の過程で、都市やクラフト・ギルドの法人化は、その権限や富の大きさなどに応じて、王権との関係を序列化し、階層的な社団的秩序を形成していったのである。

第三章

一六世紀後半のロンドン

1 地縁的結合と区・教区

都市内小共同体

都市階層制の頂点もしくは中心にあったロンドンは、どのようにして社団的秩序を形成し、再生産していたのであろうか。都市内部には、行政上の地域単位としての区、元来は宗教上の単位で宗教改革後行政的な意味合いを増した教区、職能団体としてのギルド・カンパニーの三つの小共同体があった。ロンドンについていえば、市民はこれら三つの小共同体に所属し、ギルド・カンパニーの組合員であると同時に、区会や教区会に出席していた。これら三つの小共同体は、ロンドンの市制・市政を支える基本的な基盤であり、同時に市民自身の三重のセーフティ・ネットとして、彼らの存在を安定的に維持するのに役立っていた。[1] また都市内小共同体は、都市共同体を支えたが、その都市が王権を支えるという、小共同体－都市－王権という三層の繋がりがあり、それは社団的な秩序をなしていたのである。この秩序形成を、王権の側からではなく、小共同体の側から、いわば上向過程としてみるとどのようになるであろうか。小共同体には、さらにそれを支える草の根の社会的結合というべきものがあったが、そうした社会的結合が小共同体にどのように把握され、その小共同体からいかにして都市支配層(市長、市参事会員、市議会員など)が形成され、その支配層がいかに王権に結合してゆくかをみることによって、王権にいたるまでの上向過程を捉えることができるように思われる。そこで以下、まず一六世紀後半のロンドンにおける地縁的な結合の展開を、その内部における社会的・政治的な上昇に注目しながら検討する。

ロンドンのもっとも基礎的な行政単位は、区(ward)である。ロンドンの区は、一五五〇年以後二六区あり、区会において市議会員を選出し、また市参事会員の候補者四名を選出(うち一名を市参事会が終身の市参事会員に選出)した。さらに区内の清掃、治安、度量衡・居酒屋営業の違反をも取り締まり、区審問会(ward inquest)を開催した。[2] 区の内部にはその下部単位として街区(precinct)があり、それは教区よりさらに小さな単位だったが、そうした街区や教区を支える地縁的な人的結合には、住民の近隣仲間(neighbourhood)があり、これが社会的結合関係の原点となっていた。

近隣仲間と街区・区

人と人の結合は、宗教的なフラタニティや職能的なギルドだけではない。地縁的な近隣仲間があり、ある意味ではそれこそがもっとも身近な社会的結合ともいえる。表通りの街路には、豊かな商人・小売商などが住んでいたが、横丁・路地には、貧しい手工業者、奉公人などが多く、彼らは狭い路地を挟んで、お互いの生活基盤を共有し、ときには共同の家主、共同の井戸・水道などを利用することによって、共同の価値意識とコミュニティを形成していた。[3] さらにこれには、当然居酒屋(tavern, alehouse, victualler)を拠点とした自然生的な結合が付け加えられるべきである。P・クラークによると、一六世紀の宗教改革後、教会に代わって、居酒屋がとくに下層民衆の集合する場となり、彼らが出会い、お互いの情報を交換し、またゲームその他の娯楽を楽しみ、行商人の商品を買い、喧嘩の仲裁をおこなう場ともなった。[4] 居酒屋は、下層社会の人々の結節点として機能していたのである。と同時に、居酒屋は、盗品が売られ、犯罪者の温床となり、無秩序を生み出し、当局や上中流層からは危険視されていた。またこうした下層民衆の結合関係から、職人の相互扶助組織や職能クラブが生じるのはまだのちのことである。[5] しかし、一六世紀後半にも居酒屋を拠点とした、近隣の人々の仲間意識と民衆コミュニティ(popular community)の形成を指摘できるのである。[6]

一七世紀初めのロンドンの近隣仲間については、J・ボールトンのサザークについての研究がある。人々の移動が盛んな社会であり、一七世紀初めの一〇年間に四分の三の人々が転出し、四分の一のみが残るほどの社会であったが、近隣の人々のコミュニティが形成され、それは都市的村落(urban village)の様相をも呈し、ロンドンは単一のコミュニティではなく「近隣仲間のモザイク」とみられるのである。[7] 具体的に示される近隣の人々の絆としては、ローカルな範囲での雇用関係、商取引のほか、婚姻、遺言執行・監視・証人、血縁などがあげられる。婚姻は、八三%という圧倒的な率で同じ教区内の者とのあいだでおこなわれ、教会は出会いの場でもあったのである。また遺言執行・監視・証人には、親族のほか、近隣の行きつけの肉屋など食糧商などが多いことが指摘される。そして血縁関係についても、二四%が同一教区に血縁者をもち、そのネットワークのなかで相互扶助的関係などを維持していたという。[8] 少なくともこれに近い状況を、一六世紀後半に推定しても大過あるまい。

このような自然生的な近隣仲間あるいは民衆コミュニティが、公式の制度につながる途は、一つは仲間の争いを裁く場を要したこと、二つ目にはコミュニティに含まれる有力者の存在である。つまり、仲間の争いは、市参事会員代理のような有力者の仲裁を受けたり、区審問会や教区会に持ち出されて裁決された。一方近隣仲間に含まれている有力者が街区役人や区・教区の役人となることによって、自然生的な近隣仲間が公式の制度の末端につながることとなる。[9] このうち、区・教区関係の役人についていえば、シティとリバティに存在した二六区には、二四二の街区(precinct)があり、一六世紀末には、市壁内のロンドンの区・街区だけでも約一一〇〇人の議員・役人、つまり二〇七人の市議会員、二四五人の治安官、一九八人の清掃係、四二九人の区審問官、二七人のビードルがいたのである。[10] さらにV・パールは、教区役人（教区委員、助役など）、ギルド役人（組合長、監事、補佐役など）、施療院役人を含めると、三〇〇〇人にのぼるとしている。教区が一〇〇余り、リヴァリ・カンパニーが五〇余りあったことを考えれば、こうした数字も妥当であろう。エリザベス時代末期のロンドンの成人男子が、四万二〇〇〇人ほどであったことからすると、およそ一〇人に一人は毎年何らかの役職に就いていたのである。[11] こうした小共同体の各種の役人、とりわけ末端の街区・区や教区の下層役人には、近隣仲間のうちの有力者が到達しえたのである。

一方、このような役人の上に位置したのは、市議会員、とくに市参事会員代理を務める市議会員であった。市参事会員は、必ずしも区に居住していなかったのである。しかし市議会員は、底辺の近隣仲間につながっていた。ロンドンの市議会員は区会で選出されたが、その候補者は街区を単位に選ばれていた。街区は区の下部単位として一五世紀頃に形成され、区の市議会員や治安官を選出する単位ともなっていたのである。その街区は、先述のように自発的な近隣の人々の集合体や社会的結合と、公的な制度の接点となっていた。[12] S&B・ウェッブは、「全ての区は街区へと分割され、全ての街区はその居酒屋（pothouse）をもっており、全ての居酒屋は市議会員のための子飼いの者たち（pet）をもっている」[13]と述べているが、こうした事態は一六世紀後半についても妥当するであろう。自然生的な近隣仲間や民衆コミュニティは、小共同体の役人のみでなく市議会員をも生みつつ、公的なものに関係づけられていったのである。

2　区共同体と役人

区共同体

ここで区の実態を検討してみる。エリザベス時代のロンドンの区の史料は、あまり多くは残されていないが、コーンヒル区、オールダズゲット区などの審問会史料がある[14]（図3-1）。このうちコーンヒル区の史料は記載が詳細であり、す

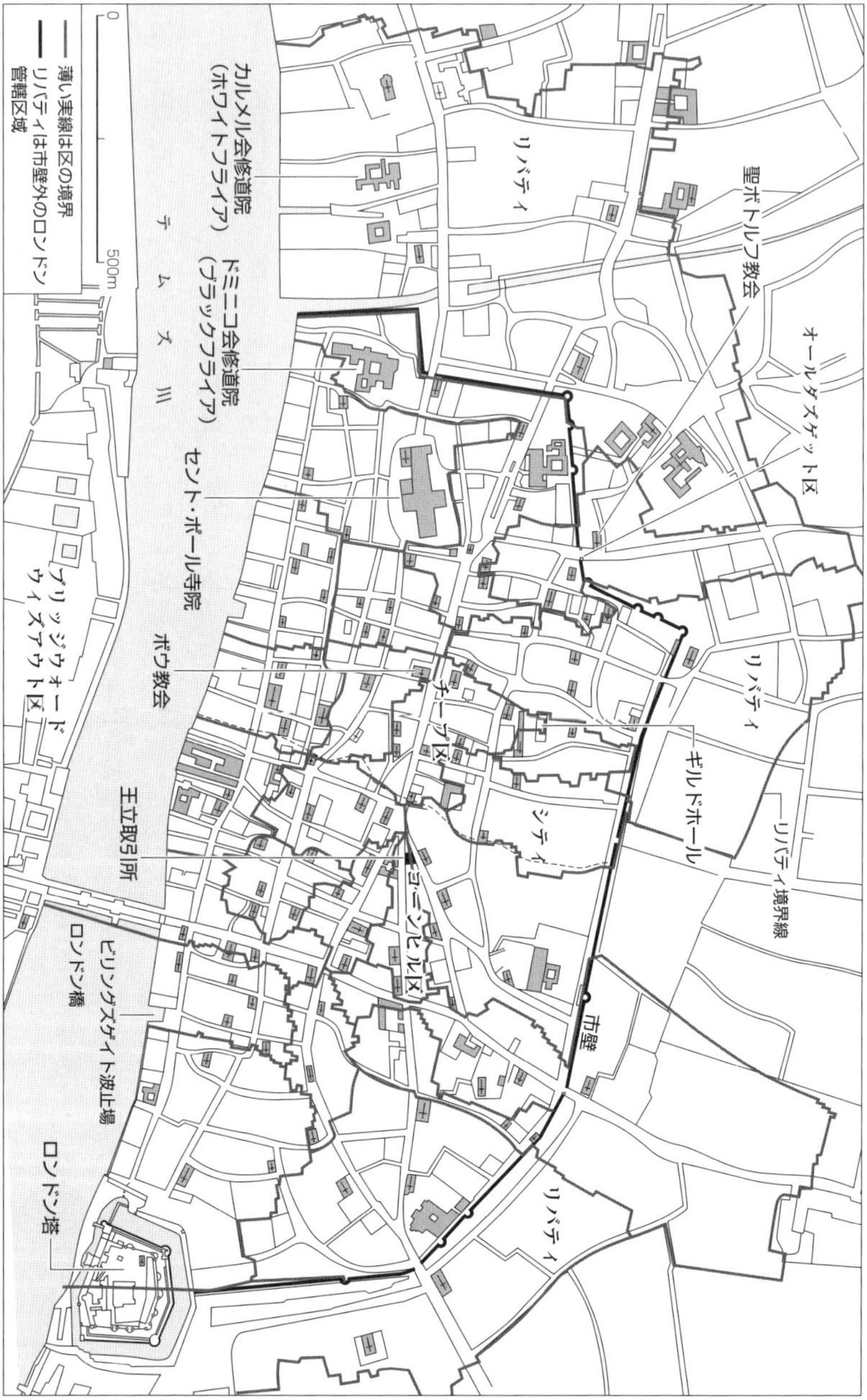
リバティ
聖ボトルフ教会
オールダズゲット区
カルメル会修道院
（ホワイトフライアー）
ドミニコ会修道院
（ブラックフライアー）
セント・ポール寺院
ボウ教会
王立取引所
テムズ川
ブリッジウォード
ウィズアウト区
チープ区
ギルドホール
シティ
コーンヒル区
リバティ境界線
市壁
ビリングズゲイト波止場
ロンドン橋
ロンドン塔
0
500m
薄い実線は区の境界
リバティは市壁外のロンドン管轄区域

図3-1　16世紀のロンドン

でに中野忠氏の原史料紹介がある。[15] 区の活動状況を知るためには、どうしてもこの区の史料に言及せざるをえず、以下中野氏の紹介と、手元の原史料(マイクロフィルム版)と合わせて区の活動をみてみる。区審問会は、毎年一二月に審問会所(Questhouse)で開催されるが、審問会の役員名、収入と支出、告発事項などが記録され、末尾に市議会員、治安官、清掃係などの区役人名の記載がある。審問会の役員たちは会長、議長、名簿係、会計、書記、執事、ビードル、門衛などからなり、彼らは審問会にともなう共同食事や宴会のための食糧や燃料を購入し、夕食のためには楽師まで雇っている。こうしたことは、審問会が近隣の人々のコミュナルな結合の延長上にあることを示しているといえよう。審問会の収入は、区からの支援金、欠席者の罰金、審問会への寄付金などによってまかなわれ、支出は食糧や材料の購入費、審問会開催にともなう作業や労働への支払いなどである。また救貧活動をもおこない、審問会開催期間中にそのための資金を集め、貧民に与えているが、ここにも相互扶助的な共同体としての性格がうかがえる。[16] なお、この区は、四つの街区からなり、年によっては住民からの資金の徴収をおこなっている。

しかし、審問会の主要な業務は、区内での違反者の告発(presentment)であり、その違反事項は、外灯や煙突の欠如といった家屋についての違反、醸造、市場監督、度量衡、居酒屋に関する違反等々、住民の身近な問題が扱われている。しかしこの告発によって、審問会が罰金を徴収している記録はないので、告発によって違反者に是正させて終結したとみられる。なおこれらの違反事項を取り上げたあとに、市長と市参事会員へ、市政府と重なるような問題、例えば街路灯の設置(一五九〇年)、貧民のための粉挽き所の設置(一五九六年)のような問題についての請願をともなっている場合もある。[17]

この区について特徴的なことは、区の種々の役職に就く者の多さである。審問会開催にともなう会長以下、門衛にいたるまででも約一六名、大陪審員約三二名、小陪審員約三三名、それに市議会員五名、治安官四名、清掃係四名、ビードル一名、掃除人一名、免許居酒屋五名などおよそ一〇〇名が、何らかの役職に就いており、しかも市議会員を除いて、

表3-1　コーンヒル区の役職者の課税評価(1580年代初め)

役　職	課税評価額								
	£3	£5	£6～8	£10～19	£20～49	£50以上	評価なし	人数合計	£10以上%
清掃係	5人	5人	5人	1人	1人	0人	3人	20人	10%
小陪審員	10	13	5	2	3	0	5	38	13
治安官	8	5	2	6	1	4	2	28	39
区審問会役員	5	6	5	6	2	7	2	33	45
救貧資金徴収役	0	3	4	4	1	2	1	15	47
教区委員	2	1	3	4	1	2	0	13	54
大陪審員	7	4	3	9	4	8	0	35	60
監査役	1	2	1	3	1	7	1	16	69
市議会員	0	0	0	0	1	5	0	6	100
合　計	38	39	28	35	15	35	14	204	42(平均)

出典：Archer, I. (1991a), p. 65 より作成。

その多くが毎年入れ替わっているのである。いわば全員参加型の役職就任であり、先の審問会にみられた共同体的性格と相通じるものがある。しかも、これらの役職担当者には給与が払われておらず、無給だったのであり(ただしビードルなどの下級役員には手当が支払われている)[18]、したがって担当者は日常の生活のための生業を営む傍ら、かかる役職を果たしたのであった。この区は、ロンドン市の中央部東寄りの富裕区であり、上級役職の富裕者による独占化傾向はあるものの、例えばポートソーケン区や後述するオールダズゲット区のような貧困区に比せば、中産的な富裕層を多くもち、役職が彼らのあいだに比較的広くゆきわたっており、寡頭《かとう》的体制はより緩やかであった[19](表3－1参照)。

オールダズゲット区の役人

ロンドンの西北部の市壁の内と外にまたがって存在していたオールダズゲット区の審問会記録は、一四六七年以後残されているが[20]、一五八三年までは市参事会員一名と審問会役員一四名の名前のみ、一五八四年からは市参事会員代理二名と市議会員の名前(年により四～七名)が加えられ、さらに一五九四年以後は市壁の内と外につき治安官各四名の計八名と、同じく清掃係各四名計八名の名前が加えられている。一六二〇年代に入ると記録は一層詳細になり、市壁の内外に分けて、審問会役員の名前と役職名が記載されている。しかし、コーンヒル区のように審問会の財政や告発内容の記載はなく、時折審問会の役員選出方法や審問会開催中の規則などを記載しているが、たんなる役職者の記載が中心になっている。しかし、これを検討するとこの区の行政の一つの特徴がみえてくる。

まず、エリザベス時代の審問会役員一四名は名前のみで役職の記載がないのだが、一六二〇年代の史料から判断すると、この一四名は、区を市壁の内外に分け、市壁内部は教区を母体とした七名で、会長(Foreman)、会計検査官(Comptroller)、監査役(Auditor)、徴収役(Collector)、執事(Steward)、金庫番(Cofferer)、調度係(Butler)であり、市壁外部は街区を母体とした七名で会計係(Treasurer)、秘書(Secretary)、書記(Clerk)、徴収役(Collector)、執事(Steward)、Feweller(不詳)、門衛(Porter)からなっていた。なぜ市壁内が教区を母体とし、市壁外が街区を母体とするのか不明であるが、役員が区の下部単位としての教区や街区から選ばれているのは興味深い。市壁の内外で七名全体が入れ替わり、市壁外から会長、会計検査官などが出ることもあるが、一四の役職は一定である。

エリザベス治世期については、史料の在り方からして、審問会役員内部での役人の上昇は確認できないが、審問会役員に何回就任したかは判明する。治世初期の一五五八年から六七年までの一〇年間、延べ一四〇名の名簿をみてみると、複数回登場する者が二七名おり、うち最高は五回登場する者が二名(William Fisher, Richard Everingham)、四回の者は一名で、分布は表3-2の通りである。これは、一五五八年から六七年の一〇年間に限定した頻度なので、その前後の年まで含めれば、重複者や重複の回数はさらに増えるはずである。実際一回しか名前が登場しなかった者七一名についても、一五五三〜五七年の五年間の名簿と照合すると、一〇名がすでに審問会役員の経験者であったことが判明する。つまり、一五五八〜六七年の審問会役員はこの一〇年に限っても、延べ数にすれば、一四〇名の約半数六九名が複数回の経験者であり、それ以前の五年を含めれば、審問会経験者のほうが多いことになる。審問会役員に入替りはあるが、この区には一五四八年に市壁外のみでも一一〇〇名の聖体拝受者がいたことを考慮すれば[21]、審問会役員になる者は住民の一部に限られていたといったほうがよい。しかも一〇年間のうちに三回以上も審問会役員となった者が一〇名おり、うち三名は四回以上であるから、会の運営がそうした経験者を中心に進められたとみられる。

またこの史料には、一五八四年以後市参事会員代理(Deputy Alderman)二名の名前が書かれているが、この二名は市議会員がこれにあたり、市壁の内と外に対応した一名ずつとなっている。市参事会員、市参事会員代理、市議会員の在任期間は、表3-3のようになっており、とくに市議会員の長い者は、二三年間(N. Sotherton)とか、一六〜一七年間(W. Benedick, W. Gale など)に及び、彼らは市参事会員代理をも一五年、一四年など長期にわたって務めている。これに比して市参事会員の在任期間は相対的に短く六年以下であり、市参事会員よりは、市議会員およびそのなかでも有力者である市参事会員代理が実質的にこの区の行政を担う傾向にあったものと推測される。[22] なお治安官は危険をともなう役職であり、原則二年任期で交代している。この区は、地方からの移入者をもかかえて人口が急速に増加していたため、区内の富裕な者が相対的にも少なく、比較的少数の富裕者が市参事会員代理や市議会員職を占め、また審問会役員をも務めながら、寡頭的な支配をおこなう方向にあったものとみられる。これはウェッブなどがいう、市参事会員代理を中心とした「区議会」と呼ばれる非公式な会議体に近づいてゆくのである。[23] 結局、移入民などが多く、共同体的な結束が弛緩してゆくとき、区の役職も経済的なゆとりのある富裕層が担うこととならざるをえない。またこれは、教区会が、市壁外教区においては少数者による特別教区会となることが多く、市中心部の教区ではそれが少ないことに通じている。[24]

しかし、この区においても役職の階梯をのぼる上昇の途は存在していた。William Benedick は、一五九一年に審問会役員、次いで九六年に市議会員となり、Richard Scarlet は一五九四年に審問会役員となり、一六〇一年に市議会員となっている。しかし一五八四年から二〇年間の市議会員の在任期間をみてみると(表3-3)、一五名中一〇年以上在任した者が五名おり、全体の在任期間の平均は八・七三年である。これを同じ時期の富裕区であるコーンヒル区と比べると(表3-4)、コーンヒル区は一八名中一〇年以上在任した者は三名で、平均は六・六〇年であって、オールダズゲット

表3-2　オールダズゲット区の審問会役員の重複回数(1558～67年)

回数	人数	延べ人数
5	2	10
4	1	4
3	7	21
2	17	34
1	71	71
合計	98	140

出典：GL, MS. 2050/1 Aldersgate Ward, Wardmote Minute Books, Vol. 1, 1467-1801.

表3-3　オールダズゲット区の市参事会員・市議会員の在任期間(1584～1604年)

市参事会員 定員1名	1584-87年 M. Calthorp(3)	1588年 H. Pranell(1)	1589-93年 N. Moseley(4)	1594-1600年 J. Watte(6)	1601-04年 H. Anderson(3)
同上代理 2名	1584-89年 W. Squyer(5)→1590-1605年 W. Gale(15) 1584-98年 J. Hitchin(14)→1599-1605年 N. Sotherton(6)				
市議会員 定員3～7名	N. Sotherton 1584-1607年(23), W. Benedick 1596-1613年(17), W. Gale 1590-1606年(16), R. Treswell 1600-16年(16), J. Hitchin 1585-98年(13), J. Weaver 1587-96年(9), T. Tailor 1584-91年(7), R. Scales 1596-1603年(7), 以下6年間在任の者2名, 4年間1名, 3年間1名, 2年間1名, 1年間2名。 史料が始まる1584年から1603年のあいだに市議会員となった者は15名。				

( )内の数字は在任年数。
出典：GL, MS. 2050/1 Aldersgate Ward, Wardmote Minute Books, Vol. 1, 1467-1801.

表3-4　コーンヒル区の市参事会員・市議会員の在任期間(1584～1603年)

市参事会員 定員1名	T. Blanke 1582-88年(6), T. Ramsaey 1588-90年(2), J. Harte 1590-95年(5), W. Ryder 1595-1611年(16)
市議会員 定員6名	J. Harby 1584-1609年(25), H. Keltlege 1584-97年(13), T. Tirell 1586-96年(10), T. Pigott 1598-1607年(9), E. Pigott 1587-94年(7), J. Cowper 1601-08年(7), W. Woodford 1591-97年(6), T. Allen 1584-90年(6), T. Tailor 1591-96年(5), 以下在任期間4年の者0, 3年の者1名, 2年の者3名, 1年の者2名。 以上のほか1603年以降に大きくまたがる者3名：H. Street 1595-, L. Caldwell 1597-, A. Soda 1598-

( )内は在任年数。
出典：GL, MS. 4069/1 Cornhill Wardmote Inquest Book, 1571-1651.
Beaven, A. B. (1908), Vol. 1, pp. 123-124.

区より短い。[25] したがって中央の富裕区のほうが流動性が高く、市議会員へ上昇する機会がより多く開かれていたとみられる。しかもコーンヒル区には市参事会員代理の記載がなく、存在しなかった可能性が強い。

以上、区は、コーンヒル区にみられたように清掃、居酒屋取締り、治安、夜警等々、末端の行政を担い、かつ審問会において住民の自然発生的な活動を規律化する共同体的な性格をもっていた。また区・街区における近隣の人々の自然生的結合は、清掃係、治安官、審問会役員など多くの区役人を生んで公式の制度に接合し、さらに市参事会員代理や市議会員への上昇にも接合しえた。しかし富裕区と貧困区では若干の差があり、市壁外地区をもち、貧しいオールダズゲット区において寡頭化は一層進んでおり、市議会員や市参事会員代理が、長期にわたって区の行政の中心を担っていた。だが、その場合でも彼らの支配は、固定的ではなく、下から役職の階梯をのぼる上昇のプロセスは、富裕なコーンヒル区ほどではないが、開かれていたのである。

3 教区

教区と教区役人

ロンドンの教区数は一〇〇を超え、宗教改革後は、行政上の単位としての重要性を増した。しかし、エドワード六世からメアリ、エリザベスへという宗教政策の転換が教区教会に多大な動揺を与えたにせよ、そしてまた非国教徒の活動が広がるにせよ、教区とその教会は一六世紀後半のロンドンの住民の宗教生活に、なお中心的位置を占めていた。市壁外教区の規模は大きかったが、平均的な教区は小さく、その宗教生活をも含めて、区や街区よりも教区が住民のアイデンティティの単位となっていた。住民が市内のどこに住んでいるかは、区よりは教区によって表現されたし、少数の市参事会員以外の誰もが、遺贈は区に対してではなく教区に対しておこなった。[26] 近隣者の結合・コミュニティは、街区のみでなく教区のコミュニティへと重なってゆく。近隣者仲間のなかの有力な者が、街区の場合と同様に、教区の役人になることによって教区に結びつけられていった。一方、教区会は、近隣者のコミュニティを支援するべく、彼らのディナー代を補助したり、教区の保有する土地を住民に貸し出したり、教区が維持するポンプによって住民に水を供給したり、レクリエーション用の設備を修理したりなど、住民の結合の基盤を整備している。そして最終的には、教区は貧民の救済のため、住民からそのための資金や救貧税を徴収して、貧民に与えたのであり、これによって教区コミュニティが維持され再生産されることになる。[27]

教区役人には、教区委員、助役、貧民監督官、監査役などがあり、いずれも無給であり、経済的にゆとりのある富裕な者がこれを担った。こうした役人としては、まず教区委員(churchwarden, 二名程度)は、教会や教区の資金・不動産を管理し、会計簿を作成する一方、教区会を召集し、大主教や主教からの指示を伝達した。次いで助役(sideman, 二～四名)がいて、教区委員を補佐するとともに、礼拝や教会内秩序の維持にあたった。また会計監査役(六名程度)は、市議会員や教区委員を経験した富裕者がこれにあたった。これらの教区役人は、一般住民が参加する教区会が選出していたが、教区会出席者は次第に教区内の富裕者となる傾向があり、彼らを中心に比較的少数の特別教区会(select vestry)が形成される方向にあった。こうした特別教区会が、全住民に開かれた一般教区会(general vestry)に代わって種々の決定をおこなうことは、富裕層が一般住民から次第に分離し始め、独自の社会層となり始めたということを意味する。教区共同体内部の分極化の進展の結果、他方には貧困層の定着・滞留があったのである。特別教区会の成立は、正式にはロンドン主教の承認に基づくのであるが、教区内の世俗的寡頭制の成立でもあり、移入民が定着して人口が急増しつつあった市壁外教区において顕著であった。しかし、エリザベス時代には、市壁内小教区ではそうした事態は進んではいなかったとみられる。[28]

教区役人には、ほかに貧民監督官(overseer)がいた。この役人は、一五七二年法にもみられるが、本格的には一五九八年の救貧法によって設置され、救貧事業のための国家役人的な性格をもつ役人である。つまり国家的な法令に根拠をもち、教区会が選出したにせよ、形式的には治安判事が指名(apoint, nominate)することとなっており、国王役人である治安判事のもとで、国家の救貧政策を遂行するべく、救貧税を徴収し、会計簿を作成した。先の教区委員も救貧などの会計簿を作成したが、それは教区共同体の救貧事業であり、[29] その収入には教区民からの徴収金だけでなく、教区がもつ不動産からの地代収入なども入る。これに対して、貧民監督官の作成する会計簿は国家的な救貧事業のための会計簿であって、国家的な救貧法を背景とした救貧税徴収に基づいている。地方教区では双方の会計簿が別個に作成されている場合があり、両者の性格は異なるのであるが、ロンドンでは教区委員と貧民監督官が協力して救貧税の徴収や貧民への分配をおこなっており、次にみるように貧民監督官会計簿が教区委員会計簿に含まれることもあった。[30]

教区委員会計簿と貧民監督官会計簿

一例として、ロンドンの中央部にある聖バーソロミュ・バイ・ザ・エクスチェンジ教区の一五九七～九八年に始まる会計簿をみてみると(表3－5参照)、教区委員の会計と、貧民監督官にかかわる会計が同一の会計簿の別箇所に記載されている。[31] まず教区委員の会計簿では、収入は、遺贈や寄贈によるものがもっとも多く、次いで教区の不動産賃貸による地代収入があるほか、埋葬に際して受け取る収入などであり、前年度からの繰越金を含めて一一一ポンドに達している。支出は、貧民への救済金がもっとも多く、そのほかは教会の修理、書記やビードルなどへの手当、ディナー代金、帳簿や法規集の代金、墓造りや埋葬費用などからなり、教区の日常的な活動の一端を示している。それとともに、これらの収支から教区のコミュニティとしての性格がうかがわれ、ディナーの開催、教会の建物や会衆席の修理、そして救貧も富裕者の寄贈・遺贈を元手に、貧者を救うというコミュニティ内の活動とみることができる。教区内でも社会的な分極化が進行していたが、教区役人と教区会は、彼らを救済して貧者の忠誠心(loyalty)を維持し、一六世紀後半の時点では、

表3-5　聖バーソロミュ・バイ・ザ・エクスチェンジ教区の教区委員会計簿
（1597年12月25日～98年12月25日）

収　入			支　出		
繰越金		£ 70- 6- 5	教会の修理		£ 1-18-10
（教会の基金	£30- 6- 5）		書記・ビードルなどへの手当		£ 1-11-11
（2件の寄贈金	£40- 0- 0）		帳簿代・法規集代		£ 1-14- 0
賃貸料　家屋など9件		£ 6-15- 8	ディナー代		£ 1- 1- 6
寄贈・遺贈　11件		£ 26-18- 2	墓造りと埋葬関係費用		£ 1- 8- 4
（貧民のため4件	£ 6- 0- 0）		救貧関係		£31-11- 2
（負傷兵のため1件	£ 0- 8- 8）		（教区の貧民へ	£ 5- 7- 0）	
（遺言による4件	£ 3-10- 0）		（貧民へのパン支給	£ 6-10- 0）	
（遺産の分配1件	£13-19- 6）		（貧民への給付	£11-10- 0）	
（仕上工監事から	£ 3- 0- 0）		（負傷した兵士へ	£ 0-15-10）	
埋葬料　3件		£ 1-16- 0	（他の貧民救済	£ 6- 8- 4）	
金庫から		£ 1- 9- 6	その他		£ 6- 1- 5
救貧基金箱から		£ 2- 7-10	合　計		£45- 7- 2
その他		£ 2- 0- 5			
合　計		£111-14- 0	収入額－支出額＝£66- 6-10		

出典：Freshfield, E., ed. (1895), pp. 3-4.

表3-6　聖バーソロミュ・バイ・ザ・エクスチェンジ教区の貧民監督官会計簿
（1598年イースターの日～98年クリスマスの日）

収入として救貧税査定額£26-13- 4，R・ホール氏からの借入金£14-19- 4

(1)年金受領者への支払い（R・ホール氏からの借入金を資金とする）

Anne Boisby,	寡婦	1週6d.	年£ 1- 6- 0
Hall and his Wife		1週8d.	年£ 1- 4- 0
合計10件の年金支払い			£11-14- 0

(2)1598年法に基づく貧民救済のための課税査定

Thomas Mulsworth	1週4d.	1年£ 0-17- 4
William Angell	1週1/2d.	1年£ 0- 2- 2
Richard Billam	1週1d.	1年£ 0- 4- 4

合計56名に対し，£26-13- 6を課税査定*
（収入）上記の査定額のうち£18-18- 3を徴収
（支出）£11- 4- 6をR・ホール氏へ返済
£ 7-15- 8を1598年法に従い教区貧民に支払う
（支出合計）£19- 0- 2　　残（－）£ 0- 1-11

(3)貧民救済

ミッドサマーに10人に	
善良なるBosbyへ	£ 0- 6- 0
善良なるHallへ	£ 0- 8- 0
合計10人へ	小計£ 2-14- 0
9月27日に10人に	小計£ 2-14- 0
1月27日に9人に	小計£ 2- 7- 8
合　計	£ 7-15- 8

出典：Freshfield, E., ed. (1895), pp. 4-5.　*当初の査定額は£26-13- 4と記載されている。

85	86	87	88	89	90	91	92	93	94	95	96	97	98	99	1600	01	02 年
		s	s		1	1		c	c	c	2	2	3	3w	w	w4	4
	s	s		1	1			c	c	c2	2	3	3		w	w	w
4	4C	C	C	C	C	C	C	C	C	C	C	C	C				
		3	3						4C	4C	C	C	C	C	C	C	Cw
					c	c	c	1	1				2C	2C	C	C	Cw
										1	1		C	FC	C	C	C
3		w	w	w4	4												
2	2				w	w	w3	3									
				w	w	w											
1c	c	c		2	2				w	w	w3	3					
c1	1				2	2				w	w	w3	3				
s	1	1		2	2	c	c	c			3	3w	w	w4	4		
	s	s	1	1			2	2	3	3				w	w4	4	
			s	s		1	1			c	c	c2	2	3	3	w	w
				s	s		1	1			c	c	c2	2	3	3	
											1	1		F	2	23	3
						s	s		1	1				c	c	c2	2
							s	s			1	1		c	c	c	

出典：Foster, F. F.（1977）, p. 56. なお1565，66，68，70および1603年は削除し，人名も18名に限った。

なお教区コミュニティの一体性を維持することができていた。[32]

一方貧民監督官にかかわる会計簿は、教区委員が一五九八年に教区会によって選ばれた四人の貧民監督官とともに作成している（表3－6）。会計簿といっても構成が不明確であり、未整理な原簿というべきものである。その収入源は、一五九八年法に従って教区民に課された救貧税とR・ホール氏からの借入金である。救貧税は、査定税額としては五六名に対し毎週数ペンスずつ、年間で合計二六ポンド余りであるが、一五九八年のクリスマスまで（第3四半期末）に、一八ポンド余りしか徴収されておらず、それに基づいて延べ二九名の貧民に合計七ポンド余りの救貧費を支払い、またホール氏に対し一一ポンド余りを返済している。この救貧税徴収は、一五九八年法に基づくことが明記されており、国家的な救貧事業なのである。一方ホール氏（食糧品雑貨商かつ収入役）からの借入金一四ポンド一九シリング四ペンスは、年金取得者一〇名への年金支払い一一ポンド一四シリングにあてられている。[33]

表3-7　聖ダンスタン西教区における役人の上昇過程（1564～1603年）

人名	1564	67	69	71	72	73	74	75	76	77	78	79	80	81	82	83	84
H. Beverley																	
J. Richmond																	
H. Webb	s	1	c	c	2	2			3	3						w	w
W. Crowche							s	s	1	1				2	2c	c	c
T. Johnson																	
R. Jenkinson																	
R. Green				1	1				2	2	c	c	c				3
R. Hawes					s	s						c	c	c1			
G. Clark				s	s	1	1			c	c	c	2	2			
J. Howle									s	s							1
T. Harris																c	c
R. Johnson																	s
E. Tirrell																	
M. Payne																	
J. Cockyn																	
J. Huison																	
R. Westwood																	
W. Pascall																	

s＝清掃係，1＝第1回目の区審問官，c＝治安官，2＝第2回目の区審問官，3＝第3回目の区審問官，w＝教区委員，4＝第4回目の区審問官，C＝市議会員，F＝治安官職拒否で罰金。

しかし、貧民監督官の会計は一五九八年法が制定されたこの年にのみ作成されており、翌年からは、救貧税の徴収と貧民への支払いは、教区委員会計簿の一環として記載され、貧民監督官も登場しなくなっている。市壁内の小教区はおおむねこうした方向をたどったとみられる[34]。

教区役人の上昇と区役人

ところで、教区も区・街区も地縁的な単位であり、いずれもロンドンの住民の近隣仲間を包含していた。こうしたことからも、教区が行政上の単位と化すにつれ、区・街区と教区の統治業務が混合し、融合してゆく傾向がみられ、しかも教区が区・街区の業務を吸収してゆく傾向がみられたのである。例えば、区の役人を教区会が決定したり、区会のもっとも重要な仕事である市議会員の選出も、教区会が区会に先立って実質的に決定し、区会が形式的に承認するような事態すらみられた。また街区会と教区会は、同じ審問所や教区会所で開催されていたが、街区会の議事録が教区会の議事録に収録されるような事態もみられた。区会は年一回の開催であるが、教区会は年に複数回開催されたから、教区会のほうが状況に対応した決定をおこなうことができたのである。[35]

しかも、区役人と教区役人は、政治的に上昇するうえでの相互補完的な役割を果たしていた。区の下層役人から、より上層の区役人、教区役人となり、市議会員に到達する途が開かれていた。こうした例は、すでにF・F・フォスターが、前頁のような表を示しつつ明らかにしている[36](表3－7)。多くは、清掃係(scavenger)を出発点として、区審問官、治安官をへて、教区委員となり、市議会員となっている。市参事会員になる者は稀であろうが、市議会員と教区委員を兼ねたり、さらに監査役になる者もあったのである。こうした役職を通しての上昇は、後述するリヴァリ・カンパニー内部の社会的上昇に対比して、政治的上昇といってよいであろう。

しかしこうした政治的上昇は、上位者の下位者に対する「ひいき」によって引き立てられるという「ひいき主義 favourism」であり、それは一種のパトロネジともいえよう。例えば市議会員にしても、次の市議会員と見込まれた者が、現職の市議会員とともに区や教区の仕事をおこなっており、次期市議会員に選ばれることとなる。市議会員は各街区もしくは教区ごとに選ばれていることが多いが、それは各街区や教区というより狭い領域で、現職市議会員が気に入りの者を候補者として、実質的に決定しており、それが区会において形式的に決定されるというのが実情であった。そしてこのようなひいき主義をコントロールしていたのは、市参事会員とその代理であった。[37]しかしこのようなかたちであれ、街区・区の下層役人から、教区役人をもへて、市議会員、市参事会員代理そして市参事会員にいたりうる上昇ルートが存在していたことは重要である。ちなみに、フォスターによれば、市議会員が市参事会員になる場合、平均的に六年間ほど市議会員を務めたのち、市参事会員の候補者にされ、その一年から二年後に市参事会員に選出される。そして市参事会員が、市長に選出されるまでの年数は、八年から一二年であり、結局市議会員が市長になる場合、それに要する平均的年数は、およそ一八年とされる。[38]これはもちろん選挙という形式をへてのことなのであるが、実質的にそのような上昇ルートができあがっていたのである。

4 エリザベス期のリヴァリ・カンパニー

リヴァリ・カンパニーの構造

すでに述べたように、一五二〇年代には十二大リヴァリ・カンパニーが最終的に確立し、カンパニー間の階層序列もほぼ固まった。一方、カンパニー内部の寡頭的体制も十二大リヴァリ・カンパニーを中心に発達し、エリザベス時代の大規模なリヴァリ・カンパニーは、貿易商人から富裕な製造業者、手工業者、ジャーニーマン、徒弟まで種々の階層を含み、序列を発達させるにいたった。一五世紀に非合法組織を形成したジャーニーマンやヨーマンなどの雇職人たちも、小親方、世帯主となり、さらに富裕な手工業者をも含めてヨーマン組合、バチェラー組合など独自の組織を形成しつつ、リヴァリ・カンパニー内部に定着していた。以下、いくつかのリヴァリ・カンパニーの構成をみてみる(表3－8)。

商業的なリヴァリ・カンパニーの例になるが、絹物商カンパニーでは、一五六二年の組合員リストによると、二七一名の組合員がおり、監事四名(うち一名が組合長となる)、市参事会員四名(職務上補佐役となる)、補佐役二〇名、リヴァリ四五名、フリーマン(平組合員)一九八名からなっていたが、平組合員はバチェラーと呼ばれたものの、ほかのカンパニーにおけるように独自の組織は形成していなかった。しかし、バチェラーの上層には、「バチェラーの長 Master Bachelor」と呼ばれる者が監事によって選ばれ、市長の行列儀礼などに参列したり、その費用を集めるなどの役を負い、やがてリヴァリへと上昇していった。なお一五六一年から一六〇〇年までのうちに、七九八名がフリーマンとして認められたが、うち徒弟制による者五七八(七二%)、相続による者一六七(二一%)、買戻し五三名(七%)であり、ほかに比し相続による者がやや多かった。[39] また、エリザベス期の毛織物商カンパニーは、組合長一、監事四、補佐役は一五～三五、

表3-8　エリザベス期のリヴァリ・カンパニーの構成

⑴絹物商カンパニー(1562年)	
筆頭監事(組合長)	1
上級監事(学校管理)	1
ハウス監事(財政)	1
レンター監事(不動産)	1
補佐役	24
(うち市参事会員４名)	
リヴァリ	45
フリーマン(バチェラー)	198
合　計	271

⑵鋳物師カンパニー	1558年	1560年	1565年	1569年
組合長(筆頭監事)	1	1	1	1
監事	2	2	2	2
リヴァリ	16	24	23	23
ヨーマンリ	51	45	55	57
よそ者親方	9	12	9	12
よそ者ジャーニーマン	10	6	11	7
合　計	89	90	101	102

⑶仕立商カンパニー(1603年)	
市長	1
組合長	1
監事	4
補佐役	不詳
リヴァリ*	80
監事代理４人と16人衆**	20
ヨーマン(バチェラー)	198
合　計	298

仕立商の徒弟採用1,825人(1575〜99年)
*組合長，監事，補佐役を含む。
**ヨーマンの監督・指導者

⑷毛織物商カンパニー	1558年	1560年	1574年	1582年
組合長	1	1	1	1
監事	4	4	4	4
補佐役(不定数)	15〜35	15〜35	15〜35	15〜35
リヴァリ*	67	64	不明	不明
バチェラーの長	4	4	4	4
バチェラー**	不明	不明	487	408
徒弟	エリザベス治世期に1,838人を採用			

*リヴァリの数字は，組合長，監事，補佐役を含む。
**バチェラーの数字は，バチェラーの長を含む。

出典：Doolittle, I. (1994), pp. 8-11; Parsloe, G. (1964), pp. 148-149, 152-154, 168-169, 178-180; Clode, C. M. (1888), Pt. 1, p. 217; Do. (1875), pp. 590-596; Johnson, A. H. (1914-22), Vol. 2, pp. 191-195.

リヴァリは四三〜六七名でほぼ五〇名前後、バチェラーは一五七四年に四八七名を数えている。バチェラーは独自の組織と規約や会計簿をもち、独自の登録簿や帳簿をもっていた。彼らの組織には、「バチェラーの長」がおり、さらに五〇〜七〇名の「バチェラーのリヴァリ」と呼ばれてガウンを着用する者たちがいた。リヴァリへの昇格は、監事の判断によるが、バチェラーの長と彼を補佐した者たちのうちの古参者からという決まりも存在した。[40]

これら商業的なカンパニーは、エリザベス時代には、「ロンドンの慣習」によるカンパニー内部の職業の多様化がいち早く進み、その本来の職業との関係が失われていった。その結果、絹物商カンパニーは絹物類への独占権を失い、毛織物商カンパニーは仕上業を放棄し、また毛織物に対する検査権はもっていたものの名目化していた。[41] これらの商業的カンパニーは、マーチャント・アドヴェンチャラーズ組合などの貿易組合との結合を強めるか、カンパニーの土地からの地代収入による慈善団体化を進めていった。[42]

手工業カンパニーの場合として鋳物師カンパニーをみてみると、一五六〇年には組合長一、監事二（第二監事と若手監事）、リヴァリマン二四、ヨーマンリ四五のほか、よそ者親方一二名、よそ者ジャーニーマン六名が組合員費を支払っている。ヨーマン組織はこの場合も明確ではないが、三人のヨーマンの長をもっているので、ヨーマンリとしての何らかのまとまりがあったとみられる。なおよそ者とは、ロンドンに来た新参の鋳物師もしくはジャーニーマンであり、正式のメンバーとなるまでは家や店をもつことができなかった。このようによそ者まで取り込んだ階層制を形成していたのである。[43]

だがエリザベス時代のリヴァリ・カンパニーを特徴づけるのは、小間物商、仕立商、仕上工、毛皮商のような商業的要素が強いが本来の手工業者をも多く含んだカンパニーや、馬具工、刃物工、製帯工、指物師、しろめ工、鋳物師、そして織布工等々のように本来手工業者の組合であっても、内部の分極化により、商業的・資本家的支配層とその雇用に依存する手工業者が含まれるようになったカンパニーの存在である。[44] つまり、いわゆる「エリザベス期のカンパニー」とは、内部に商業的利害と手工業的利害とを合わせもち、組合長からリヴァリ、バチェラーをへて徒弟にまでいたる階層制を発達させながらも、なお一つの職能的団体として存在していたカンパニーである。[45] しかし、そのもとで、商業的利害と手工業的利害の結合関係はゆるみ、商業的利害の担い手（商人や富裕な問屋制資本家など）は、主としてリヴァリ層であるが、「ロンドンの慣習」によって、職能の壁を破り、また営業規制を弛緩させつつ、ヨーマンリなどの手工業的利害と対立する傾向にあった。「エリザベス期のカンパニー」の一体性は、商業的利害と手工業的利害の妥協のうえに成り立っていた危うい存在であった。すでに一六世紀の末ともなれば、職能の壁を打破しつつ、営業規制を衰滅させていった仕立商カンパニーのように、「営業の独占なきギルド」も生まれてくるのである。[46] そして先述のように、本来の職業との関係を失った絹物商、毛織物商などのカンパニーも、一六世紀末には当然このような「営業の独占なきギルド」であった。カンパニー内部の商業的利害と手工業的利害の結びつきの危うさは、一五六六年に仕上工カンパニーの支配層(商業的利害)が、仕上工手工業者を全て仕立商カンパニーに渡そうとした企てにもっともよく示されている。[47] 一五四七年法によってフラタニティは基本的に消滅し、リヴァリ・カンパニーは世俗化していたが、フラタニティ的な結束の欠如も、こうした結合の弱さをもたらしたとみるべきであろう。

もっとも、手工業や小売商のカンパニーにおいては、営業規制や営業の独占がなお強く残り、同職者の職能団体として存続していた。しかしそのような場合でも、内部での分極化の進展にともない形成されてきた資本家などが、営業規制や独占を弛緩させていった。例えば織布工カンパニーにおいては、ヨーマンリの取締りの要求にもかかわらず、上層の富裕な資本家が織機や雇用徒弟数の制限を破り、営業規制を弛緩させてゆく事態がみられる。手工業カンパニー内部の富裕層も、「ロンドンの慣習」によって、カンパニー内部に職業の多様化をもたらす一因となったのである。[48]

このように、エリザベス期に営業の独占や規制を衰滅させ、職能の壁を破ってゆく、商業的利害の担い手(商人・資本家)こそが、ミドリング・ソートのもっとも中核的部分をなす社会層である。一七世紀に入れば商業的リヴァリ・カンパニーはその多くが、職能団体としての性格を失い、彼らはどのカンパニーに所属しても同じという事態、つまり一定の水平化をもたらすのである。[49] 一方一六世紀後半以後のこうした動向に、対抗する手工業者なども、ミドリング・ソートの核となる商業的利害の担い手との関係において、下層のミドリング・ソートに位置づけられる。つまり、そうした対立は、ミドリングソート内部の対立として捉えられるのである。このような観点は、R・ティットラーが一六世紀後半の地方都市の寡頭的支配者であり、都市内の対立をも引き起こしつつモラル・リフォームを進める「より良き人々 better sort」や、ブラディック、ヒンドルが国家形成のなかに取り込んだミドリング・ソートとも一致しうるのである。[50]

表3-9　ロンドンの徒弟(28,175人)の出身地域

	年	1485-1500	1551-53	1573-94	1562-1600	1601-40	1630-60	1654-74	1676-94	1690	1710-20	1740-50
ロンドン	人	25	271	87	229	602	2,783	341	213	486	387	245
	%	14.3	25.5	6.7	20.4	24.9	16.5	18.9	28.8	31.4	51.7	57.2
ロンドン隣接州	人	24	125	151	122	252	4,020	289	147	190	102	64
	%	13.7	11.8	11.7	10.9	10.4	23.9	16.1	19.9	12.3	13.6	15.0
南部と西部	人	4	48	120	120	310	2,010	271	94	186	63	29
	%	2.3	4.5	9.3	10.7	12.8	11.9	15.1	12.7	12.0	8.4	6.8
ミドランド	人	15	183	455	327	742	4,492	659	193	457	108	55
	%	8.6	17.2	35.3	29.1	30.7	26.7	36.6	26.1	29.5	14.4	12.9
東部	人	12	22	35	41	90	659	40	19	38	22	8
	%	6.9	2.1	2.7	3.7	3.7	3.9	2.2	2.6	2.5	2.9	1.9
北部	人	90	373	363	247	361	2,057	162	59	157	55	19
	%	51.4	35.1	28.1	22.0	15.0	12.2	9.0	8.0	10.1	7.3	4.4
その他	人	5	41	79	37	58	824	38	14	34	12	8
	%	2.8	3.9	6.2	3.2	2.4	4.9	2.1	1.9	2.2	1.6	1.9
合　計	人	175	1,063	1,290	1,123	2,415	16,845	1,800	739	1,548	749	428

出典：Wareing, J. (1980), p. 243.

徒弟の出身地域

階層制を発達させた、リヴァリ・カンパニーにおける出発点は徒弟である。徒弟制度は、ロンドンの市民権獲得の方法としてもっとも重要であり、一六〜一七世紀初めには八七%が徒弟制により、次いで買戻しが九%、相続四%という数字があげられている。[51] 徒弟はもともとは父親やその知人が子どもに職を教えるという私的な関係だったのだが、やがて一三世紀後半頃からギルドにおける職業伝授の制度となり、さらに一四世紀に市民権獲得の手段となることによって、徒弟制度・ギルド・市民権の一体化が生じ、一六・一七世紀にも続いていた。[52]

次に、ロンドンの徒弟の出身地域について長期的な動向をJ・ウェアリングの研究によってみると、一四八五年から一七五〇年までのロンドンの徒弟二万八一七五人の出身地域は上の表のように分類される[53](表3-9)。これによるとまず第一にロンドンで採用された徒弟は、この時代全体にわたってみれば、広範囲に及び、イングランド全州、ウェールズ、チャネル諸島にまで及んでいた。さらにスコットランド、アイルランド、ヨーロッパ大陸、また一六八〇年

代以後はアメリカ植民地からも徒弟となる者が出ている。第二に一六世紀後半（一五五一～一六〇〇年）についてみてみると、ロンドン出身の徒弟は、六・七～二五・五％であり、この期間を平均すると一六・九％となっており、五分の一に満たない。また隣接州も一一％程度であるにすぎない。これに対し、地方出身が圧倒的であり、とくに北部が三五・一～二二・〇％、ミドランドが一七・二～三五・三％で、この両者で五〇％を超えるほどである。このなかで重心は北部からミドランドへと移行する傾向があったが、両者はともに痩せ地の牧畜酪農地帯で農村工業の展開がみられた地域である。第三に一七世紀に入り一六七四年までは、北部の比重が下がりミドランドが中心となるが、ほかの地域も増大し、分散化傾向がうかがえる。そして第四に、一六七六年以後はロンドン自身が最大の徒弟供給地となり、隣接州をも加えると半数近くに達し、供給地が次第に狭くなってきている。一八世紀にはロンドンのみでも五〇％を超え、一八世紀半ばには隣接州を合わせれば七〇％を超えるにいたっている。[54]

こうした変化は何を意味するのか。一六世紀半ばまで中心的な供給地であった北部は、ヨークシャーとランカシャーが中心で、ロンドンから二四〇～三五〇キロの地点にあった。これらの州の高地地帯の貧しい農民が、人口圧から子弟をロンドンへと送り出していたのである。しかしこれらの諸州の農村工業の定着発展は、次第に人口流出を押しとどめてゆき、代わって一六世紀末から一七世紀前半にはシュロップシャー、スタッフォードシャーなどを中心とするミドランドもしくは西部に中心が移っていった。これらの州は、ロンドンから一三〇～二四〇キロ前後にある高地地方であり、北部と同様の人口圧をかかえていたとみられる。つまり一六世紀から一七世紀前半の徒弟は、いわゆる「生存のための長距離移動」という性格をもっていた。これに対して一七世紀末から一八世紀半ばの徒弟供給地は、短距離化してロンドンとその周辺が中心となったが、これはいわゆる「改善のための短距離移動」だったといえよう。[55]

こうした全体的な傾向のなかで、一六世紀後半エリザベス時代のロンドンの徒弟供給地としては、表３－９のように、ロンドン自身の比重は四人に一人か、五人に一人程度であり、ヨークシャーを中心とする北部、次いでミドランドが重要であった。しかし、ほかの地方（南部と西部、東部、その他）も合計一〇・五〜一八・二％に達し、徒弟の出身地はイングランド全州とウェールズにも及び、全国的規模に達していた。つまり、ロンドンは徒弟の供給を全国から受け、したがってその市民の供給は広いすそ野をもっていたのである。

徒弟の出身階層

一五五一〜五三年にロンドンの市民権を獲得した者のうち、父親の職業のわかる者八六三名は、表3－10のように分類される。つまり農村出身者（ジェントルマン、レイバラー〈農業労働者〉を含む）が四九三名で過半を占め、なかでもハズバンドマン（小農民）が三三％余りに達しており、北部高地地方の小農民が主力をなした。非農業部門では、繊維・衣料関係と商業・サーヴィス業が二六％余りとなっている。以後一七世紀半ばまでの変化をたどると、ハズバンドマンの占める比重は次第に減少し、ヨーマンの比重が高まる。しかし、エリザベス時代についてみれば、中小農民や地方商工業者

表3-10　ロンドン市民の父親の職業（1551-53年）

職　業	人数	%
農　業	493	57.1
エスクワイア	6	0.7
ジェントルマン	40	4.6
ヨーマン	136	15.8
ハズバンドマン	289	33.5
レイバラー	22	2.5
繊維・衣服産業	128	14.8
商業とサーヴィス業	102	11.8
皮革業	47	5.4
建築業	26	3.0
専門職	14	1.6
他の手工業・製造業	53	6.1
合　計	863	99.8

出典：Ramsay, G. D. (1978), p.531より作成。

表3-11　ロンドン，リヴァリ・カンパニーの徒弟の出身階層

	小間物商 1583-84年	大工 1600-03年	小間物商 1603-04年	食糧品雑貨商 1629-32年	食糧品雑貨商 1631-40年	大工 1690-93年	食糧品雑貨商 1690-93年
ジェントルマン以上	11%(31人)	2%(2人)	17%(37人)	33%(146人)	36%(590人)	5%(12人)	28%(58人)
都市外から	10(29)	2(2)	na	30(132)	na	4(10)	23(48)
都市内から	0.6(2)	—	na	3(14)	na	1(2)	5(10)
ヨーマン	28(80)	9(10)	41(87)	32(142)	28(461)	11(25)	9(20)
ハズバンドマン	22(63)	40(43)	10(20)	0.2(1)	na	8(19)	—
専門職	3(8)	3(3)	na	6(26)	na	2(4)	9(20)
商工業	28(83)	44(48)	31(65)	17(77)	26(426)	57(131)	32(70)
都市外から	27(79)	40(44)	na	15(67)	na	36(83)	18(39)
都市内から	1(4)	4(4)	na	2(10)	na	21(48)	14(31)
ロンドン市民	4(12)	2(2)	na	12(53)	na	17(39)	22(47)
その他	4(12)		1(2)	—	na	—	—
合　計	100(289)	100(108)	100(211)	100(445)	90(1,477)	100(230)	100(215)

naは利用できるデータがないことを意味する。
出典：Barry, J. & Brooks, C., eds. (1994), pp. 55-56〔山本正監訳（1998），74-75頁〕.

を中心に、上はジェントリから下はレイバラーまで、ほぼあらゆる社会層から徒弟を受け入れていたのであった[56]。

しかし、その後の展開についても触れておくと、一七世紀に入るとハズバンドマンに対してヨーマンが優位し、さらにジェントリ出身者の比重も高まってゆく。一六二九〜三二年の食糧品雑貨商の徒弟では、すでに三三%をジェントリ出身者が占めている。こうした傾向は、一六二〇年代の不況期に、採用徒弟数を制限するべくプレミアム制が導入され、採用に際して資金を納入させたため、出身社会層が上昇していったことにもよる。とくに富裕なカンパニーは高額のプレミアムをとったため、ジェントリなど富裕な社会層の子弟の採用が比重を増し、しかもロンドンやロンドンに近い地域のジェントリが増加していったのである。一方商工業者についても（表3-11）、時代をくだるにつれロンドンの出身が高まり、一六五〇年頃から一七五〇年頃までのロンドンの徒弟の出自は、地理的にも、社会的にも縮小してゆく。遠方の下層農民層からの出身者が減少し、ロンドンの富裕な商工業者やロンドン周辺のジェントリの出身者が増大するのである。小農民やヨーマンの出身は、下位のカンパニーではまだ残ったが、富裕な商業的カンパニーでは、皆無となり、ロンドン市民である商工業者と専

門職、そしてジェントリの子弟の増大が特徴的である[57]。富裕な商業的カンパニーは営業規制力を失って、慈善を活動の中心においていたが、こうしたカンパニーは、プレミアム制を通じてブルジョワ・ジェントリから徒弟・組合員の供給を受け、それ自身もブルジョワ・ジェントリの団体としてのカンパニーへと転化する傾向があった[58]。

しかし、一六世紀後半については、ロンドンの徒弟の供給地は、北部とミドランドを中心としつつも全国各地にわたり、また社会層としては小農民がもっとも多く、次いでヨーマンなど農民出身が約五〇％を占めたが、繊維・衣服業、商業・サーヴィス業、皮革業等々多様な地方商工業者をも供給源とし、ロンドン自身からは約四分の一にとどまっていた。つまり、ロンドンの徒弟は一六世紀後半には、全国各地の多様な社会層に開かれており、彼らにロンドン市内での上昇の可能性を与えていた。これによって、ロンドンの徒弟制度は、全国的な規模で都市と農村を結合する絆となっていた。しかも農村からロンドンに出て徒弟となり、富裕な商人となるというだけではなく、富裕な商人として農村に土地を購入し、ジェントリとして農村に回帰することもめずらしくない。さらにそのジェントリが次三男をふたたび徒弟としてロンドンに送ることもありえた。結局徒弟制を通じて、農村－ロンドン－農村－ロンドンという循環が成り立ち、全国的な社会的流動性を実現することができた。都市階層制の頂点にあったロンドンは、全国的な規模で徒弟＝市民供給を受けつつ、ロンドンと地方を結合していたのである。

カンパニー内部の社会的上昇

それでは、徒弟はその後カンパニー内部でどのような運命をたどるのであろうか。つまり徒弟から親方、リヴァリ、さらにカンパニー幹部への上昇可能性はどの程度のものだったのだろうか。

S・ラパポートの研究からすると、一六世紀中頃ロンドンのリヴァリ・カンパニーの徒弟は、カンパニーごとに相違があるにせよ、おおむね平均一八・五歳ほどで採用される。しかし、そのうち約四〇％は帰郷したり、逃亡したりで去

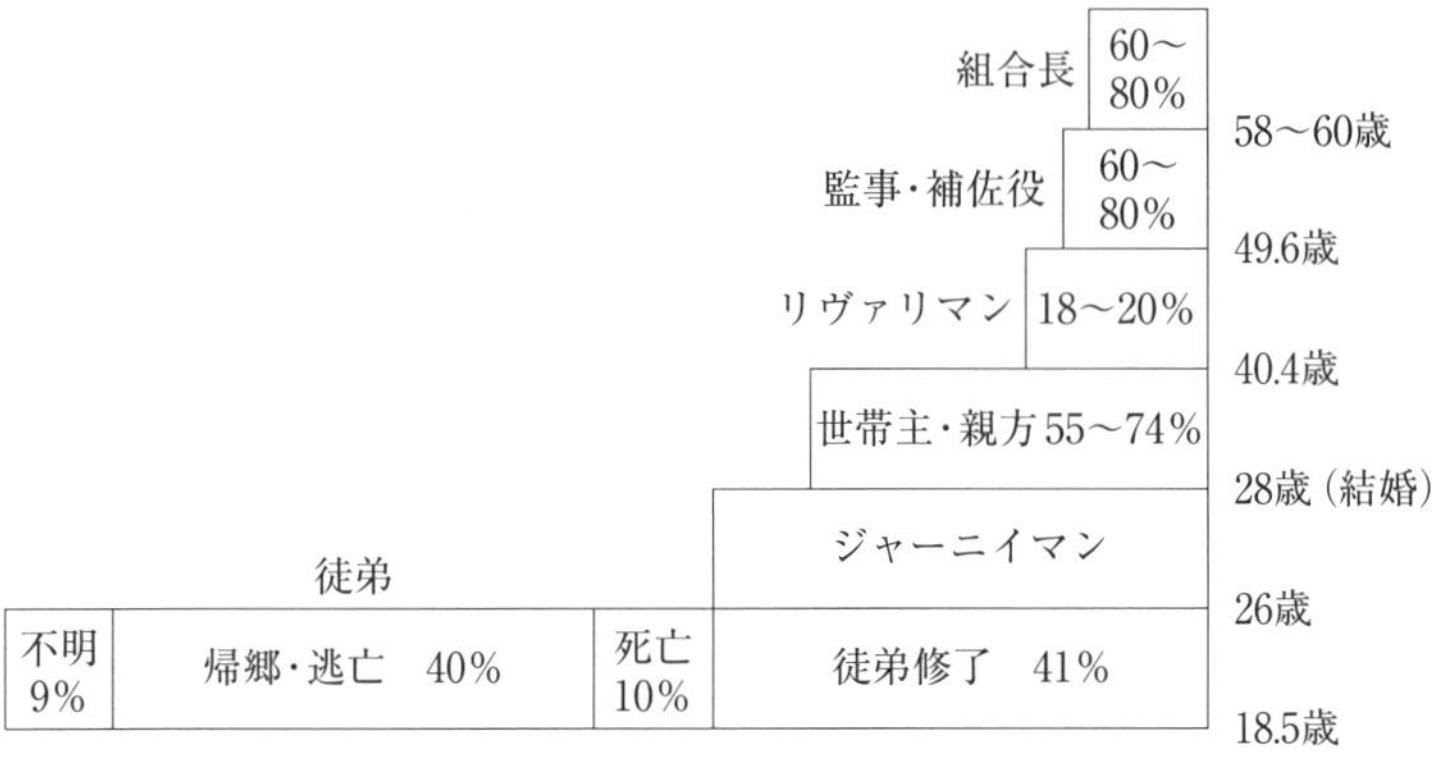

図3-2 16世紀中頃のリヴァリ・カンパニーにおける社会的上昇
出典：Rappaport, S. (1989), Chap. 8 より作成。

り、また約一〇%は死亡してしまう。結局、徒弟奉公を修了してジャーニーマンとなる者は、採用された徒弟の四一%ほどである[59](図3-2)。一方、一八・五歳で採用された徒弟は、ほぼ七年間の徒弟奉公を修了して、二六歳頃にジャーニーマンとなる。ジャーニーマンとなった者は二年ほど務めたのち、その多く(カンパニーごとに差はあるが、五五〜七四%)が、世帯主や親方つまりヨーマン層になる。ここからリヴァリになる途は、比較的厳しく、平均一二〜一三年して四〇歳頃に、その一八〜二〇%がリヴァリになる。ラパポートは、ヨーマンからリヴァリになるのが比較的厳しいのは、リヴァリになるに際してその父親の財産や家柄が作用し、裕福な家の子弟がリヴァリになることに有利であったことにその理由をみている(なお後述の鋳物師カンパニーでは二四%であり、これより多少多いがおおむね類似の数字である)。そして、リヴァリとなり平均して一〇年足らずで、監事、補佐役などの幹部になるが、その確率は六〇〜八〇%であり、これは高いというべきであろう。さらに、そうした幹部から組合長となる確率も六〇〜八〇%と高い。組合長となる年齢は、平均五八〜六〇歳であり、死亡率が高く、平均余命が四〇歳に満たない当時にあって、長生きすることも、社会的上昇の一つの要素であったことを示しているのである[60]。

次に鋳物師(founder)カンパニーの場合を取り上げて、カンパニー内部の流動性について、より立ち入って検討してみる。鋳物師カンパニーは、リヴァリ・カンパニーの序列の三〇位前後という中位に位置する、ほぼ標準的な手工業カンパニーである。このカンパニーの四季納入金（組合員費）徴収記録により、一五五〇年から史料が残存している六九年までの足かけ二〇年間の組合員構成をみることができる（表3－12）。[61] 残念ながら、納入義務のない徒弟の名簿がないのであるが、毎年の納入者の姓名が、カンパニー役員、リヴァリ、ヨーマンリ、よそ者などに分けられて記載されている。

まず一五五〇年から六九年までのリヴァリの流動性についてみてみると、一五五〇年のリヴァリ二二名（組合長、監事を含める）は、五年後の一五五五年には彼らのうちの八名が去り一四名（六三・六％）が残っていたが、一〇年後の一五六〇年には一〇名（四五・五％）のみが残り、半数以上が去っている。しかもこの年のリヴァリは総数二七名だったので、彼らがリヴァリ全体のなかで占める割合は、三七・〇％にすぎなくなっている。そして一五六九年にいたると五名のみの残存となり、一五五〇年のリヴァリ二二名に対し二二・七％、一五六九年のリヴァリ二六名に占める比率は一九・二％となっている。逆にいえば、一五五〇年を基準として、五年後までには三六％余りが新たに補充され、一〇年後までに五四％余り、一九年後までに八〇％余りが新たに補充されたということになる。こうした事態は、リヴァリ層が固定的ではなく、また急激でもないが着実にメンバーが入れ替わっていったことを示している。

そして補充されるリヴァリの名は、そのほとんどがヨーマンリの名簿に確認され、一五五〇年から六九年までの二〇年間に全部で二七名のヨーマンリのリヴァリ化を確認できる。年平均にすると、一・三五人であり二名に満たないが、ヨーマンリの数は毎年四八〜七〇名、年平均五〇名余りであるので、一〇年、二〇年の経過を考えれば、リヴァリへの上昇も可能性を増してくる。例えば、一五五〇年のヨーマンリ七〇名を追跡調査してみると、五五年までに七名、六〇年までに新たに八名、六九年までに新たに二名、合計一七名が、リヴァリになっている（表3－12）。したがって二〇年間で二四・三％がリヴァリとなったので、四人に一人ということになる。この数字は必ずしも大きいとはいえないし、一方、二〇年間リヴァリにならず、またカンパニーを去ることもなくヨーマンリとしてとどまった者が九名おり、停滞的な局面もある。[62] しかし、四人に一人がリヴァリになったということは、カンパニー内部の社会的上昇の可能性がある程度の大きさをもって存在しており、カンパニーは決して閉鎖的ではなく、ヨーマンリにリヴァリへの上昇の機会を与えていたのである。

次に、組合長や監事など、カンパニーの幹部への上昇についてはどうであろうか。組合長、監事を務めた者は、少数者に集中する傾向がうかがえる。一五五〇年から六九年までの二〇年間に、組合長（上級監事 Upper Warden）と、第二監事（Second Warden）および若手監事（Younger Warden）への就任状況は、表3－13のようである。彼らは任期一年で毎年選出されたが、これらの役職を経験した者は、Mr.（マスター）の称号を得て、補佐役会を形成していた。この間に、組合長、第二監事、若手監事に就任した者は合計二一名である。そのうち三分の一の七名は組合長に達したが、残る三分の二は、第二監事および若手監事どまりで、組合長にまではいたらなかった。しかも組合長は、二〇年間のうち、上位五名のみで一七年間を占めており、なかでもR. Taylor は五回五年にわたりその職を果たしている。したがって組合長は比較的少数者が占め、第二監事、若手監事にとどまる者が多かったのである。しかし、組合長に就任した七名は、一名を除いて第二監事や若手監事の経験者であり、その経験回数から判断しても、第二・若手監事から組合長への上昇の可能性は、三〇％程度ということになるのである。[63]

最後に、一五五〇年にヨーマンであった七〇名の上昇可能性としてみてみると、これら七〇名は、六九年までに、一七名がリヴァリとなり、四名がカンパニーの幹部になったが、頂点の組合長にたどついたのは一名ということになる。幹部になった四名のカンパニー内部での上昇のプロセスは、すでに表3－12の〔C〕欄に示されている。こうした事態は、鋳物師カンパニー内部の階梯をのぼることが、決して安易なものではなかったが、ある程度の広がりをもち、ヨーマンからリヴァリへは四人に一人（二四・三％）、リヴァリから幹部へ（二三・五％）も、また幹部内で組合長への上昇も、ラパポートの示す数字よりかなり小さいものの、ほぼ四人に一人程度の可能性をもって開かれていたのである。[64]

表3-12　鋳物師カンパニーのヨーマンのリヴァリおよび幹部への上昇　（単位：名）

	1550年	1555年	1560年	1565年	1569年
[A]リヴァリの人数	22	23	27	26	26
(1)1550年のリヴァリ22名のうちの残存者	22	14	10	7	5
[B]ヨーマンの人数	70	48	48	55	57
(2)1550年のヨーマン70名のうちの残存者	70	33	18	16	9
(3)上記70名のうち姿を消したヨーマン	0	37	15	2	7
(4)上記(3)のうちリヴァリとなったヨーマン	0	7	8	2	0

[C]幹部への上昇（以下の4例のみ存在）

① R. Sharlock	1550年にヨーマン→1552年にリヴァリ→1557，61年に若手監事→1564，66年に第二監事→1567，68，69年に組合長
② R. Langwith	1550年にヨーマン→1556年にリヴァリ→1560年に若手監事→1565，67，68，69年に第二監事
③ B. Fortune	1550年にヨーマン→1552年にリヴァリ→1557年に若手監事
④ T. Harton	1550年ヨーマン→1560年にリヴァリ→1570年に若手監事

リヴァリには組合長と2名の監事を含めた。
出典：Parsloe, G. (1964), pp. 113-180.

表3-13　鋳物師カンパニー幹部の就任回数（1550～69年）

人　名	組合長（上級監事）	第二監事	若手監事
Taylor, Mr	5回	0回	1回
Sharlock, Mr	3	2	2
Jackson, John, Mr	3	1	2
Falkner, Robert, Mr	3	2	1
Stobbes, Chris, Mr	3	2	0
Sotharn, Mr	2	0	0
Grene, Mr	1	1	0
Langwith, Mr	0	4	1
Barley, Thomas, Mr	0	2	1
Preston, Mr	0	2	1
Geny, Mr	0	1	1
Hawys, Mr	0	1	0
Wyshe, Mr	0	1	0
Backer, Mr	0	1	0
Nicolson, Mr	0	0	3
Evans, Eryane	0	0	2
Fortune, Mr	0	0	1
Harton, Mr	0	0	1
Pendred, Mr	0	0	1
Powell, Mr	0	0	1
Vavyser, Mr	0	0	1
合　計	20	20	20

出典：Parsloe, G. (1964), pp. 113-180より作成。

かくして徒弟から上昇した、組合長や監事など幹部役人たちのなかには、区・教区役人の上昇とも重なりつつ、ロンドンの市議会員、市参事会員や市長となる者がおり、さらに治安判事その他の国王役人になる者も現れる。一六世紀の後半に、全国の多様な社会層から補充された徒弟は、リヴァリ・カンパニー内部において上昇し、カンパニーの幹部や都市支配者、さらに国王役人にまでのぼることが可能だったのである。都市支配者と国王役人に関しては後述する。

宗教改革とチャリティ

宗教改革後のリヴァリ・カンパニー、とくに富裕な商業的カンパニーは、営業規制を弱化し消滅させる方向に進む一方、土地所有を増大させ、それに基づく地代収入により、貧民救済や教育などの慈善的活動を活発化させていった。[65] 宗教改革後も、フラタニティ的な伝統がまったく消滅したのではないし、宗教との関係をまったく断ったわけでもない。例えば小間物商カンパニーの場合、引き続きかつての守護聖人の祭日に合わせて、カンパニー役員の選出や宴会をおこなっていた。またメアリの治世になるとそのカトリック化政策のもとで、先に撤去された守護聖人の肖像がカンパニーのホールに復活し、また葬儀の古い儀式も復活している。一方、中世以来ギルドに存在した、貧民・病人に対する救済というフラタニティ活動でもあるチャリティの伝統は、一五五〇年代以後ますます盛んになるのである。この時期以後のカンパニーによるチャリティは、(1)カンパニー内外の貧民救済（院外救済＝年金などの授与、院内救済＝救貧院による）、(2)施療院・学校の設置・経営、(3)説教職の設置、といった方法がとられ多様化した。そして、こうしたチャリティの実践には、プロテスタンティズムの影響がみられるのである。エリザベス治世期には、リヴァリ・カンパニーのプロテスタント化、とくに長老派の影響もみられた。[66]

チャリティの著しい増大は、ピューリタン（カルヴィニスト）の予定説が関与しているふしがあり、カトリックの救済信仰におけるような神と人とのあいだの媒介者や儀礼は排除したものの、神の予定する救済への確信を得たいというピューリタンの心情は、チャリティにその証を求めたのであり、チャリティをおこなう者のあいだから神に選ばれるという信念があった。[67] もちろんカンパニーごとの多様性はあるであろうが、小間物商カンパニーにおいては多大のチャリティをおこなった商人たちには、その遺言状などからすれば、長老派ピューリタンの商人が多かったのである。また彼らのチャリティによって教区教会などに設立された説教職には、プロテスタント説教師を就けさせる意図があり、反カトリック感情に基づくことが多かった。[68] 彼らからすれば、カトリックは貧困、無知に基づいており、いわば遅れた辺境に根づいていたのである。文法学校の設立や、オックスフォード大学やケンブリッジ大学への奨学金は、そうしたカトリック信仰の基盤としての無知を解消し、知性を磨きつつプロテスタント化をはかるためであった。小間物商カンパニーの学校設立や説教職の設置は、モンマスなど、イングランドとウェールズの境界近くの後進地帯に多く、貧民への年金支給や救貧院の設置も、そうした後進地帯と貧困者が多いロンドンの近郊に多くみられたのである。[69] カンパニーによる違いはあるが、小間物商カンパニーは長老派の影響が強かった例である。

5　都市共同体と社団的秩序

ロンドンの市政

ロンドンの主要な市政機関としては、コモン・ホール、市議会、市参事会の三つがあった。小共同体内での上昇をとげた者は、これらの市政機関にたどりつくこととなる。[70]

まずコモン・ホールを担ったのは、リヴァリ・カンパニーのヨーマンやバチェラーなどから上昇したリヴァリである。これは、リヴァリ・カンパニーの形成が進んでいた一四七五年以来のことであり、市長候補者二名(うち一名を市参事会が市長に選出)、シェリフ一名を選出した。下院議員四名については、一五世紀には市参事会員が二名を指名し、コモナルティ(のちのコモン・ホール)がほかの二名を指名して、それら四名を市議会が下院議員に選出したが、一六世紀初めに市議会に代わってコモン・ホールが選出するようになった。その後も市参事会が二名を指名していたが、一六世紀末以後四名全員をコモン・ホールが指名・選出するようになり、市参事会とコモン・ホール指名の区別がなくなったのである。コモン・ホールは選挙集会であり、年一回市長が召集し開催された。

市議会は区を単位とし、区・教区の有力者が市議会員となったが、彼らの多くは区・教区において上昇した者たちであった。市議会は一四世紀中頃の商工業者の興隆期に成立し、一時は(一三七六〜八四年)ギルドを単位に市議会員が選出されたが、一三八四年以後区を単位に選出されるようになった。市議会は立法権(ただし市参事会が原案作成権・拒否権をもつ)、区への課税協賛権、市の土地・財産の管理権などをもち、年に五〜六回開催された。市議会員は区会によって毎年選ばれたが、その数は変動し、一五八四年には一八七人だが一七世紀に入ると二〇〇人を超えている。

そして市参事会は、ロンドン市政の中枢に位置する市政機関であった。一五五〇年以来ロンドンは二六区となったが、各区会で四名の市参事会員候補者が選ばれ、うち一名が市参事会によって、市参事会員(任期は終身)とされた。市政全般についての権限をもち、さらに一四〇以上の都市役人の人事決定と復帰権をもった。原則として一週二回、火曜日と木曜日に開催された。それでは市参事会員はどのような者たちだったのだろうか。一六世紀中の彼らの所属するリヴァリ・カンパニーは、表3-14のようであり、筆頭カンパニーの絹物商カンパニーがもっとも多く、市長をもっとも多く出している。次いで食糧品雑貨商であるが、しかし絹物商、毛織物商、小間物商、仕立商、仕上工などの織物業関係五カンパニーが、市参事会員(経験者を含む)の五二・六%、市長の五九・四%を出している。[71] 彼らの多くは、徒弟から出発してリヴァリとなり、事業に成功していった者たちである。貿易商人という一面をもち、マーチャント・アドヴェンチャラーズ組合、イーストランド会社、レヴァント会社、そして東インド会社などで貿易に従事していた。[72] しかし、こうした貿易商人である以上に、国内商工業に従事する国内商人として重要であった。一七世紀に入るが、一六〇〇〜

二四年のロンドン市参事会員の職業を分析したR・G・ラングの研究からすれば、国内商工業を主として営む者のほうが、外国貿易を主として営む者よりも多いのである。つまり地方から毛織物を購入しロンドンや地方で販売する毛織物商業や、輸入された絹織物などを市内や地方へ販売する絹物商業、そして食糧品、小間物、金物などの国内取引に従事する国内商業、さらに金細工業、書籍・印刷業、染色業などを中心的に営む市参事会員が、外国貿易を中心的に営む市参事会員よりも多かった。[73] ロンドンの市参事会員は、国内商業によって、ロンドンと地方とを結合しており、たんなる貿易商人ではなかったのである。これは、先にみたように徒弟制を通じてロンドン市民の供給は全国に及び、都市やカンパニーの幹部への上昇を生みつつ、人的にロンドンと地方が結合していたこととも合致している。

市参事会がどのような市政をおこなったかは、市参事会議事録における検討事項をみれば明らかとなる。先述のように、市参事会は週に二回開催されたが、エリザベス治世の初年一五五八年をとると、市参事会議事録の議題としては、表3－15のように、孤児問題が四八二件で三七％を占め、次いで経済規制関係が三〇一件、役人と役職の問題が一四〇件、以下はかなり減少して、ロンドン市外にかかわる問題(対王室・中央政府、郊外など)九一件、市の不動産問題が七六件で六％などとなっている。[74] そのほか市民権問題、施療院関係事項などがみられる。結局上位三つをみれば、孤児保護という家父長主義的保護策と市場規制を中心とした市民生活の保護を柱として、都市行政を推進するという市政の在り方が浮かんでくる。一方、市参事会内部の委員会設置数としては、一五七九年には、表3－16のように孤児関係、王・政府関係、市不動産関係の順である。委員会の設置は、とかく何かの問題が発生したときなど、重要事項についておこなわれることが多い。また市参事会員のなかでも市長を経験したシニア市参事会員が、ジュニアに比して重要事項により多くかかわり、平均してもより多く委員会にかかわっていることがわかる。こうした委員会の状況からうかがえるのは、孤児保護が中心的な位置を占めていること、王や政府への対応、そして市の財源である土地管理が重要だったことである。なお孤児問題は、家父長主義的保護主義を意味するとともに、孤児財産の市への預託にともなう市の財政の問

表3-14　ロンドンの市長，シェリフ，市参事会員の所属カンパニー

カンパニー名	1501-1600年				1601-1700年			
	市長	シェリフ	市参事会員	合計	市長	シェリフ	市参事会員	合計
絹物商	21	14	8	43	6	12	35	53
食糧品雑貨商	13	22	5	40	17	13	93	123
毛織物商	16	8	4	28	16	10	55	81
魚商	5	4	2	11	7	4	30	41
金細工師	5	4	6	15	7	8	20	35
毛皮商	7	4	3	14	8	2	33	43
仕立商	7	10	9	26	13	9	67	89
小間物商	12	10	5	27	9	5	54	68
塩商	1	6	5	12	1	5	25	31
金物商	5	6	3	14	4	2	11	17
ブドウ酒商	2	1	2	5	3	5	25	33
仕上工	7	7	2	16	8	4	30	42
マイナー・カンパニー	5	6	4	15	14	17	119	150
合　計	106	102	58	266	113	96	597	806

表中の市参事会員は，市参事会員のみに就任した者であり，市長，シェリフは市参事会員の経験者である。
出典：Beaven, A. B. (1908), Pt. I, pp. 336-357.

表3 15　市参事会の議題(1558年)

議題	件数(%)
孤児関係	482(37%)
経済規制	301(23%)
地方役人と役職	140(11%)
市外の問題*	91(7%)
市の不動産	76(6%)
犯罪処罰	63(5%)
市民権	52(4%)
施療院	32(2%)
その他(徒弟，外人など)	約63(5%)
合　計	約1300(100%)

*ロンドン市外の問題，女王や中央政府関係の問題。
出典：Foster, F. F. (1977), p. 89.

表3-16　ロンドン市参事会内の委員会と委員(1579年)

委員会の種類	委員会数	市参事会員と委員のポスト数	
		ジュニア(16名)	シニア(9名)
孤児	20	29	11
王・政府関係	17	26	24
市の土地	11	20	17
種々の係争	11	15	8
市の役人	9	14	8
リヴァリ・カンパニー	9	13	11
市場関係	8	14	5
市の権利	7	12	14
雑事	6	5	13
貧民	3	6	6
修繕など	3	7	1
法案作成	1	2	0
貯金	1	0	4
徒弟	1	0	2
合　計	107	163	124
1人平均		10.2	13.8

ジュニア市参事会員はシェリフ経験のない者，シニア市参事会員は市長経験のある者。
出典：Foster, F. F. (1977), pp. 21, 26, 83.

題でもあった。[75] 市政府の家父長主義は、救貧よりも孤児保護に力点があり、救貧は教区が中心に担うこととなる。

ロンドンの財政

都市の市政は、その財政収支のうちに特徴が端的に示される。ロンドン市に残存する一五八四〜八五年と一五八五〜八六年の市収入役会計簿（Chamberlain's Account, これらは最終的な会計簿にまとめられる前の草稿である）のうち、市の一般的な収支の記録が含まれている一般会計簿（General Account）を、責任賦課と責任免除について整理すると、表3-17・3-18のようになる。[76] 市のもっとも基礎的な収入は、市民認可料、徒弟登録料、市の土地からの地代であり、一五〇〇〜一七〇〇ポンドに達するが、このほかで重要なのが孤児財産の預託であり、それが市の収入に組み込まれ一七〇〇〜二六〇〇ポンド余りに達している。孤児財産の預託は、孤児保護のため成年に達するまで、遺産相続した孤児の財産を市に預託し、成年時に孤児に返還される預かり金であり、本来は市の収入とは異なるものである。しかし、これを収入としたことが、一七世紀末にロンドンの財政破綻につながってゆく一因ともなってゆくのである。また、さほど多くはないが、成年時まで市が孤児を養育するための資金として、孤児養育費などの収入もあり、孤児保護にかかわる収入が全体の二八〜三六％に達している。[77] このほか各種商品の検査・計量などの請負料、罰金収入（シェリフ職の拒否を含む）などがみられる。なおここで、地代収入は八三〇ポンド余りであり、全収入の一二〜一三％ほどであるが、ほとんどが「市の一般的な土地とブランチャンプルトンの土地」からのものである。ブランチャンプルトンの土地は一四七八年に市が取得した土地であり、[78] またほかに寄贈による土地も多いとみられるが、修道院解散後購入した土地も含まれる。つまり、市は一五四七年にいたって、グレイフライア、聖バーソロミュ施療院、ベスレム施療院などの土地を入手しており、「市の一般的な土地」にはこれらも含まれていたとみられるのである。[79]

一方支出については（表3-18参照）、まず免役地代のほか、各種の報酬ないし給与（聖職者への報酬、都市役人への給与、

表3-17　16世紀ロンドン市の会計簿（収入）

責　任　賦　課	1584-85年	1585-86年
繰越金	£　265- 7-10	£　55-13- 4.75
市の土地からの地代	£　836-18- 8	約£　837- 0- 0
徒弟登録料	£　211-16- 9	約£　642- 0- 0
市民認可料	£　409-13- 1	（徒弟登録料に含む）
合　計	£1,723-16- 4*	£1,535- 7- 6.25**
請負人などからの請負料		
ブラックウェルホールの市場税徴収請負	£　33- 6- 8	£　33- 6- 8
ブロウクン波止場の関税請負	£　12- 5- 0	£　7- 0- 0
毛織物などの包装役請負	£　66-13- 4	£　66-13- 4
香辛料の選別役より	£　20- 0- 0	£　20- 0- 0
麻織物の計量役より	£　50- 0- 0	£　50- 0- 0
以上のほか11項目を合わせた請負料収入の合計	£　398-10- 1	£　391- 3- 2.5
臨時収入		
食品の裁定違反による罰金	£　10-16- 8	£　10-12- 8
レドゥンホールの肉屋の売台につき	£　85-11- 0	£　75- 2- 4
毛織物検査官より	£　195- 0-10.5	£　147- 9- 8
水導管の修繕のため	£　17- 0- 0	£　6-13- 4
以上のほか８項目を含む臨時収入の合計	£　346-13- 0	£　292-19- 9.75
罰金（先買い，買占め，パンの裁定違反など）	£　36- 3- 4	£　37- 8- 4.75
リース収入，滞納地代，売却	£　53- 6- 8	£　130- 0- 8
特別収入 Receipts Extraordinary		
シェリフ職拒否の罰金７件	£　966-13- 4	
孤児養育費４件	£　35- 1- 8	
捕虜の身代金のため徴集	£　100- 0- 0	
民兵の召集・訓練のため外国人よそ者に課税	£　290- 3-10	
兵士への外套代などのため女王の軍財務官より	£　225- 0- 0	
市議会認可の15分の１税		£　618-16- 3.75
イプスウィッチのエスクワイアからの公用の前渡し金		£　100- 0- 0
その他を含め特別収入の合計	£1,728- 3- 5	£　838-13-11
債権		
シェリフ職拒否２件と庭園・家の賃貸料などを含め９件	£　214- 6- 8	
シェリフ職拒否10件と個人への債権などを含め20件		£1,377- 2- 2
孤児財産預託金	£1,743-15- 0	£2,635- 8- 4
総　　計	£6,244-14- 6*	£7,238- 4- 0.25**

＊この額に12の胡椒の実が付加されている。
＊＊この額に16の胡椒の実が付加されている。
出典：Masters, B., ed. (1984), pp. 1-104 より作成。

表3-18　16世紀ロンドン市の会計簿（支出）

責　任　免　除	1584-85年	1585-86年
聖職者への報酬	£11-0-0（2件）	£12-5-0（3件）
地代および免役地代	£77-0-4（19件）	£68-16-0（18件）
内部報酬		
各種都市役人の給与	£　430- 5- 0	£　435-10-11
外部報酬		
弁護士，楽団，石工，大工などへの報酬，年金など	£　355- 7- 3	£　329-18- 4
石工，大工，木挽き工，レンガ工などの週賃金，年金	£　296-13- 2	£　280- 6- 3.5
建物などの修理材料および作業報酬		
水導管補修，道路・階段などの鋪装，各種職人の報酬	£1,076-18- 3	£2,034-14-10.5
Foreign Charge		
説教代，公務にともなう出費（船代，馬代），公用手当など	£1,586-16- 1.5	£2,119- 8-11
新年の贈り物（W・セシルなどへ）	£　90- 2- 8	£　90- 9- 8
冬の仕着せ	£　152-12- 8	£　174-12- 0
仕着せに代わる支給金	£　45- 1- 0	£　36- 9- 0
夏の仕着せと仕着せに代わる支給金	£　93-16-11	£　101- 7- 5
仕着せと支給金のうち他会計から支払った一部	(−)£12- 8-1.5*	(−)£12-10-8.5*
監査役，経理担当者その他への手当	£　328-12- 4	£　252- 7- 8
孤児への支払い（預託金返還）	£1,411- 4- 7	£2,048- 4- 7
孤児の養育費用	£　245-19- 1.25	£　301- 5- 4
総　　計	£6,189- 1- 1.25	£8,273- 5- 4

総計額は＊印を差し引いて算出されているが，計算すると実際の額は，£6189-1-3.25と£8273-5-3.5である。
出典：Masters, B., ed. (1984), pp. 1-104 より作成。

都市役人ではないが雇いの弁護士、楽団、水導管管理者、掃除人、石工、大工、レンガ工などへの報酬）、市の公共的施設の修理費（監獄、水導管、その他）および材料費など一般的な支出がみられる。しかしここでも、孤児のための支払い（預託金の返済）と孤児の養育のための出費が、一六五七〜二三四九ポンド余りに達しており、責任免除全体の二七〜二八％になり、最大の支出項目となっている。

なお以上のほかに、Foreign Charge とされる項目のうちには、市のかかわる訴訟（財務府裁判所での訴訟、王座裁判所での市の商品検査をめぐる訴訟、星室庁《せいしつちょう》裁判所でのクライスト・チャーチの特権をめぐる訴訟、孤児財産をめぐる訴訟など）、本や文書の購入その他がみられ、市が訴訟にかかわっていたことが示されている。[80]

また「新年の贈り物」を、大法官T・ブロムリィや大蔵卿W・セシル、法務長官J・ポッパムなどの国家中枢の役人に贈っているのは、これらの国家役人の好意もしくはひいき(favour)を得ようとしていたとみえる。[81] また、都市役人に対して夏の仕着せと冬の仕着せ、もしくはその一部代替金を与えていることは、封建時代以来の慣習を表明するものとして、興味深い。

以上のような財政収支からも、ロンドンの都市共同体としての性格が確認される。つまり、まず、(1)ロンドン市が主として徒弟制を通じて市民を認可＝再生産しており、それにともなう基礎的な収入が全収入の一〇％前後に達していることである。(2)孤児保護関係の収入と支出が大きな比重を占めており、ロンドン市が孤児保護＝家父長主義的な保護精神を重要な支柱としてもっていたことである。(3)ロンドンは法人化特許状を得るのは一六〇八年のことであるが、しかしそれ以前にすでに実質的に法人団体としての性格を実質的にもっており、土地を所有し、訴訟の主体ともなっていたのである。とくに土地保有からあがる地代収入の比重も大きくなっている。(4)市政の業務には、織物や食品などの検査・計量と、公共施設の修理・建設・鋪装の二つの分野が中心的である。また市政の執行は、無給の都市役人(会計簿には出ていない)のほか、有給の都市役人、請負人、賃銀・報酬を支払う雇用者などを用いており、これらのうち請負人は各種の商品検査・計量に多く、雇用は公共施設の修理・建設、道路の維持・鋪装など公共事業の実施に多い。(5)「新年の贈り物」を届ける三人は、ロンドン市がそのひいきを期待し、関係が深ければパトロン的地位にあったともみられる。一人はT・ブロムリィであるが、大法官の地位にあり、もとロンドン市の法律顧問を務めたことのある人物であった。もう一人は大蔵卿W・セシル(バーレイ卿)で政府の軸となった人物としてあまりにも有名である。これら二人に法務長官J・ポッパムをも加えた三人が、ロンドン市の意向を王権・宮廷に伝えるとともに、王権・宮廷の意向をロンドンに伝えるパイプの役割をも果たしていたとみられる。

以上収入役会計簿から考察したが、ロンドンは、内部に小共同体をかかえながらも、それ自体で一つのまとまりをもった都市共同体であって、孤児保護、商品検査・計量、公共事業などを通じて公共善を追求しつつあった。市政府が直接おこなう救貧事業はみえないが、孤児保護問題が、ロンドン市政において占める比重は高く、このような家父長主義的精神は、絶対王政のそれとも重なるものであり、王権－都市－都市内小共同体の関係の再生産を支える、共通の支柱の一つでもあった。もっとも、この孤児保護は、その預託金を市財政の収入に組み込んだがゆえに、それを市の支出にもあてるようになり、一七世紀に入れば重大な赤字財政問題を生み出し、同世紀末にはロンドンの財政は破綻するのである。なお一七世紀後半には、預託をおこなう孤児たちも貧しい孤児ではなく、預託にともなう利子収入を目指す富裕な孤児の投資に化してゆき、やがて家父長主義的な保護と無縁なものに転化してゆく。[82] この時期には、家父長主義は孤児保護よりは、救貧事業を軸として展開してゆくこととなるのである。

小共同体－都市共同体－王権

近隣仲間を原点としての、区・教区における政治的上昇や、徒弟制度を通してのリヴァリ・カンパニー内での社会的上昇は、それら小共同体内部からロンドンの三つの市政機関の担い手、つまり、リヴァリマン、市議会員、市参事会員そして市長などを生み出しつつ、都市共同体を再生産していた。全国からロンドンへ来る若者たちは、徒弟制度を通じてロンドン市民となり、三つの小共同体に所属するとともに、それぞれの内部での政治的・社会的上昇の可能性を与えられ、また三つの市政機関にも参加する可能性を与えられた。このことは、エリザベス期のロンドンにおける、その政治的支配と社会秩序の「安定」に貢献することとなった。[83] もちろん、挫折・逃亡する徒弟がおり、各共同体で没落し貧困に陥る者や外部から流入する浮浪者も多かった。またジャーニーマンのまま長くとどまる者も存在した。[84] エリザベス時代は経済的不況の時代でもあり、この時代をバラ色にのみ描くことはできない。しかし、この時期には、ロンドンの成人男子の四分の三は市民だったのであり、また各小共同体内部での対立は深刻ではなく、分極化をはらみながらも、小共同体内部の調和が保たれ、上昇の道が開かれていた。エリザベス時代のロンドンの社会的・政治的秩序は、おおむね「安定」しており、一五九〇年代にヨーロッパの主要都市を襲った飢饉やペストあるいは宗教対立などにともなう危機に際しても、ロンドンでは際立った抗争はなかったのである。[85]「安定」の要因は決して単純ではないが、まず小共同体における経験の共通性をふまえた市支配層の一体性の強さ、また小共同体の上昇可能性が抑圧された社会的不満を生み出さなかったこと、また小共同体内の分極化が決定的ではなく、貧困層が形成されても、ロンドン市支配層の家父長主義的施策、救貧や慈善によって、支配層やコミュニティへのロイヤルティを生み出していたことなどがあげられよう。[86]

だが「安定」は、ロンドン市と小共同体だけの問題ではない。王権とロンドン市の関係の問題があり、むしろこのほうが重要な問題だともいえる。王権はどのようにしてロンドンを支配秩序に組み込み、協調関係を維持できたのであろうか。その全てに答えることはできないが、その一つの重要な要因として、王権がロンドンを一定の自治都市共同体として扱い、それに外部から直接介入しなかったということがあげられる。つまり、支配のために国王官僚を直接送り込むとか、市民の三つの自治機関に王権が直接介入するとか、都市役人の選出に干渉するということは基本的になかった。

代わって国王がとったのは、ロンドン市政府の幹部役人を、国王役人に任じるという方法である。都市役人を国王役人にするという方法は、同一人格が両者を担うため、王権の都市内部への浸透が都市の事情に見合って調整され、王権とロンドン市の関係を円滑にし、協調的にするのに貢献したのである。もっとも、そうした方法は、中世以来おこなわれており、例えばロンドン市長は、一三二七年にエスチーターでありまた国家の裁判官にもなった。しかし、一六世紀には治安判事が増大していることや、都市役人と国王役人の兼職が増大し、より多面的になっている。[87]つまりエリザベス時代のロンドン市長は、治安判事であり、刑事巡回裁判官、未決監釈放判事、エスチーターなどの国王役人を兼ね、さらに一六一七年以後は統監職をも兼ねた。市長職経験のある市参事会員も、治安判事、刑事巡回裁判官、未決監釈放判事になった。このほか国王の訴訟を準備するコロナーをもち、形式的には、シェリフも財政や裁判を担当する国王役人であった。これらの国王役人は、原則として無給であり(役得はあったにせよ)国家は財政負担なしに委嘱でき、都市役人も富裕な名望家としてその官職を受け入れることができた。これらの国王役人の職務や権限は、法制史家が詳細に明

表3-19　ロンドンの都市役人による国王役人の兼職

①治安判事：1444年以来，市長，法律顧問官，市長経験のある市参事会員が治安判事を兼ねる。1462年以来四季裁判所を開催し，重罪，侵害，先買い，転売などを裁く。また1638年には市長経験のない市参事会員３名も治安判事に加わり，役割も増大した。
②刑事巡回裁判官：1444年以来，市長，法律顧問官，市長経験のある市参事会員が兼ねる。反逆，殺人，重罪，窃盗などの刑事犯罪，度量衡違反などを裁く。
③未決監釈放判事：1327年以来，市長は職務上この職を兼ねる。1444年以来，市長，法律顧問官，市長経験のある市参事会員がこれを兼ねる。ニューゲット監獄などに収監されている刑事犯などの訴追を担当する。
④コロナー(検屍官)：国王の法廷のために訴訟の準備をおこない，殺人・変死の検屍をおこない，その財産の管理などにあたる。本来は，国王の式部官や執事がこれにあたったが，ロンドンでは，1444年に市長とコモナルティの指名する者が，コロナーになった。
⑤エスチーター(国王復帰財産管理官)：1327年以後，市長がこれを兼ねる。国王に復帰すべき土地財産の没収をおこない，かつ国王収入についての報告をおこなう。
⑥統監：1617年までは，特別訓練部隊など民兵は，市議会のもとの委員会が統轄していたが，以後市長を長とする８名の市参事会員と法律顧問官が構成する「統監裁判所」の管轄となり，またそれに必要な財政をも管轄した。
⑦シェリフ(州長官)：12世紀以来，ロンドンはロンドンとミドルセックス州のシェリフ計２名のシェリフの選出権をもつ。コモン・ホールが１名，市長が１名を選ぶ。都市から財務府への収入金を納入した。しかしその財政的役割は後退。シェリフ裁判所を開催。市長の補佐，市参事会・市議会への出席。州と同格の証でもある。

出典：*The Corporation of London* (1950), pp. 20, 24-26, 69-71, 160, 213-214.

らかにしているのであるが、[88]ここではこれを表3－19のように示せば十分である。

これによって王権は、裁判(治安判事、刑事巡回裁判官、未決監釈放判事、コロナー)、財政(エスチーター、シェリフ)、軍事(統監)、やがては行政(治安判事の救貧行政など)にわたって、ロンドン市内部にその支配を浸透させることができた。[89]もっとも、こうした国王役人の設定によらなくても、国王からの授権(commission)によって王令を執行させることもできたことはいうまでもない。しかし以上のようなかたちでの、都市共同体＝社団内部への国王役人の設定は、王権の恒常的な都市支配を制度化し秩序化するものであったといえよう。こうしてみると、三重の小共同体内部の社会的・政治的上昇は、上層の都市役人を生み出すとともに、かかる国王役人をも生み出していたのであり、王権と都市を協調的に支えていたということである。小共同体内部の政治的・社会的上昇は、小共同体－都市共同体－王権という三層の秩序を生み出し、再生産していたのであった。

6 ウィッティントン物語にみるロンドンの表象

ウィッティントンの「実像」

リチャード（ディック）・ウィッティントンの物語は、エリザベス時代の末期から一七世紀初めに、ロンドンにおける成功物語として、とりわけ劇作家たちによって取り上げられ、文学作品化されて広まっていった[90]。しかし、一四世紀末から一五世紀初めを生きたウィッティントンの「実像」は、多くの点でそうした物語と異なっており、その違いのうちに一六世紀末に創られたロンドンの表象が込められている[91]。

彼は、生年は不明であるが没年は一四二三年である。グロスターシャーの小地主（マナー保有者）の三男として生まれ、ロンドンへ出てきたが、徒弟奉公についての記録はない。一三八七年には絹物商（マーサー）として登場しており、八九年には国王リチャード二世にヴェルヴェット、金糸布、ダマスク等々の高級品を売っている。以後もリチャード二世との親交が深く、一度に数千ポンドにのぼる販売をおこない、またヘンリ四世やヘンリ五世に対しても同様の販売をおこない、王室との取引は彼の蓄財の重要な手段となっていた。また王室への貸付も重要業務であり、王室財政に多大の寄与をしている。一方羊毛輸出商人でもあり、カレーのステープル市場の長にもなっている。羊毛を輸出し、絹物類を輸入し王室などに販売する貿易商人であったとみられる。

役職としては、ロンドン市長を三回（一三九七、一四〇六、一四一六年）務めたことは事実であり、また長期にわたって市参事会員であった。国王役人としては市長職時代にエスチーターであったほか、羊毛関税徴収官、臨時税徴収官、その他多くの授権状によりコミッショナーとして活動したほか、下院議員をも経験している。彼は、市内には家屋・土地などの不動産を多く残したが、市外の土地・所領の購入はほとんどおこなわず、現金などの多大な流動資産を残した。

彼の妻は彼に先立って亡くなり、子どもがいなかった。彼の遺産は、死者ミサのためのカレッジ、教会、施療院、絹物商カンパニー、修道院、貧者、囚人などのために遺贈された。しかし、妻以外には、個人に対する寄付・慈善はなく、再婚もせず、性格は厳格、正確だが温かみのある人柄ではなかったとされている。[92]

一六世紀末以後のウィッティントン

以上をウィッティントンについての「実像」とした場合、一六世紀末以後の物語で創られたのは、まず第一に何よりも、彼が、下層の生まれ(low birth)の徒弟、あるいは奉公人(皿洗い)としてロンドンで生活を始め、その惨めさから逃亡をはかるほどであったのが、市長にまで成り上がる成功物語とされ、ロンドンはそのような都市であるというイメージをつくったということである。親方のもとを逃げ出し、ハイゲートの丘で、聖マリ・ル・ボウ教会の鐘の音(ロンドン市の範囲内を意味し、未来の市長よ、引き返せと聞こえた)を聞き引き返したのは、ボウ教会の鐘の音に表象されるロンドン市共同体へ回帰したということである。ロンドンは、努力と幸運によって、無一文の徒弟からでも、富豪となり市長にまで上昇できる都市として表象されたのである。[93]

第二に、猫を船長に託し、外国で売ってもらう話は、実在のウィッティントンにはなく、猫は幸運をもたらす、という伝承が、一六世紀末にウィッティントンに結びついたものである。彼の成功が、努力や忍耐だけでなく、猫のもたらす幸運にもよっており、しかもその幸運がネズミに悩まされている国という異国(物語ではムーア人の国としているものもある)との交易であった。猫が「山のような黄金 Heaps of Gold」で売れたという話は、ロンドンは外国貿易が大きな経済的チャンスを与えてくれるというイメージを創っている。また一六世紀末から一七世紀前半のロンドンを中心としたイングランドの対外進出や植民活動に夢を与えることになる。[94]

第三は、ウィッティントンの遺贈が、プロテスタント的に濾過され、救貧事業を中心に後世に残る多大の遺贈をした偉大な慈善家・ロンドン人として、誇張されていることである。彼の遺贈のいくつかは、カトリック的であった。彼が寄進したウィッティントン・カレッジは、彼と妻へのミサのための聖職者のカレッジであり、チャントリ廃止法によって一五四八年に改変され、救貧院のために利用されていった。また彼が遺贈した修道院が宗教改革とともに消滅したことはいうまでもない。しかし、救貧院へと改編されたウィッティントン・カレッジは、一六世紀末にも彼の名とともに残り、さらにJ・ストウが記録しているような、ウィッティントンの寄贈・遺贈にかかわる公共施設(聖ジャイルズ教会と聖ボトルフ教会付近の泉水、再建されたニューゲット監獄、グレイフライアとギルドホールの図書館、再建されたギルドホール、聖バーソロミュ施療院の修復等々)も残っていた。[95] こうしたことから、物語において、ウィッティントンは偉大な慈善家、とりわけ救貧事業を推進したロンドンの慈善家として描かれるようになった。プロテスタントの慈善の中心は救貧にあり、一六世紀後半以後盛んになるが、彼はそうした慈善家でありかつ三度も市長となった偉大なロンドン人(great Londoner)として表象されたのである。[96]

彼が死亡したのは一四二三年のことであり、一六世紀末の作者たちは、一五〇年以上昔の人物についての事実を部分的に利用しながら、自由に物語をつくることができた。努力と幸運がもたらしたこれらの成功物語は、ロンドンに来た若者の意気を奮い立たせ、節制された振舞い、神の深慮(引き返せと鳴ったボウ教会の鐘)への順応などのモデルを提供するものであった。こうして一六世紀末から一七世紀初めのロンドンは、社会的上昇の可能性を開く都市として表象され、地方からの若者を引きつけたのである。

第四章

都市の社団的編成の確立

1 都市法人化の最盛期 一五四〇〜五八年

秩序の再編

一六世紀に入っても、ヘンリ八世治世の一五三〇年代までは、都市の法人化は少なく散発的であった。政治の主要な展開は、対外戦争、離婚問題と宗教改革、一五三〇年代の統治機構改革などにあり、都市には向かわなかった。しかし、これらが引き起こした変化は、一五四〇年代から五八年までの、つまりヘンリ八世末期、エドワード六世、メアリ一世治世期の都市法人化の最盛期をもたらし、エリザベス期の社団的秩序の確立にいたったのである。宗教改革やT・クロムウェルの統治機構改革は、その裏面として政治・社会秩序の混乱を引き起こした。それは都市においてだけではなく、全国的にもカトリック的な秩序や文化の崩壊を進めることとなり、また一五三六年には恩寵の巡礼、四九年にはケットの乱が発生して、混乱が引き起こされた。ヘンリ八世期の王権の統治強化は、旧来の封建的領主層の没落をもたらす一方、修道院解散にともなう土地移動がこの期間に進展し、ジェントリや都市商人による土地購入と彼らの興隆をもたらした。ティットラーは、宗教改革、修道院解散、旧領主層の没落などによって生じた政治的・社会的秩序の空白を埋めるべく、政府は都市に着目し、一五四〇年代以後一貫して都市の法人化を進める都市政策を遂行するようになったとしている。[1] しかし、この時期の法人化も上からの政策としてのみおこなわれたのではない。都市側の自発的な必要性が基盤にあるのであり、都市法人化は都市側からの請願としておこなわれたのであった。つまり、カトリック的都市秩序の崩壊後の都市の統治の維持、宗教所領解体後の土地取得への欲求、土地を獲得したジェントリなどの都市自治侵害への対抗、都市の経済的衰退への対応の必要性など、この時期に都市が法人化を要求する理由は数多くあった。それはメアリが、自己の即位に抵抗したノーサンバランド公に反対したことを理由に、都市の法人化をおこなった場合であっても、都市側からの要請に基づいていたのである。[2]

結局、一六世紀半ばの都市法人化の隆盛は、このような都市側からの自発性ないし要請と、都市の社団的編成を軸とした絶対王政の秩序再編の必要性の一致したところに出現したのである。王権にしてみれば、宗教改革と統治機構改革後の混乱に対して、都市からの要請を汲みつつ法人化し、社団的秩序に編成するとともに、都市を自己の権力基盤・財政基盤とし、あわせて領主権の弱体化を目指すことができたのである。

地方都市の法人化

一五四〇年から五八年までに法人化された都市は四六にのぼる。これらのうち『勅許状記録集要覧』によって確認される、エドワード六世とメアリの法人化勅許状の概要は、表4-1の通りである。[3] これらもまた、一方では都市の法人格を認め、市政機構を確立して、都市の自律的権限を明確にしているが、他方では、都市ごとに多様性はあるものの、市長などを治安判事やエスチーターとし、また市場監督官やときには宮内執事(スチュワード)や宮内武官(マーシャル)に任じ、さらにコロナーを選出させつつ、都市役人を国王役人として把握して、王権の都市内部への浸透を進めている。こうした都市法人化がもたらす直接的な結果は、本書第二章でみた一五世紀までのそれと同様であるが、しかしこの時期に特有な、以下のような特徴がある。

まず第一に、この時期に法人化された都市は圧倒的に小規模な都市が多いということである。前記四六都市中で、比較的大規模な都市としてはウースターがあるのみで、一五五五年に法人化されたが、州への昇格はない(一六二二年に州となる)[4]。この時期に州となった都市には、リッチフィールドがあるが、この都市も小規模であり、一五四八年にエドワード六世によって法人化され、メアリが五三年に州に昇格させたものである。これは司教座聖堂をもち司教管区の拠点であるこの小都市が、メアリの即位に反対したノーサンバランド公の乱に抵抗してメアリを支持した功績を認め、州としたのであった[5]。この時期に圧倒的に多い小規模都市の法人化は、一五世紀中に形成されていた都市階層制の中下層部分を厚くするものだった。なおここで、小規模都市相互間の特権をめぐる競合・争いがあり、同一地域内部で法人化を競うことが多かったことが指摘できる。例えば、ケントでは一五四六年のファヴァシャムの法人化は、四九年のメイドストンの法人化をもたらし、デヴォンシャーでは、五四年のトリングトンの法人化に対し、五七年にバーンスタプルが法人化し、西部では五四年レオミンスターとドロイトウィッチが法人化したのに対し、五八年ウースターが法人化特許状を得ている[6]。これらは、都市相互が競合し、都市の政治的・社会的序列のなかで、都市特権の獲得を競い合っていたのである。

第二に、小都市の法人化が多い理由の一つなのだが、この時期には修道院解散などで生じた土地移動によって、領主やジェントリが多量の土地を購入したことにともなう小都市との係争の解決を、小都市が法人化に求めたことである[7]。とりわけ小規模な領主的都市(seignuerial borough)を含む土地の領主権を、ジェントリなどが得た場合には、都市との軋《あつ》轢《れき》を生んだ。新たな地主たちは、都市が自治的権利を主張することを好まず、都市の特権に対する侵害をもたらしたのである。例えば、バッキンガムシャーの領主的都市エイルズベリの領主権を取得したパキングトン卿は、同都市の権利主張の根拠となる慣習文書を偽造だとしてベイリフや市民を訴えている。こうした事態に対し、都市は法人化によって

兼務国王役人	下院議員	都市の裁判所	土地所有	備　考
CM		泥足裁判所		
JP		記録裁判所40s まで	£20	
CM			£10余	文
JP. ES. CR. CM				
		都市裁判所	£40	文・救
			計£128余	文
			£40	
			£20	文
			£40	文・救・G が市長
			£40	文
		記録裁判所200マーク	£46余	文・救
JP, ES, CR, CM		記録裁判所 40s 以上可		州へ昇格
JP, ES, CR, CM	2MP		£20	反 N 公。G がベイリフ
JP, ES, CR, CM	2MP	都市裁判所£ 5 以下	20マーク	反 N 公
	2MP		£20	
JP	2MP	都市裁判所	£40	反 N 公
JP, ES, CR, CM		記録裁判所£10以下		反 N 公
			£20	
		泥足裁判所		
JP, CM	1MP	記録裁判所£ 5 以下		
JP, CR, CM		記録裁判所	£36余	文。反 N 公
	2MP	都市裁判所£ 5 以下		G がベイリフ
JP, CR, CM		記録裁判所£ 5 以下		
JP, CM	2MP	記録裁判所£10以下	£20	
JP, ES, 2CR, CM	2MP	記録裁判所 40s 以上可	£40	反 N 公
JP, CM, CR	2MP	都市裁判所	£40	G がベイリフ
JP, ES, CR, CM		記録裁判所 40s 以上可	£20	G が法律顧問官
		記録裁判所£10以下	£40	文・救
JP, CM	2MP	都市裁判所 40s 以上可	£10	
JP, CM	1MP	記録裁判所£ 5 以下	£10	反 N 公
JP, CR, CM	1MP	記録裁判所£ 5 以下	100マーク	
		記録裁判所	£40	
JP, ES, CR, CM		都市裁判所		反 N 公。G が執事
JP, ES, CR, CM	2MP	都市裁判所£20以下	£20	

CM＝市場監督官
CR＝コロナー
ES＝エスチーター
JP＝治安判事

文＝文法学校設置
救＝救貧院設置
G＝ジェントルマン
N 公＝ノーサンバランド公

402-404, Vol. 2, pp. 18-21, 80-86, 95-97, 188-189, Vol. 3, pp. 76-81, 154-156, 166-167, 174-178, 200-203, 305-306, 380-386, 391-392, 528-529, Vol. 4, pp. 371-376

表4-1　1548-58年の都市法人化

年	都市	首長	市制機関	都市役人
エドワード6世期				
1548	Aldeburgh (Suff.)	Ba2	住民の集会	
1548	Lichfield	Ba2	24人特権市民会	
1549	Maidstone	M	12人 Jurate 会	SjM1
1549	Monmouth	M	—	SjM2
1549	Walden (Essex)	Tr	24人補佐役会	Ch2, SjM
1549	Wysbech		住民の集会	
1549	Newark-on-Trent	A	12人補佐役会	
1550	Stafford	—	—	
1551	Louth (Lincolns)	Wa	6人補佐役会	
1553	St Albans	M	10人会	ST1, Ch1
1553	Stratford-upon-Avon	Ba1	14人市参事会	
メアリ1世期				
1553	Lichfield	Ba2		Sh, RC, ST, CM
1554	Aylesbury	Ba1	市参事10，市議会23	SjM1, CS
1554	Buckingham	Ba1	12人市議会	ST
1554	Chippenham	Ba1	12人特権市民会	
1554	Maldon (Essex)	Ba2	24市議会 (A6, Bu18)	
1554	Sudbury	M	Ba1，A6，24Bu	SjM2, CS2, ST1
1554	Sheffield	—	12人特権市民	
1554	Hertford	Ba1	15人特権市民	ST, CS
1554	Banbury (Oxford)	Ba1	24人市議会 (12A, 12Bu)	ST, SjM1, CS
1554	Leominster	Ba1	24人特権市民	ST SjM, CS
1554	Droitwich	Ba2	若干の特権市民	RC, Cl, SjM2
1554	Torrington	M1	25人市議会 (A7, Bu18)	RC, SjM2
1554	Warwick	Ba1	市議会 (Ba, 12PB)	RC, SjM
1555	Worcester	Ba2	市議会	2A, RC, Ch2, SjM4, CS
1555	Maldon (Essex)	Ba2	6A, 18CB の人物を具体的に決定し，1554年の法人化特許状を補足	
1556	Brenok (S. Wales)	Ba1	市議会 (Ba1, 12A, 13Bu)	RC, SiM2
1556	Thaxted (Essex)	M	市議会 (M1, Ba2, Bu21)	SjM2, CS, C1
1556	Dunmowe Magna	Ba1	12人特権市民	ST, CS
1556	Launceston (Corn)	M	市議会 (M1, A8)	RC, SjM2
1556	Higham Ferreis	M	市議会 (M1, 6A, 13Bu)	SjM1, CS
1556	Ilchester (Somers)	Ba1	市議会 (Ba1, 12Bu)	
1556	Abingdon	M	市議会 (M1, Ba2 その他)	SjM2, C1, Ch1
1557	Axbridge (Somer)	M	32人 Bu の会	CS2
1557	Barnstaple	M	市議会 (M, 24A)	CS2
1558	High Wycombe	M	Ba2, Bu	Ba2, Bu

A＝市参事会員　SjM＝職杖係　Cl＝書記
Ba＝ベイリフ　ST＝執事　Ch＝収入役
Bu＝特権市民 (Burgess)　RC＝法律顧問官　CS＝治安官
M＝市長　Wa＝ワーデン　Tr＝会計係
CB, PB＝主要特権市民　Sh＝シェリフ

出典：*CPR*, Edward VI, Vol. 1, pp. 386-387, Vol. 2, pp. 102, 174-176 178-180, 211-212, 339-340, Vol. 3, pp. 161-162, Vol. 4, pp. 21-22, 119-122, Vol. 5, pp. 33-34, 279-280; Philip & Mary, Vol. 1, pp. 45-47, 50-52, 100-102, 103-105, 137-139, 141-143, 170-172, 220-221, 246-248, 395-398,

その特権を明確にし、かつ空間的にも管轄領域を確定して、領主やジェントリの都市特権侵害を排除しようとしたのである。周辺領主との争いの解決のための同様の法人化は、沼沢地の管轄をめぐるベクルズの場合や、バーンスタプルと宗教領主との争いの場合にもみられる。[8]こうした争いは、法人化によってもなお解決しないこともあるのだが、おおむね領主やジェントリに対する都市に有利な結果をもたらし、都市は法人化によって自治的権利を明確にしつつ、その自律性を増大させたのである。[9]

第三に、この時期の小都市法人化は、市制の寡頭《かとう》的体制を確立し、さらに土地保有権の公認を得て、修道院・宗教ギルド解散後の土地移動に対処しようとしたことがあげられる。小都市は、それまでとくに特許状による自治的権利の承認もなく、慣習的に存続している場合が多かった。法人化特許状・勅許状は、そうした都市の首長(市長、ベイリフ、オールダマン)の選出方法や、それを補佐する特権市民(バージスなど)、そして市議会など市政機関の構成を明らかにし、市制の寡頭的体制を確定するとともに、法人格に基づく土地所有の権限を明らかにしている。[10]都市がその修道院・宗教ギルド解散後の土地を獲得するべく法人化している例としては、一五四九年のウィズビーチ、五〇年のスタッフォード、五三年のストラトフォード・アポン・エイヴォンなどをあげることができる。[11]なおこの時期には、学校や施療院の在り方が変わり、宗教施設の管理下にあった文法学校が都市＝世俗権力の管轄下におかれるようになったが、その際、法人化特許状・勅許状に基づき、都市政府が土地などを購入して基本財産とし、教師を雇い、学校を維持するようになっている。[12]同様にして施療院も、この時期の法人化特許状などによって、都市が購入した土地をもとに基本財産が設定され、都市政府の管轄下におかれていった。結局、小都市の法人化は、都市自身にとっては、寡頭的市制機構を確立し、土地取得によって経済的基盤を確保しつつ、自律性を増大させ、さらに学校や施療院の整備に向かうことをも可能とするものであった。法人化特許状などには、土地所有の規模が年価値で示され、また記録裁判所をもって二〜五ポンド程度での債権債務や権利侵害などの裁判を扱う権利が示されているが、こうした規定も都市の自律性の証だといえよう(前出

表4-1)。

第四に王権側からすれば、法人化によって都市を統制する、あるいは政治的・経済的基盤とすることが可能であった。前述のように、法人化による市制機構の整備は、寡頭的体制をもたらしたが、その頂点にある市長などに、治安判事などの国王役人を兼務させることによって、都市内に王権を浸透させるばかりでなく、最初の首長(市長、ベイリフ)や市議会員を国王が指名し、国王役人などの面前で宣誓させ、さらに以後の欠員はその会議体で補充させる場合もあった。[13]またとくにメアリの法人化にはっきりしているのは、法人化する理由として、メアリの即位に反対したノーサンバランド公に対し反抗した功績をあげている。一五五三年のリッチフィールド、五四年のバッキンガム、モールドン、サッドベリ、レオミンスター、五五年のウースターなどがそうした例である。[14]また、一二都市の法人化勅許状には、下院議員選出、つまりエイルズベリ、バッキンガム、チペナム、モールドン、ドロイトウィッチ、ウースター、ウォリック、ローンセストン、ウィカムには二名、バンベリ、ハイアム・フェリス、アビングドンには一名の議員を認める規定があり、小都市からの選出議員によって、メアリは議会における自己の支持基盤の強化をはかったとみられる。[15]

最後に、一六世紀半ばの経済状況がもたらした影響がある。つまり、この時期には、イギリスの貿易と経済がロンドン=アントワープ枢軸に著しく収斂し、ロンドンの急成長をもたらすとともに、地方都市とりわけ中小都市の衰退が顕著になった。この時期に法人化された四六都市中二三都市が、経済的困難を克服するために法人化による経済規制を狙ったのであった。[16]法人化は、当該期のこうした中小都市の商人層の寡頭的体制を支持しつつ、衰退に対処するものでもあった。多くの都市で、週市、歳市の開催が認可され、市長が市場監督官の役を担った。またウィカム、ブレコン等々のように、この時期に商人ギルドの設置を認められている都市があり、営業する者に特権を与えるとともに、包括的な経済統制を加えようとする狙いだったとみられる。[17]

以上からすれば、この時期の都市法人化は、都市側からの自発性を取り入れつつ、王権が都市との結合を明確な方針とし、後退してゆく領主層や宗教的勢力に代わって、都市商人層をその基盤に取り込もうとしたものである。それまでの散発的な都市法人化と異なり、王権は明確な都市政策として法人化を推進し、宗教改革後の政治的・社会的秩序の編成を試みたのであった。それは、エドワード六世にもメアリにも共通するのであるが、とりわけメアリの治世に顕著だったのである。[18]

2　エリザベス期の都市法人化　都市の社団的秩序の確立

都市法人化の趨勢

エドワード六世のプロテスタント化政策、メアリのカトリック化政策のあとを受けて、一五五八年に即位したエリザベスは、プロテスタント国教会体制の確立を目指したが、「エリザベスの解決」と呼ばれるその施策は妥協的でもあった。これは国家的統合を重視したことによるのであろうが、エリザベスがカトリックや改革派（ピューリタン）への譲歩や妥協を排して、国教会体制を確立したのは、周知のように一五八〇年代のことである。[19]つまり一五七〇年代までは、宗教改革にともなう一五三〇年代以後の混乱を、なお引きずっていたともいえるのである。したがってその治世前半の都市法人化は、エドワード六世・メアリの治世期のそれと共通する秩序再編としての意義をもったとみられるのだが、秩序は次第に安定に向かった。都市側は、都市経済の回復・発展もみられるなかで、市制機構の整備や、土地獲得、領主・ジェントリへの対抗などの必要から、法人化を求めたのであった。[20]

エリザベス治世期の都市の法人化は、一五五八〜七九年に二五都市、その後一五八〇〜一六〇三年までに二八都市でほぼ拮抗しており、治世四五年間で新たに五三都市が法人化され、内容を改定のうえ再法人化された都市一七をあわせると全部で七〇市の法人化がみられた。内容の改定をともなう再法人化は、都市内の抗争が盛んになる一五九〇年代以

表4-2　エリザベス治世末期まで（1345〜1603年）の法人化都市

都市の種類	都市名
(A)ロンドン（実質的に州）	London（1608）
(B)法人化で州となった都市 15都市（＋3都市）	Bristol, York, Norwich, Newcastle-upon-Tyne, Lincoln, Hull, Southampton, Canterbury, Gloucester, Coventry, Nottingham, Chester, Exeter, Lichfield, Poole, Carmarthen（1604）, Harverford West（1610）, Worcester（1621）
(C)王立都市 （法人化以前に，王の特許状などによる自治特権の授与が明確な都市） 51都市	Hedon, Basingstoke, Ipswich, Rochester, Chichester, Northampton, Colchester, Windsor, Doncaster, Bridgwater, Kingston-on-Thames, Huntingdon, Pembroke, Scarborough, Dunwich, Criccieth, Totnes, King's Lynn, Cardigan, Reading, Romsey, Boston, Bridgnorth, Faversham, Newport（Salop）, Stafford, Droitwich, Hythe, Maldon, Worcester, Wallingford. Wycombe, Portsmouth, Lyme Regis, Beaumaris, Preston, Beverley, Marlborough, Orford, Helston, Arundel, Shrewsbury, Winchester, Hastings, Leicester, Bath, Hartlepool, Hereford, Chesterfield, Andover, Newcastle-under-Lyme
(D)法人化以前には，特許状などは欠いていたが都市的特徴をもっていた都市 26都市	Woodstock, Plymouth, Stamford, Guildford, Beccles, Seaford, Warwick, Maidstone, St Albans, Aylesbury, Banbury, Chippenham, Buckingham, Leominster, Sudbury, Axbridge, Barnstaple, Tamworth, Gravesend, Henry-on-Thames, Thetford, Arundel, Monmouth, Hertford, Abingdon, Newark-upon-Trent
(E)領主都市　（宗教領主）6都市	Stratford-upon-Avon, Weymouth, Farnham, Wells, Rye, Durham
26都市　（世俗領主）20都市 （法人化以前に領主の特許状などによる都市だった）	Sheffield, Higham Ferrers, Launceston, Bideford, Eye, Kendal, Tewksbury, Richmond, Congleton, Liskeard, Truro, Marazion, Newbury, McClesfield, South Molton, Plympton, Bodmin, Tenby, Kildwelly, Pontefract
(F)法人化以前には自治特権をもたない町村だった都市 30都市	Ruthin, Sutton Coldfield, Hemel Hempstead, Colnbrook, Aldborough, Safron Walden, Wisbech, Louth, Torrington, Great Dunmow, Brecon, Thaxted, St Ives, Radnow, Bishops Castle, Godalming, Daventry, Maidenhead, East Looe, Romford, Tenterden, Wainfleet, Ludlow, Grantham, Wenlock, Bewdley, Llandovery, Southwold, West Looe, Nantwich
合計148法人化都市（＋4州都市）	
その他	法人化していない約600の市場町

出典：Beresford, M. & Finberg, H. P. R. (1973); Weinbaum, M. (1943); Do. (1937), Appendix; Tittler, R. (1998), Table 1 より作成。

表4-3　主要都市の人口　（単位：人）

都市名	1520年代	中間時点	1600年頃
ロンドン首都圏	60,000	1582年　100,000-120,000	185,000-215,000
ノリッジ	8,000-12,000	1579　17,000-18,000	15,000
ブリストル	10,000		12,000
ヨーク	8,000	1548　8,000	11,500
エクセター	8,000		9,000
ニューカースル		1547　6,000-7,000	9,000
キングス・リン	4,500		8,000
コヴェントリ	7,500-6,000	1563　4,000-5,000	7,000
ソールズベリ	8,000		7,000
プリマス		1549　4,000	7,000-8,000
ケンブリッジ	2,600	1563　2,000-2,500	6,500
		1587　5,000	6,500
オックスフォード	5,000	1547　5,500	6,500
イプスウィッチ	3,000-4,000		5,500
カンタベリ	3,000	1563　2,800-3,500	5,000
コウルチェスター	3,000-4,000		5,000
ヤーマス	4,000		5,000-8,000
シュルーズベリ		1563　2,700-3,400	5,000
ウースター		1563　3,750-4,700	5,000
チェスター		1563　4,000-5,000	5,000

出典：Palliser, D. M.（1983）, p. 203.

後顕著となっている。[21] エリザベスがかくも多数の都市を法人化したことは、エドワード六世・メアリと同様に、政策的に都市を重視し、都市の法的地位を高め、国家的秩序の一つの軸にしていたことを示している。エリザベス時代に法人化された都市五三と、それ以前の法人化都市とを合わせると一四八にのぼり、イングランド、ウェールズの都市のなかで、法人化都市が決定的になったのである（表4－2）。

この時期に新たに法人化された五三都市には、やはり小規模都市（人口一二〇〇〜二四〇〇）が多いのであるが、人口五〇〇〇以上の大規模都市や中規模都市（人口二五〇〇〜五〇〇〇）あるいは州都などの地方拠点都市もかなりの数にのぼる[22]（表4－3および一四二〜一四五頁の補表を参照）。法人化された都市のうち、大規模・中規模都市あるいは地方拠点都市としては、州に昇格したプールのほか、シュルーズベリ、ポーツマス、ダラム、プレストン、ビヴァリィ、ウィンチェスター、レスター、ニューベリ、ヘリフォードなどがあり、小規模都市としてはタムワース（ウォ

図4-1　16世紀イングランド・ウェールズの都市
出典：Palliser, D. M.（1979）の付図を改変して作成。

リックシャー）、グレイヴズエンド（ケント）、ボドミン（コーンウォール）、ダヴェントリ（ノーサンプトンシャー）、ゴダルミング（サリー）等々三〇以上をあげることができる。[23] ここでまず大規模・中規模都市について、エリザベス時代以前からの法人化都市をも含めてその特徴をみてみる（図４－１）。

大規模・中規模都市の法人化

まず第一に指摘できるのは、これらの都市における「寡頭制の勝利」である。エリザベス時代の法人化都市を特徴づけるのはやはり寡頭的支配体制であり、宗教改革以前のカトリック的な都市文化や市民の共同性が失われたなかで、寡頭制は都市秩序の相対的安定を維持する枠組みであった。市長とそれを支えるベイリフなどの幹部役員、そして彼らを選出する母体となる特権的市民の構成する市議会、特権的市民が自らを補充する（co-option）という方式、これらが都市寡頭制を特徴づけている。[24] これは都市内部の分極化の所産であるが、しかしエリザベス治世期の一五九〇年代にいたるまでは、都市内部の抗争や反乱は少なく、都市の相対的安定が保たれたのは、こうした寡頭制の枠組みのもとにおいてであった。I・アーチャーは、そうした安定が維持できたのは、寡頭制が低俗なる支配者を排除する一方、門閥をつくることなく支配層の入替えが可能であり、また家父長主義的保護策がとられたことなどの要因をあげている。寡頭制は、宗教改革後の都市共同体の相対的に安定した秩序を形成するシステムだったのである。[25]

第二は、王権と都市商人の結合による都市の自律性の強化である。エリザベス治世期には、人口が増加し、地方都市の経済が回復に向かった。新たに法人化されたプールやポーツマスのような港町だけでなく、ブリストル、エクセター、ノリッジなど旧来の法人化都市も経済的な回復・発展をみている。[26] もちろん衰退する都市もあったが、その場合でも都市法人化は、王権と都市商人の結合であった。とくに経済的に発展する都市商人層と結合し、都市の国制上の地位を高め、その支配権を制度的にもまた空間的にも明確にした。それは周辺の領主・地主の干渉を排除し、都市の自律性を強化することとなった。こうした自律性は、大規模・中規模都市でより明確であり、小都市ではあとに述べるように、不鮮明だったのである。[27]

第三に、エリザベス治世期の特徴として、都市の財政基盤の強化がある。一六世紀後半にも引き続き修道院解散・チャントリ廃止後の土地移動や寄贈などによって、都市の土地保有が増加し、その地代収入も増大していった。それに加えて都市商工業の発展にともなう都市の収入も増加し、法人化された都市の多くが、商工業と土地からの収入によって、経済的基盤が強化されていったのである。のちに述べるように、地方都市の会計簿は、エリザベス治世の初期から末期にかけて、その地代収入が増大する一方、商取引にともなう収入も増加したことを示している。ブリストル、イプスウィッチ、エクセター、ニューカースルなどについてこれを確認できるし、ティットラーはほかの諸都市についてもとくに不動産所有の増加による都市の経済基盤の強化を指摘している。[28]

第四に、都市に対する宗教領主権力の後退が進み、その意味でも都市の自律性が増大したことである。修道院や主教など宗教領主の影響が強く、後述するように、長く都市政府と争ってきたエクセター、ソールズベリなどの都市でも、その宗教領主の後退が進み、寡頭的市制をとる都市の自律性が増大している。ソールズベリは一五世紀に法人化勅許状を得ようとしたのであるが、司教の反対により法人化しえず、宗教改革後ようやく主教の力が後退し、都市政府の力が増大していったが、法人化したのは一六一二年にいたってであった。エクセターは一五三七年に法人化したが、その後も抗争が続き、エリザベス期には市政府が優位に立った。宗教勢力と都市政府の対立は、一六三〇年代のロード体制のもとでふたたび激化するのである。[29]

以上、エリザベス期の大規模・中規模の法人化都市は、寡頭制、自律性、経済基盤の強化による相対的安定をもって特徴づけられるのである。

小規模都市の法人化――イングランドの底力

この時期にも多数の小規模都市が法人化されている。これにはまず週市や歳市をもつが、自治特権をもたない市場町が法人化する場合があった。それは表4－2のうち、(F)の町村三〇がこれに該当する。これらは国王からも領主からも特許状などによる明確な自治特権の授与がなかったのである。また(E)の領主都市のなかでも、世俗領主の場合は、一五・一六世紀に領主権が弱体化し、自治特権が不明確になり、たんなる市場町となったものが多い。リーズやマンチェスターなども一六世紀には、そうした町であった。さらに(D)で都市として扱われた痕跡はあるが、特許状を欠いている都市の少なくとも一部は、たんなる市場町と同様だったとみてよいであろう。[30] こうした市場町の法人化は少なくとも六〇はくだらないと推測される。そしてこれらのほかに、法人化していない非常に多数の市場町が存在していたのであり、市場町は法人化都市・社団を生み出す母体だったといえる。

A・エヴェリットは、チューダー・スチュアート時代のイングランドおよびウェールズの市場町の数を約七五〇としているが、これは大規模・中規模の自治都市をも含んでいるので、それらを除いた狭義の市場町は、A・ダイヤーの推計をも考慮に入れると、約六〇〇ほどになる。このような市場町の人口規模は、上限で約二〇〇〇、下限で五〇〇〜七〇〇とされ、東部・東南部、西部・西南部に多く、北部に少なく、おおむね地域の市場経済の発達程度に相応していた。[31] 市場町は、日常的な商品取引をおこなう週市を中心とした「地域住民の自発的な活動」の場であった。市場広場の周辺には、居酒屋やインが生まれ、住民の社交の場ともなり、近隣仲間や他の社会的結合の結節点ともなっていた。相対的に大きな市場町では、富の蓄積が進んで富裕な商人が出現し、慈善家、法律家、弁護士なども居住し、やがては学校をもって文化的な中心地としての役割を果たすものもみられたのである。[32] また領主的都市だった市場町などでは、土地保有に市民的土地保有(burgage tenure)が残存しているなど、都市的要因も存在していた。こうした都市的要素の充実と国王の財政的・政治的欲求の結合から、法人化がなされたのである。一五五〇年代には金物業のシェフィールドや織物業のサッドベリ、エリザベス時代にはサリーの織物業町ゴダルミング、ノーサンプトンシャーの農産物市場ダヴェントリ、バークシャーの交通の要衝メイデンヘッドなど、そして一七世紀に入るとハドレイ、ティヴァートン、リーズなど毛織物工業の中心地だった市場町が法人化都市となっている。ここに、市場経済の発達が底辺の力となって、市場町の発達をもたらし、それが法人化都市を生み出すという構図がみられるのである。[33]かつての社会経済史学が明らかにしてきたように、農村地帯に広く社会的分業と農民の商品生産者化が進展し、市場町が多数出現したのであるが、こうした市場経済が自然生的な都市形成の底力だったのである。

このような市場町などの小都市が法人化された場合、市制はやはり寡頭的である。例えばノーサンプトンシャーの市場町ダヴェントリは、一五七六年に法人化されたが、首長は一名のベイリフで、これを補佐する一四名の特権市民が市議会を構成したほか、法律顧問官一名と二〇名のコモナルティがいた。市議会は法を制定し、ベイリフの選出に際してはコモナルティ二〇名とともに候補者二名を特権市民のなかから選出したうえで住民に選ばせた。なお、特権市民の欠員は、ベイリフと特権市民が住民のうちから補充選出した。[34]類似の例は数多くある。そして、こうした小都市の法人化は、近隣の領主の反対に対抗しつつ達成されるが、法人化後も都市としての自律性が脅かされる場合が多い。前記のダヴェントリ、エイルズベリ(バッキンガムシャー)、サックステッド(エセックス)などがそうであり、法人化後も領主やジェントリとの権限争いが残ったり、彼らと都市が共存を余儀なくされている。これは大規模・中規模都市の場合と異なるところである。[35]ラウス(リンカンシャー)やモールドン(エセックス)では、法人化とともに、ジェントリが首長に就任している。[36]また小都市の場合、貴族・ジェントリそして国王が、下院の議席増加など政治的目的で、法人化を進める場合もあった。貴族・ジェントリが小都市の法人化に貢献し、下院議員の選出資格をもたせ、議会における自己の勢力の強化をはかる事態もみられた。例えばペンブルック伯は、ウィルトシャーのチペナムの法人化に貢献し、下院議員二名中一名を自己の意のままにすることに成功している。[37]しかし、貴族・ジェントリ以上に、国王が自らの支持勢力の増大のため、都市に新議席を創出することも多かった。これは、エリザベスに限らず、チューダー諸王がおこなってきたところであり、その新議席創出が法人化とともにおこなわれる場合が多々あった。メアリの時代には前述のように一二都市が法人化とともに議席を得ている。またエリザベスは全部で三一都市に合計六二の新議席を増設したが、そのうちニュー・ラドノーとビューマリス（いずれもウェールズ、議員一名）、ボドミン（コーンウォール）などは、法人化とともに議席を得ている。法人化と同時ではないにしても、議席を獲得した小都市は、ランカスター公領やとりわけコーンウォール公領内など王家の領地に多いのである。[38] エリザベス時代のコーンウォールの都市法人化は、七市にのぼる。[39] このような小都市の法人化には、王権側の主導性がうかがわれるのであるが、しかし、このようなコーンウォールの小都市も、市場町としての存在が基底にあってのことなのである。ボドミン、トルアロは錫《すず》産業、ヘルストン、ウェストールー、イーストールーは漁港・港町だったのであり、それぞれに市場経済の結節点だったのである。[40]

中世末期から近世初期にかけて、イングランド全体にわたって市場経済が広く浸透し、市場町の発展がみられた。このような市場経済とそこに形成される市場町は、法人化都市を生み出して、イングランドの都市形成を促し、一五世紀から一七世紀にわたって社団的編成を拡大し再生産していたのである。

都市の社団的編成

エリザベス期に法人化された五三都市（一四二〜一四五頁の補表参照）を、それ以前の法人化都市九五と合わせると、全部で一四八となり、イングランドおよびウェールズの都市の決定的な部分が法人化され、エリザベス治世の後期、一五八〇年代には都市の社団的編成が確立したとみられる（表4－2）。頂点には当然ロンドンがある。ロンドンが正式に法人化されたのは一六〇八年であるが、[41] 中世以来実質法人格をもっており、一六世紀後半には全国から徒弟などの移入民を受け入れてその社会的上昇を可能とし、小共同体－都市－王権の安定した秩序を形成していた。次いでブリストル、ノリッジ、エクセター、ヨークなど州と同格の地方大都市が、商工業の復活や土地購入によって財政基盤を強化拡大し、自治的権利を行使しつつ、寡頭的な市制・市政を充実させつつあった。コウルチェスター、シュルーズベリ、ウォリック、ヘリフォード等々の中規模都市も周辺領主の干渉を排除しつつ自律性を強める傾向にあった。商工業が衰える都市の救済を目指した法人化も少なくないが、一六世紀後半は地方都市の人口や経済は回復傾向にあったことも指摘できるのである。さらに市場町、領主都市、小都市にいたるまで、都市の法人化が進んだが、これらの小規模都市の法人化は、市場町の経済的発展に基づく都市化を基本とし、領主による権利侵害に対抗しての小規模都市の権限強化という場合や、王権による下院議員議席の新設のような政治的な要請や、貴族・ジェントリの議席獲得目的などから法人化される場合もあった。しかしこのような場合にも、小都市は市場町として存在しており、法人化は住民からの請願のかたちをとっていたのである。

こうして法人化された都市は、都市法制定権、裁判権、役人選出権などについて一定の自治的特権を行使していたが、その特権内容に微妙な差があり、その差は都市の序列の形成要因となった。一方にはなお法人化されていない特権都市(その多くはのちに法人化される)もあったが、それらをも含めて、都市はそれぞれに特殊性をもち、多様性をもちつつ、王権との距離に応じた序列を形成し、社団的秩序に編成されていた。その序列は、都市にどのような国王役人をおいたか、とりわけ市長など主要な都市役人にどのような国王役人を兼任させたかを、一つの基準としてみることができる。つまりシェリフの有無のほか、エスチーターやコロナーの有無、さらには治安判事の有無やその裁判管轄権の広狭などによって、王権との距離と序列ができ、そうした差異をともなった都市の社団的秩序が形成されたのである。このように序列化されて編成された、ほぼ全ての都市に対し、王権は都市役人によって兼務された国王役人などを通じて、財政、裁判、行政などにわたって、多面的に都市内部に支配力を浸透させることができた。とりわけ市長などを治安判事としたことは、のちの展開にとって重要であった。さらに市長は、市場監督官、宮内執事(スチュワード)、宮内武官(マーシャル)をも兼ね、国王役人として多くの役割を担い、さらには令状復命によって、王国の法令の執行にあたったのである。一五〇九年から一六〇三年までのうちに、制定された制定法(statute)は九七にのぼるが、それらは都市の市長に執行の権限を与えるものだったのである。[42]

しかし、都市の社団的編成は、王権による上からのコントロールにのみ服していたのではなく、上向過程と下向過程の交錯の結果であった。都市の法人化は、その多くが住民の請願による、つまり住民の自発性に基づく都市自治体の再編強化ないし創出でもあった。都市は、法人格の取得によって一定の自律的権限を明確にし、あわせて制度機構を整備して都市自治を再編ないし創出したのである。ただし、その都市自治体は、すでに繰り返し述べたように寡頭的体制をとっていた。次に都市寡頭制の意義について検討するべきであるが、その前に都市の社団的編成における、パトロンと都市の関係について一瞥しておきたい。

パトロンと都市

多くの都市は貴族や大ジェントリがパトロンとなっており、彼らが都市に影響力をもち、その自律性を危うくする一面をもっていた。[43]しかし、他面パトロンは都市の意向を王権側に伝え、その実現に努力する一方、王権側の意向を都市に伝え、王権と都市の関係を仲介する役割をも果たした。例えば法人化についても、都市の法人化の必要性や要望を王権側に伝えるとともに、王権側の意向を都市に伝えて、両者のあいだを媒介し、法人化勅許状の取得を実現させてゆくのである。[44]こうした王権と都市とのあいだの仲介的役割は、パトロン・クライアント関係と都市の社団的な秩序との一体性を示している。

パトロンは、多くの場合都市のハイ・スチュワードとなったが、この職は名誉職であり、閑職であって、投票権もなく、これを通してパトロンが都市の内政に干渉することは、基本的になかった。C・F・パターソンによれば、一五八〇～一六四〇年のあいだに、少なくとも五二都市がハイ・スチュワード（若干の場合は高貴な法律顧問官）をおいており、ロンドンやノリッジはその職をもたなかったものの、中小規模の都市や、ブリストル、エクセター、ヨークもハイ・スチュワードをおいていた[45]。

宗教改革以前の都市のパトロンは、彼らの支配領域に対する地域的な関心に基づき、地域内での「良き主《あるじ》ぶり」を目指すことにあった。しかし宗教改革後のパトロンは、国政との関係を目的とし、都市を中央につなげていった。パトロンは多くの場合、都市の要求を入れつつ互酬的関係を形成しながら、都市の下院議席を自己の影響下において、そのパトロンとしての地位の強化を狙ったのである。例えば、イングランド東部の有力貴族ノーフォーク公ハワードは、一五五八年から七一年にわたって、ノリッジ、キングス・リン、ヤーマス等々の下院議席を支配したのであるが、他方でノーフォーク公は、これらの都市の港湾修復の資金集めに協力したり、紛争の解決・調停をおこなったり、貧民救済に協力し、ときには法人化勅許状の獲得のために尽力するなど、個別都市の状況に応じて便宜をはかった。こうしてパトロンと都市は相互依存関係を形成したのである[46]。

こうしたパトロンと都市の関係は、家父長主義的な保護に基づく互酬関係を基本としており、身分が高く、富裕で特権的地位にあるパトロンが、下位の者を保護し、そのロイヤルティを獲得するという関係にあった。しかし、都市の側も一方的にパトロンの傘の下におかれていたのではなく、より有利な状況を獲得するべく、パトロンを変えることもあったし、ときには複数のパトロンをもつこともあった。都市は、強力なパトロンをハイ・スチュワードとするべく探しまわり、初期には地域に勢力をもつジェントリなどにその職を任せていたが、エリザベス治世の中頃には、より強力な有力貴族をパトロンとするようになっていった。都市は、ハイ・スチュワードによる、争いの調停やアドヴァイスは求めたが、都市の内政に入り込むことを好まず、わずかな報酬を支払うにすぎず、またハイ・スチュワードも都市内には居住しなかったのである[47]。しかしパトロンやまた地主・ジェントリと都市の関係を敵対的にのみ捉えることは、誤りであり、ジェントリを閉め出すよりはむしろ都市内に取り込むことが都市にとって有利なことも多かったのである。とりわけパトロン・クライアント関係が、中央の政策を都市に伝え、都市の要求を中央にもたらし、両者の関係を円滑に維持しつつ、官僚制の欠如を補う、あるいは官僚制を代替するという役割を果たしたことは注目されるべきである。[48]

こうしたパトロンが、都市のハイ・スチュワード職に就いた例を示すと、以下のようである。[49]

有力貴族のハイ・スチュワード職就任年

エセックス伯R・デヴェルー　タムワース（一五八八〜一六〇一）、レオミンスター（一五九一〜）、ダンウィッチ（一五九三〜）、オックスフォード（一五九六〜一六〇一）、レディング（一五九三〜一六〇一）、アンドーヴァー（一五九七頃〜一六〇一）、ヘリフォード（一五九七〜）、イプスウィッチ（一五九六〜一六〇一）、ヤーマス（一五九七〜一六〇一）

レスター伯R・ダッドリ　アビングドン（一五六六〜七四）、アンドーヴァー（一五七四〜八八?）、ブリストル（一五八八まで）、ヤーマス（一五七二〜八八）、キングス・リン（一五七七〜八八）、レディング（一五六二〜八八）、セント・オールバンズ（一五七九頃〜八八）、テュークスベリ（一五七四）、ウォリングフォード（一五六九〜八八）、ウィンザー（一五六三〜八八）

バーレイ卿W・セシル　ブリストル（一五八八〜九七）、エクセター（一五九二まで）、ヤーマス（一五八八〜）、セント・オールバンズ（一五九八まで）

サー・フランシス・ウォルシンガム　コウルチェスター（一五七九〜八九、法律顧問官）、イプスウィッチ（一五八一〜）、ソールズベリ（一五九〇〜九一）、ウィンチェスター（一五八一〜九二）

ソールズベリ伯R・セシル　ブリストル（一六〇八〜一二）、コウルチェスター（一五九五〜一六一二、法律顧問官）、ダートマス（一六〇三まで）、ドンカスター（一五九六〜一六一二）、エクセター（一五九九〜）、プリマス（一五九七〜一六一二）、トートネス（一六〇〇〜一二）、ウェストミンスター（一六一二まで）、ウィンチェスター（一六〇八〜一二）、

ヨーク(一六〇八〜一二)、ハル(一五九二〜一六一二)
バッキンガム公G・ヴィリア　ロチェスター(一六二四〜二八)、ウェストミンスター(一六一八〜二八)、ウィンチ
　エスター(一六二六〜二八)、ウィンザー(一六二四〜二八)

一六世紀後半以後の都市のパトロンは、以上のように宮廷や枢密院で活躍する大貴族が多く、彼らは特定の地域にとどまらず、イングランド各地の都市にわたってハイ・スチュワードとなりパトロンとなっている。一方都市は、パトロンを時期によって変えるのが一般的であり、一人のパトロンとの期間は四年から一〇年程度が多いが、レスター伯とレディングの関係は二六年、ソールズベリ伯とハルも二〇年にも及んでいる。こうして都市にとって適切なパトロンとの関係を維持しつつ、パトロンを通じて宮廷や枢密院さらには議会にも、進出する道が開かれたのである。このようなパトロンの役割は一六三〇年代まで続いたのであるが、四〇年の議会選挙は、中央と地方の媒介者としてのパトロンの役割を後退させ、議会の役割を大きくすることとなった。[50]

3　寡頭制的都市の政治文化

寡頭制的支配者とその市政

一六世紀後半に、法人化によって都市の社団的秩序・編成が確立していったとき、前述のように都市内部には寡頭的政治体制が確立していった。宗教改革にともなう宗教ギルドや、カトリックの儀礼・祭礼による市民の絆が消滅し、都市コミュニティの危機的状況が生じたなかで確立した寡頭制的政治体制はどのような意義をもつのであろうか。

P・ウィシントンは、一六世紀中頃の人文主義の影響に注目し、とりわけアリストテレスの「民主制 democracy」や「貴族制 aristocracy」の観念が人文主義者によって導入され、都市にも広まっていたことを重視する。そして、一六世

紀中頃以後の法人化都市の政体を、アリストテレスのいう「貴族制」とし、貴族制的都市は「公共善 public good」と道徳的規範を体現するコモンウェルスであると捉えている。[51] ここでウィシントンは、T・スミスの『イングランド国制論』によりつつコモンウェルスを「自らのあいだの調和と盟約によって集合し結合した多数の自由民の社会もしくは共同活動」としており、都市のみならず、大学、カンパニー、教区などをも含めており、王国は多くの小コモンウェルスを含んでいたとみている。また、「貴族制」を構成する都市の市議会や市参事会は、都市の「より良き人々 better sort」が担うのであるが、彼らはナショナルな政治にかかわるにいたってミドリング・ソートとして把握される。[52]

一方、ティットラーは、宗教改革以前の都市の寡頭制が、アリストテレスのいう「貴族制」であって、宗教ギルドなどの絆をもった都市コミュニティを基盤としており、社会的分極化の存在にもかかわらず、市民は権利や機会を共有し、富裕支配層は市民とともに全体の福祉のため共同の責任を負っていた。しかし宗教改革後は、そうした絆が失われ、分極化が進んで少数者の支配へ移行し、市民の共同責任の精神や忠誠心が失われ、そうした意味でアリストテレスのいう「寡頭制 oligarchy」へと変化したとしている。[53] しかし一六世紀後半の都市「寡頭制」は、少数者による腐敗した政治体制という負のイメージで語られるものだけではなく、都市支配者が王権との結合を強化する一方、修道院所領などの土地を獲得して財政基盤としつつ、貧民救済や教育など、公共善を追求する「寡頭制」も存在したことを指摘し、むしろ一六世紀後半の「寡頭制」をこのようなものとして捉えている。[54] したがって、この点では、ティットラーの「寡頭制」も、ウィシントンの「貴族制」も決定的な相違はないといえるのである。

ここでエリザベス時代の都市寡頭制について、より具体的に検討してみる。まず、市長などの首長とそのもとの市参事会員や市議会員などの選出方法をみると、多くの都市において、首長などについて狭い範囲での選挙と、会員たちによる新会員の補充選任(co-option)という方法がとられている。それはまさに寡頭的体制を形成する方法であるのだが、しかしそこでは限定的であるにせよ、またパトロン・クライアント関係が作用するにせよ、「選挙する elect」(select ではない)という方式がとられていることが注目される。[55] 市参事会員や市議会員による新会員の補充も、既存の会員が新会員を選んで同僚にするのである。こうした「選挙」「補充選任」という方法によって、都市の首長や会議体の構成員は、たとえクライアントのあいだからでも、能力、資質、思慮分別により優れた者、つまりは「より良き人々」が担うこととなった。またそれによって、固定的な門閥が支配する寡頭制を防ぐこともできたのである。[56]

寡頭制の例として、典型的なブリストルを取り上げてみる。この都市では一四九九年の特許状によって一八三五年にいたるまでの市制が確定し、市長と六名の市参事会員(うち一名は法律顧問官。一五八一年に一二名に増加)が、「内閣 cabinet」というべき位置を占めて、週一回会議を開き、市政を掌握していた。市長は、市参事会員とその経験者から選ばれ、市参事会員は、市長と市議会員が選出する。市議会員は四三名(シェリフを含める)とし、市長と市長が指名する二人の市参事会員が、「コモナルティの同意を得て」選出する。「コモナルティの同意を得て」は形式的言辞であり、市長と二人の市参事会員が市議会員の新メンバーを外部から補充選任するのである。つまり支配集団外とは極めて細いパイプでつながっているにすぎず、また極めて限定された範囲においてであるが、市長と市参事会員は、選挙によって選ばれるのであって、それゆえに選挙に際しその人物の資質が問われ、富裕でかつ「より良き人々」が選ばれることが可能であった。[57] 都市の幹部役人に選出されるのは、多くの場合、その都市の商人コミュニティのメンバーであったが、選挙、補充選任という方法によって、彼らが閉鎖的な門閥を形成することはほとんどなかった。小都市では、ジェントリが市長職を占めるような場合もあったが、[58] 経済活動が回復してきた大規模・中規模都市では、商工業者つまりミドリング・ソートが市長などの都市役人であった。

この時期の寡頭的支配者がどのような市政をおこなったかは、都市の財政収支からうかがえる。すでにニューカースルの財政収支について中野忠氏の研究があり、[59] またロンドンについてはすでに述べた。ここではまずブリストルの一五五六〜五七年と一六二七〜二八年の収入役会計簿をみてみると、表4-4のようである。[60] 収入は、市の内外にもつ土地

表4-4　ブリストル市の収入役会計簿

[Ⅰ]収入	1556-57年	1627-28年
(1)市内の土地の地代など	£194- 0-11	£372- 0- 0 1/2
(2)農村地帯の土地の地代など	257- 6- 1 1/2	691- 3- 8 1/2
(3)慈善用不動産から3件	17- 8-10 3/4	28- 0- 9 1/2
(4)橋などの維持用の土地から	10-12- 0 1/2	—
(5)市民権認可料	38- 9-10(46人)	18-10- 0(99人)
(6)起重機・施設使用料・投錨料	18-19- 7	9- 6- 8
(7)雑収入	£20- 3- 8	£329- 4- 8
市長貸付金の返済その他	£20- 3- 8	£89- 4- 8
孤児資金	—	40- 0- 0
道路のための寄付金	—	100- 0- 0
王への穀物販売金	—	100- 0- 0
収入合計	£557- 1- 0 3/4	£1,448- 5-10 1/2
[Ⅱ]支出		
(1)一般的出費と市内の土地管理		
免役地代など	£1- 9-11	£32-14-10
都市役人への給料	158- 4- 2	303- 0- 0
修繕	43-14- 7 3/4	251- 6- 7
旅費	20-15- 0	78-19- 4
貧民へ	—	41- 2- 4
借入金利子	—	105- 0- 0
下院議員へ	—	60- 7- 0
孤児資金	—	98- 6- 8
その他	56- 1- 1	134-17- 1
小　計	£280- 4- 9 3/4	£1,105-13-10
(2)農村地帯の土地と慈善関係		
王への上納金	£20- 0- 0	£20- 0- 0
シェリフへ	44- 0- 0	44- 0- 0
マナーに関する支払い	54- 9- 1	33- 6- 1
不動産購入用の借入金返済	43- 0- 0	—
修繕と管理費	63-19- 9	10-17- 4
慈善的寄贈	52- 5- 0	168- 5- 4
小　計	£277-13-10	£276- 8- 9
(3)特別出費	—	
兵士・船・戦争	—	£478- 9- 3 1/2
貧民用バター購入	—	73- 9- 8 (£67- 4- 6を販売)
施療院	—	118-10- 6
支出合計	£557-18- 7 3/4	£1,985- 7- 6 1/2

出典：Livock, D. M., ed. (1966), pp. xxi-xxii.

などからの地代が圧倒的であり、一五五六〜五七年には約八〇%、一六二七〜二八年には七〇%強を占めている。都市本来の収入である市民権認可などの収入は、わずか七%と一%余りにすぎない。一方支出は、都市役人への給料が中心であり、ほかには公務にかかわる支出が多く、ようやく一七世紀に入って孤児や貧民、慈善や施療院への支出が二〇%ほどに達している。しかし、ブリストル市の全体的な財政状況は、収入役会計簿だけではなく、慈善寄贈、教区、冒険

表4-5　ブリストル市全体の財政

収　入

項目別	1560年の収入		1630年の収入	
市の土地・家屋から	£　515	(44.6%)	£2,191	(49.1%)
市民権からの収入	33	(2.9)	31	(0.7)
賦課金・使用税・課税	226	(19.6)	306	(6.9)
慈善的寄付金	189	(16.4)	1,007	(22.6)
制約なしの寄贈	179	(15.5)	146	(3.3)
教区救貧税	12	(1.0)	777	(17.4)
合　計	£1,154		£4,458	

収　入

管理当局別	1560年の収入		1630年の収入	
市自治体・都市役人	£　762	(66.0%)	£2,424	(54.4%)
慈善寄贈者・委託者	374	(32.4)	1,124	(25.2)
教区役人	18	(1.6)	806	(18.1)
冒険商人組合	—	—	104	(2.3)
合　　計	£1,154		£4,458	

支　出

項目	1560年の支出		1630年の支出	
教育	£　22	(2.1%)	£　391	(9.4%)
Emergencies	15	—	598	—
保健衛生	11	(1.1)	32	(0.8)
都市行政・裁判	626	(60.0)	2,017	(48.6)
港湾	60	(5.8)	119	(2.9)
公安	—	—	12	(0.3)
公共福祉	269	(25.8)	1,370	(33.0)
街路・橋の維持	55	(5.3)	208	(5.0)
合計(Emergencies 除く)	£1,043	(100.1)	£4,149	(100.0)

出典：Livock, D. M., ed. (1966), p. xxix.

表4-6　エクセター市の財政収支

（単位：£）

年	収入	支出	収支
1540-41	258	269	-11
1545-46	302	235	67
1550-51	285	363	-78
1555-56	409	321	88
1558-59	431	385	46
1560-61	384	371	13
1565-66	453	547	-94
1570-71	444	749	-305
1575-76	474	568	-94
1580-81	503	799	-296
1585-86	676	688	-12
1590-91	564	536	28
1595-96	750	791	-41
1600-01	736	770	-34

出典：MacCaffrey, W. T. (1958), pp. 55-57.

商人組合の会計をも考慮することにより、明らかとなる。表4－5はそれらを含めた一五六〇年と一六三〇年のものである。一五六〇年に都市が全体として得た収入は、収入役など都市役人が管轄する収入が約六六％を占めており、ほかは慈善の寄贈者、教区（救貧費など）などが管轄する収入が三四％である。都市役人の管轄する収入は一六三〇年には五四％に落ち、ほかが管轄する収入が四五％余りへと増加している。これは都市自治体の占める比重の漸次的低下を示している。しかし全体では、インフレーションをも勘案しなければならないが、一六三〇年の収入金額は一五六〇年の四倍近く、それは都市の土地からの地代収入が五〇〇ポンド余りから二〇〇〇ポンド余りへと増大し、また寄贈と救貧税も増大したことによる。支出については、都市役人給与など都市行政や裁判関係も多いが、公共福祉（public welfare）、街路・橋・港などの公共施設、教育・医療などへの支出も多く、四〇・一％から五一・四％へ増加したことが注目される。公共福祉は主として貧民救済であり、慈善目的での個人の遺贈や教区の救貧税による救貧が中心で、都市が直接支出したのはわずかである。都市は、むしろ公共施設の建設や修理、文法学校の維持などの教育に役割を果たしていた。しかし、慈善目的（貧民救済）での遺贈や、教区の貧民救済とも相互補完的であり、都市ブリストルは、他の収入源とも連携しつつ、貧民救済事業などの家父長主義的保護を実施するとともに、公共施設の建設・維持、教育などの事業を推進していた。これらの事業は全体として公共的であり、家父長主義的に公共善を実現していたといってもよいだろう。[61]

同様にエクセターは、市の会計における主な収入は、市内の土地・家屋の地代、市外のマナーなどからの地代、商工業に関連しての商品税・関税、度量の請負料、そして孤児保護のための預託金などである[62](表4-6)。土地には旧修道院所領を購入したものもある。一方支出は、都市役人への給与が大きいが、建物・市壁の修理、運河建設、羊毛・織糸・毛織物などの市場の設置・維持、市庁舎の再建、監獄の建設、堤防の建設など都市のインフラストラクチュア整備の施策がみられる。[63]この都市は運河建設関係の公共的な支出が多く、それが赤字を招き、市の会計における救貧はわずかである。しかし、エクセター市は、市が管理する救貧院や救貧基金を多数もっていた。宗教改革以前は、市内の修道院が管理する救貧院や救貧基金もあったが、修道院解散とともに消滅し、市が中世以来管理する救貧院や一六世紀半ば以後新設された救貧院を合計七つもち、救貧院の世俗化が進んだ。[64]そのほか市は、富裕者の寄贈や借入金による基金により貧民救済や慈善的事業をおこなっている。つまり、エクセター市は、公共事業への多額の支出のほか、宗教改革を境に救貧事業をより世俗化し、ロンドンにならった孤児保護を実施し、家父長主義的政策による公共善を実現していたのである。類似の事態は、イプスウィッチ、ウィンチェスター、ウースターなどの都市についても指摘できる。[65]

つまり、一六世紀後半の主要な寡頭制的都市は、カトリック的な儀礼や絆をもった宗教改革前の寡頭的都市共同体を脱して、より世俗化した公共性を帯びつつ、家父長主義的な救貧・福祉事業や教育事業、そして公共事業の拡大を進めた。それを可能にしたのは、法人化にともなう自律的諸権利の獲得であり、とくに不動産所有権を明確にしつつ、宗教改革以後の地代収入を増大させた一方、回復してきた商工業からの収入の増大もこれに寄与している。かくして都市、とくに主要大規模都市は、一六世紀後半以後その行政能力を拡大し、都市自治を充実させ、王権との関係を強化する一方、領主層などに対する自律性を強めていったのである。

都市自治の表象

こうしたエリザベス期の寡頭的都市の自治や施政の充実について、それを表象する以下のような諸特徴がうかがえるのである。

まず第一は、市長の権威の増大であり、それが多くのものに表象されている。この頃多数の都市で、市長が執務する市庁舎(Tawn Hall)の建設・購入・改築がおこなわれ、そうした都市は一五〇〇年から一六四〇年までのうちに二〇二にものぼった。それらのうち一三三の一〇年ごとの分布をみると、一五四〇年代から増加し六〇・七〇年代にもっとも多く、都市寡頭制の成立期に一致している(表4-7)。この時期の都市財政が厳しい状況にあるにもかかわらず、建設資金の調達は市政府と市民の努力によるところが大きい。[66] また市長職を表象する市長周辺の器具の変化がみられた。市長の職杖(メース)は戦うための武器から、市の紋章を彫ったシンボリックな道具となり、市長や市参事会員の長椅子は、市長のためには肘掛け椅子が用いられるようになり、さらにそれに王や市の紋章も施されるようになった。都市の各種の徽章《きしょう》、印章、バッジなどもより権威を表象するものとなった。[67] ロンドンとヨークの市長が、Lord Mayor と呼ばれるのが一般的になったのは一五三〇年代以後である。またロンドンでは一五二〇年以後は「市長の剣 Mayoralty Sword」が特定され、ロンドン市長は市外では枢密院議員に次ぐ地位を与えられるなどその地位を高めている。[68]

第二に、寡頭的体制のもとで、都市役人の種類や数が増加したことである。市長の補佐役としてのベイリフをもつ都市は古くから多かったが、市長の命令の執行人である職杖係(serjeant at mace)をおく都市が増え、しかもそれを複数おく都市も多くみられる。また法律に詳しい法律顧問官や執事をおいたり、収入役(chamberlain)を設けて会計簿をつくらせ、書記や治安官、また大きな都市では剣持役をおくなどしているのも、一六世紀半ば以後の法人化特許状により多くみられる。市長や都市役人幹部が治安判事その他の国王役人を無給で兼ねたことは繰り返し述べたが、都市役人は給料を支払われ、それも一六世紀には増加する傾向にあった。都市役人の給料は、都市会計の支出の大きな部分を占めている。ちなみにブリストルの都市役人の給与は表4-8のように増加している。[69]

第三に、法人化にともなう都市裁判権、法制定権、土地所有権などの明確化が、都市の保有する文書・記録を増大させたことにも、都市自治の充実が見て取れる。つまり一六世紀の法人化勅許状には、都市が記録裁判所をもつことが明記され、都市が主として民事関係の裁判権、とくに一定額以下の債務訴訟についての裁判権をもち、その記録を残すこととなった。また法制定権の認可によって、王国の法に反しない限りでの法の制定が認められ、法の解釈、記録保持の必要が増大し、前述のように書記や法律顧問官をもつ都市も増大した。さらに都市政府はこれまでの特許状、勅許状を整理保管し、市議会の議事録や会計簿を作成していった。このため都市の文書が急速に増大することとなり、それらを記録する素材も羊皮紙から紙へと移行していったのである。[70]

表4-7　市庁舎の建設・修理・購入(1500～1639年)

年代	建設	修復・拡大	購入	不明	合計
1500-09	3	1	1		5
1510-19	2	1		1	4
1520-29	1		1		2
1530-39	3	1			4
1540-49	4	1	4	1	10
1550-59	6	1	5		12
1560-69	10	1	3	1	15
1570-79	9	1	7	3	20
1580-89	7	1	1	1	10
1590-99	6	2	1		9
1600-09	12	2			14
1610-19	14	1			15
1620-29	6	2			8
1630-39	5				5
合計	88	15	23	7	133

出典：Tittler, R. (2001), p. 14.

第四に、寡頭的な都市の一体性が強まったことである。法人化による都市の法的地位の向上があり、都市としての土地所有や訴訟主体、公印の使用などが公認されたことは、それ自体都市の一体性を強化することにもなった。一方、一六世紀後半には、都市民による伝説の共有や、過去の共有、集団的記憶の形成がみられた。コヴェントリの「ゴダイヴァ夫人」、ヨークの「エブラウク王」、小都市ブリッドポートの「ラッド王」そして、先にみたロンドンの「ディック・ウィッティントン」なども一六世紀末から一七世紀初めに物語となった。一方地方都市でも、一六世紀には都市の記録が収集編纂されるようになり、また書記による年代記の作成はブリストルのR・リカートのように一五世紀には始まっ

表4-8　ブリストル都市役人の給料

役　職	1557年	1628年
市長	£40- 0- 0	£52- 0- 0
法律顧問官	20- 0- 0	20- 0- 0
市書記	5- 0- 0 （＋毛皮支給£１）	20- 0- 0
市事務弁護士	3- 0- 0 （＋毛皮支給£１）	3-13- 4 （＋毛皮支給£１）
剣持役	3-11- 8 （＋毛皮・帽子£２）	20- 0- 0
収入役	20- 0- 0	20- 0- 0
市長の従者４人	4- 0- 0	10-13- 4
市場監督官	1- 6- 8	1- 6- 8
清掃係	12- 0- 0	30- 0- 0
鐘管理役	1- 0- 0	1- 6- 8
水道管管理役	0-10- 0	1- 6- 8
沼沢地管理役	0- 6- 8	8- 0- 0
シェリフの従者		10- 0- 0
触れ役		1- 6- 8
矯正院長		10- 0- 0
コロナー		2- 0- 0
図書館長		2- 0- 0
その他を含む合計	£158- 4- 2	£303- 0- 0

図書館は1613年に設立。
出典：Livock, D. M., ed. (1966), pp. 29-30, 33-34, 40, 48, 102-103, 113, 121, 130-132.

ていたが、一六世紀になると年代記はほかの記録とともに、都市の事実を再構成するための材料となっていった。一五九八年のストウの著作は、このような例とみることができるのである。こうした伝説や過去の共有、あるいは都市の自己認識は、都市住民の一体性の形成に資し、また寡頭的支配者が住民の政治的コンセンサスを得ることにも貢献したといえよう。[71]

以上のように寡頭的体制を展開させていった一六世紀後半の都市は、多様性はあろうが、社会的分極化も抗争を引き起こすほどにはいたらず、相対的に安定していた。それは一六世紀後半のロンドン市の「安定」や「エリザベス期のカンパニー」にも類似している。地方都市も世俗化していったが、なおコミュニティとしてのまとまりをもちつつ、支配層は公共事業や救貧や教育事業を推進し、公共善の実現に向かっていた。寡頭的支配者＝富裕な商工業者は、都市コミュニティ内では「より良き人々」であり、あとにみるように下院議員もしくはその有権者でもあり、ミドリング・ソートであった。一五九〇年代頃から一七世紀前半には、都市内部の対立抗争が盛んとなるのだが、エリザベス治世期の大半において、都市寡頭制は相対的に安定していたのであった。しかし、その支配者たちは、一六世紀末に近づくにつれ、独自のモラル・リフォーム運動を繰り広げることとなる。

寡頭制的都市の文化

宗教改革後の都市民のあいだに、ただちにプロテスタント信仰が全面的に普及したわけではなく、カトリック信仰の残存、ルネサンスや人文主義の影響、中世的な団体主義（コーポラティズム）の遺産等々が存在し、都市はそれらの「るつぼ」であった。[72]都市ごとに、その在り方は多様であり、イギリス都市の一般史を描こうとするのは、愚かなことともいわれる。しかし、エリザベス治世後期の寡頭的な都市を文化的に特徴づけたのは、プロテスタンティズムとくに長老派ピューリタニズムと、人文主義（ヒューマニズム）であった。都市ごとの多様性はあろうが、おおむね都市の富裕な商工業者にはプロテスタントが多く、しかも長老派などのピューリタンが含まれ、下層民衆にはカトリック信仰と伝統的文化が残ることが、多くの論者によって指摘されている。このような構図が、都市支配層によるモラル・リフォーム運動を引き起こすこととなった。モラル・リフォーム運動が始まるのは、一五七〇年代頃からであり、一七世紀に入っても盛んであった。[73]

こうした展開は、王権によって左右されるところも大きい。先述のように一五四〇年から七〇年頃までは、宗教改革後の混乱が整理されきれず、国教会体制の確立を目指したエリザベスの宗教政策である「エリザベスの解決」は、カトリックやピューリタンとの決別を決定的にしていなかった。そのことは都市においても同様であり、国教、ピューリタン、カトリックが併存することができ、さらには人文主義の影響も入り込んでいたのである。法人化された寡頭的体制は、さまざまな宗派・思想の混合・併存的状況を容れる枠組みともなっていた。[74]

しかし、一五七〇年代にはエリザベスの反カトリックとプロテスタント化が加速し、八一年には反カトリック法を制定してカトリック弾圧を強化した。そして一五八〇年代には国教会体制が確立したが、ティットラーやP・コリンソンは、この頃イングランドの大多数の人々が、自らをプロテスタントとして意識するようになったとしている。[75]一方、ピューリタンも弾圧にあい、分離派などを生んだが、長老派の多くは国教会内部にとどまって改革の実現を目指していた。こうした状況のなかで、法人化された都市においても、一五七〇年代には、プロテスタントやピューリタンの都市支配層が、都市民衆のあいだに定着していたカトリック的な祭礼や娯楽を抑圧していった。キリスト聖体祭のような祭礼、モリス・ダンス、五月柱、娯楽、スポーツなどが禁ぜられていった。もっともキリスト聖体祭のような祭りは、ロンドン、リンカン、ノリッジなどでは、エドワード六世期に消滅したが、シュルーズベリの場合のようにかたちを変えて、プロテスタント国教会に適応しつつ生き延びたものもある。[76]しかし、一五八〇年代には、ヨーク、チェスター、チチェスター、コヴェントリ、リッチフィールド、ヘリフォードなどのように非ピューリタンである主教さえもが、モリス・

ダンスや娯楽その他の伝統的な活動を禁止している。[77] またテュークスベリでは一五七四年に法人化特許状を得て新たな役職を設けて、プロテスタントをその役に任じ、カトリック文化の排除を進め始めた。[78]

民衆娯楽に代わって、新たな都市文化として広まってきたのが演劇であった。[79] 演劇も体制批判的なものもあり、また移動する劇団は浮浪集団ともみなされ、それらは弾圧の対象となった。しかし、民衆のモラル・リフォームに貢献するような演劇は、都市にとっても好ましいものであった。上演の許可権が市長など都市当局にあり、内容に対する統制や検閲も可能であった。上演の場所は、市のホール、イン、文法学校など統制しやすい室内であることが多かった。しかし、上演は観客や見物客を引きつけ、都市民の収入を増大させたので、都市当局にとっても好ましく、承認した劇団に報酬を与えることが一般的になった。こうした事態は、エクセター、プリマス、ノリッジ、ブリストル、ヨークなどの事例でも確認される。そして、エリザベス治世の中頃までには、演劇の多くはプロテスタンティズムによって鼓舞されたモラル・リフォームの運動のもとに組み入れられていったのである。これは国教会のプロテスタンティズムによるのであるが、チェスターなどでは、市長が熱心なピューリタンであり、ピューリタン市長として伝統的な娯楽を破壊している。こうした破壊は、都市をプロテスタント都市、ピューリタン都市としての一体性へと純化するものであった。

多くの論者が宗教の視点からこの時期の都市の政治文化を考察しているのに対し、P・ウィシントンは人文主義の影響から考察している。すでに述べたように、ウィシントンは、一六世紀後半以後の法人化都市を、アリストテレスのいう貴族制的なコモンウェルスとして捉えたが、さらに彼はそれを構成する市民の道徳資質をオネスタスとしている。オネスタス(honesutasu)は、コミュニティに加わるために必要な正直、分別、知恵、適応力などからなり、キケロの徳(virtue)の観念に重なるものであった。[80] それは、市民の会話の規範であり、それによって仲間をつくり、社会的結合を形成し、構造化していくエートスでもあった。オネスタスは劇作家や劇場においても表象されたが、それを規範とする市民の会話は宮廷や王権に対峙し、公共圏を生み出してゆくことにもなるのである。こうしたオネストな市民は、宗教

兼務国王役人	下院	裁判所	法	土地	備　考
JP, CM		記録	○	£40	古い市場町
JP, CR, CM	1MP	記録40s	○	£40	Baらがこのバラとマナーを保有
JP, CR, CM	1MP	記録40s	○	£40	港町防衛目的。Esq（市民）を最初の市長に指名
CM		記録40s	○	£10	近隣特権領の執事＝ナイトの面前で宣誓し，法の制定もともにおこなう
CM	2MP	記録£20	○	£40	ボドミン小修道院に所属してきた
			○	100m	ダラム主教による法人化
JP, CM, CR		都市	○		商人ギルドを確認
JP, CM		投獄・監獄	○	100m	橋の修理，救貧院維持のため
Sh, JP ES, CM, CR		C. of Crown			州と同格。サウサンプトンと同じ。ステープル市場の長と治安官をも選出
					2つの小都市の合併法人化
JP, CM	2MP	記録・泥足			
JP, CM, CR		記録£100	○	£10	
JP, CR, CM		記録			
JP, CM	2MP	記録£5	○		港町。貧困化。職杖には王の紋章
JP, CM	2MP	記録	○	○?	
		記録	○	£40	王の食糧調達より自由
JP		記録£20	○	£20	
					衰退対策。週市・歳市開催などのみ
				£20	漁港の維持目的
CM, Cl		記録40s	○	£40	管轄区域明示。旧修道院領を統合
JP, CR, CM		記録£50	○	£40	
JP, ES, CR, CM		殺人・監獄	○	100m	市長と2人の特権市民がJPとなる
JP, CM	2MP	記録£100	○	£40	境界と巡回，役職拒否者40s
JP, CM					短文の勅許状
JP		泥足			
					市長，市議会など以外に言及なし
		記録・泥足			週市1，歳市2

補表　エリザベス時代の都市法人化

年	都市名	首長	市政機関	都市役人
1560	Tamworth (Staff)	Ba2	市議会(24人)	SjM2
1562	New Radnor (Wales)	Ba1	市議会(25人)	2A, 22B, 1RC, 2Ch, CS, 2SjM, Cl, Au, Rv
1562	Beaumaris (Wales)	M1	市議会(24人)	2Ba, 21B, RC, Cl, Au, CS, 2SjM
1562	Gravesend (Kent)	P2	ポートリーヴ裁判所(2P＋10ジュラット)	10ジュラット(宣誓者＝市参事官)
1563	Bodmyn (Cornwall)	M1	市議会(12PB＋24B)	2SjM
1565	Durham (Durham)	A1	12B	言及なし
1566	Preston (Lancs)	M1	市議会(24人の PB)	2Ba, SjM
1568	Henry-on-Thames	W1	W＋2Bdm＋12CB の議会	2 橋管理役(Bdm), 12CB
1568	Poole (Dors)	M1	B(数不明)による市長ベイリフ選出	2Ba, 他に言及なし
1571	Weymouth & M. Regi	M1	6A, 市議会(24B)	Ba
1573	Beverley (Yorks)	M1	12ガヴァナー(理事), B.	RC, Cl. Cons
1573	Bishops Castle (Salop)	Ba1	15B	RC, Cl, SjM, Cons
1573	Bideford (Devon)	M1	市議会(5A＋7CB)	RC, 2SjM
1574	West Loe (Corn)	M1	市議会(12PB)	1ST, 2SjM
1574	Wells (Soms)	M1	市議会(23B)	RC, Cl, 2SjM
1575	Eye (Suff)	Ba2	市議会(24), 10PB	2SjM
1575	Kendal (Westm)	A1	12CB	1RC or ST, 2SjM
1575	Godalming (Surrey)	W1	言及なし	
1575	Hythe (Kent)	M1	12ジュラット(宣誓者＝市参事官)	
1575	Tewksbury (Gloc)	Ba2	市議会(12PB)	SjM, Cons
1576	Daventry (Northm)	Ba1	市議会(14B＋20市民)	1RC, 2SjM
1576	Marlborough (Wilts)	M1	B	言及なし
1577	Richmond (Yorks)	A1	12CB	1RC, 2SjM, Cons
1579	Orford (Suf)	M1	8 ポートマン(市参事会員相当), 12CB	RC, Cl, 2SjM
1581	Tenby (Pembs)	M1	市議会(不定数 B)	1Ba
1581	Thetford (Norfk)	M1	市議会(10PB＋20B)	
1582	Maidenhead (Berks)	W1	8B	2 橋管理官

					旧市制と法人化のみの短文の勅許状
					法人化のみ。1625年に市制詳細
CM	2MP	記録40s 泥足		£20	週市，歳市
令状復命権		記録			週市2，歳市4
JP, ES, CR, CM		良心40s 記録			良心裁判所は第二木曜日に少額訴訟，記録裁判所は毎火曜日に動産不動産
JP, CM		記録	○		週市2，歳市2
CM	2MP	記録£40泥足	○	£10	週市1，歳市2
JP，ES，2CR，CM				○	週市2，歳市3。施療院の維持
				○	マナーを所有£25
(1464年にJP, CR)				○	多くの土地の授与，週市の変更
JP, CR, CM	2MP	記録・泥足	○		港町衰退への対応
JP, CM, CR		記録・泥足	○	£20	境界の明確化
JP, CM		記録£40	○		週市，歳市
		記録・泥足	○	£60	週市，歳市
		泥足			週市1，歳市2
JP			○		歳市1
JP					
JP		記録20m 泥足			歳市4
JP, ES, CR		記録	○	£100	週市3，歳市2
Gaol Deliv.					
JP, CM, CR		記録・泥足	○	£40	文法学校
JP			○	£80	文法学校，説教師維持
JP, ES, CR, CM		記録・泥足		○	マナーをも授与
JP(M, 3B)		言及なし	○		これまでの規定が曖昧のゆえ
JP		記録			
JP, CR	2MP	記録	○		巡回・十人組検査(他都市にも多い)

所，良心＝良心裁判所，C. of Crown＝A Court of the Crown. P＝ポートリーヴ(市長)，W＝ワーデン。なお備考欄は，その都市の法人化の特徴と思われる事項を記載したものであり，網羅的なものではない。なお，市政機関の欄は，市議会のほかは，示された役職者に市長を加えて，市参事会その他の会議体が形成されている。

出典：*CPR*, Elizabeth I, Vol.1 (1558-1603); Weinbaum, M. (1943) より作成。

1584	Cardigan (Wales)	M1		2Ba, CR
1584	Congleton (Ches)	M1		
1585	Helston (Corn)	M1		4A, RC, 2SjM, Cl
1586	Arundel (Sux)	M1	都市役人選出の会	
1586	Shrewsbury (Salop)	2Ba	市議会	A, Cl
1587	Liskeard (Corn)	M1	9CB	RC, HST, 2SjM
1587	Looe East (Corn)	M1	市議会(9CB, M)	RC, 2SjM
1588	Winchester (Hants)	M1	6A, 24市議会員	2Ba, 2Cons
1589	Hastings (Sux)	M1	12ジュラット(宣誓者＝市参事官)	
1589	Leicester (Leces)	M1	24A, 48B	RC
1589	Truro (Corn)	M1	24B, (4)A, 市議会	RC, ST, 2SjM
1590	Bath (Somers)	M1	4～10A 市議会(20CB)	RC, Cl, 2Ba, Ch, Cons 2SjM
1590	Newcastle-under-Lyme	M1	市議会(24CB)	2Ba, ST, Cl, 2SjM
1590	South Molton (Dev)	M1	18B＋CapitalST＋M	ST
1593	Hartlepool (Dur)	M1	市議会(12CB)	2SjM
1594	Marazion (Corn)	M1	市議会(8B＋12CB)	Cl, 2SjM, 2Cons
1595	MacClesfield (Ches)	M1	2A, 24CB	HST, SjM
1595	Penzance (Corn)	M1	8A, 12Assis	RC, Cl, 2SjM, Cons 1ヨーマン(下級役人)
1596	Newbury (Berk)	M1	市議会(6A＋24CB)	HST, RC, Cl, 2SjM
1597	Hereford	M1	6A, 市議会(31CB)	HST, Cl, 2Ch, 4SjM, SB, Cons
1597	Denbigh (Wales)	2A	市議会(25B)	2Ba, RC, 2SjM, Cons
1598	Chesterfield (Derby)	M1	12A, 市議会(12CB)	Cl
1599	Andover (Hants)	1Ba	市議会(10人＋Ba, ST)	ST, 2Cons, 1SjM
1600	Portsmouth (Hants)	M1	市議会の言及なし	2Ba, 2Cons, Cl
1600	Tenterden (Kent)	M1	12ジュラットの会	言及なし
1602	Plympton (Devon)	M1	1Ba＋8PB	RC, Cl

M＝市長，Ba＝ベイリフ，A＝市参事会員，B＝Burgess 特権市民，PB＝Principal Burgess 主要特権市民，CB＝Capital Burgess 主要特権市民，RC＝法律顧問官，Ch＝収入役，SjM＝職杖係，Cl＝市の書記，Cons＝治安官，Assis＝補佐役，HST＝ハイ・スチュワード，ST＝執事，SB＝剣持役，Sh＝シェリフ，JP＝治安判事，ES＝エスチーター，CR＝コロナー，CM＝市場監督官，CS＝治安官，Au＝監査役，法＝法制定権，土地＝土地所有権とその年価値，記録＝記録裁判所，泥足＝泥足裁判

的対立には醒めた面があるにせよ、カルヴィニズムに親和性があり、そのカルヴィニズムとの結合が、イギリス革命（ピューリタン革命）での議会派の成功をもたらしたとしている。[81]人文主義が、当時の法律家、劇作家、あるいは政治家などに大きな影響を及ぼしていたことは、都市史研究のうちにもっと取り入れられるべきだと思われ、またそれが共和主義の思想とどのように関係するのかといった問題も重要である。都市コミュニティ内部の分極化のなかで、伝統的な民衆文化を抑圧・破壊していったのは、ピューリタンもしくはプロテスタントの都市支配層＝ミドリング・ソートであったが、オネスタスなる市民の徳の倫理性が、それと一定の親和性をもっていたことは首肯しうる。次にこのような寡頭制的都市と議会の関係をみてみたい。

第五章
議会と都市

1　王権・議会・議員構成

課　題

当該期の議会史については分厚い研究史が存在し、我が国でも仲丸英起氏の研究が現れている。[1] エリザベス治世期の議会に、ピューリタン革命の起源、民主化・近代への展望をみたA・F・ポラードやJ・E・ニールなどのウィッグ史観に対して、G・R・エルトンが修正主義的見解を提起し、議会を一六世紀の統治機構の一環として位置づけ、議会は支配者(rulers)と被支配者(ruled)の「接触点」とし、その立法機能を重視したことは知られている。[2] エルトン以後の研究史整理において仲丸氏は、その後のエルトン批判者が議会を「接触点」と呼びうるほどの立法機能を果たしていたか疑問視していることを指摘している。さらに氏自身は「接触点」という発想も近代的特質を備えているとして、「近代の呪縛」から解かれるべきとする一方、M・A・キシュランスキーの「議会への選択 Selection」説に注目している。キシュランスキーは、議員選出は特定の利害やイデオロギーによるのではなく、各地域における候補者の社会的地位によるのであり、そこで重要なのは、個人的名誉と地域における権威、それを保証する有力なパトロンとの関係だったとしている。こうした指摘をふまえて、研究史の到達点は、議会もまた国王を起点としたパトロネジの体系のうちにあるということとなる。キシュランスキーは、一六四〇年以後の議会には政治的・イデオロギー的対立を認めているのだが、以上のような視点はエリザベス期のように相対的に安定した時代の議会を、「時代に即して把握する」視点としてよりよく妥当するように思われる。[3] しかし本書では、議員選出がパトロンによって左右されなかった都市とくにロンドンなどの主要都市の下院議員と、都市の議会に対するロビー活動を垣間見ることによって、圧倒的に貴族・ジェントリが優位する議会に対する、都市とミドリング・ソートの関わりの一端を示したい。しかしその前に、一六世紀の王権と議会の関係、および下院議員の構成について一瞥しておきたい。

「国王と議会」から「議会のなかの国王」へ

T・スミスは、『イングランド国制論』において、イングランドの国王と議会の関係について、戦争・外交と、主要官吏・治安判事の選任は国王自身(prince himself)によっておこなわれるが、立法と財政資金供給(課税)は、「議会のなかの国王 the prince in parliament」によっておこなわれる、としている。[4]「議会のなかの国王」とは、一六世紀には議会と一体化した国王の意であり、一八世紀のような議会主権下の国王という意味ではない。一方、中世における国王と議会の関係は、「国王と議会 King and Parliament」の関係であり、国王は議会の上もしくは外にあって、両者は分離していた。国王は、彼が欲する法や税を得るために議会を召集し、それが満たされれば解散しており、議会は国王の行事として存在していたのであって、政府の統治機関として確立していなかった。しかし一六世紀には、「国王と議会」は、「議会のなかの国王」へと変化したのである。この変化はヘンリ八世の宗教改革議会において、一五三〇年代に生じたとされる。[5]

チューダー朝成立以前には、国王は議会から離れて位置しており、下院の地位も低かった。制定法は、「議会の権威により」制定されたにせよ、「下院の要請に基づき、司教、修道院長および貴族の助言と同意により制定される」とも表現されたのである。しかし一四八五年ヘンリ七世の即位までのうちには、議会はそれ自身の手続き、書記組織、明確な権限そして団体的一体性をもつにいたり、統治機関の一部として認知されるようになっていた。そしてヘンリ八世の治世中に、下院も法案を審議し、法制定の同意権をもつようになり、制度的に上院と同等の立場に立つようになった。さらにこの時期には、議会は大法官府からの自立を進めて、独自の記録保管をおこなうようになり、また法制定の三読会制を形成し始めて立法府としての役割を明確にしていった。それとともに下院の地位と議長の権限も向上していった。しかし、なおウルジーの摂政時代には、ウルジーに依存していた国王の議会を見る目はまだ低く、国王と議会の一体性が強まるのは、彼の失脚後、宗教改革を遂行するため議会への依存を強めた一五二九年以後のことであった。一五二九年に始まる宗教改革議会以後、議会は国王ヘンリ八世にその正当性を与え続ける一方、国王は議会に依存して、議会の上や外にあることをやめて議会と一体化した。国王と上院と下院は「議会的三位一体」となり、国王は「議会のなかの国王」であり、議会の制定法が至上性をもつこととなったのである。[6] ただし、それは、T・スミスの指摘するように、立法と課税を中心としてであり、戦争・外交、官吏の選任などは、国王自身のおこなうところであった。

すでに、一五五八年のエリザベスの即位にいたるまでのうちに、上院では聖職者議員が減って世俗貴族が中心となった。一方下院では都市選挙区が増加し、都市議員にジェントリが進出して下院の地位が向上した。下院を中心とした議会の課税、立法、助言の権限が確立し、議会制定法の至上性と一体化した「議会のなかの国王」の統治権が展開をとげていた。[7] エリザベス時代を特徴づける一つは、枢密院の役割である。枢密院は一五三〇年代に成立し、法律家や実務家が中心となって国王を補佐する機関であったが、エリザベス時代には一層の発展をとげて、統治機構の要となり、国王と議会（上院、下院）を結合する位置に立った。W・セシル、ベッドフォード伯、レスター伯など、プロテスタント系の枢密院議員が女王の政策・意思決定に大きな影響を及ぼし、また議会召集、法案作成などにも重要な役割を演じた。枢密院議員と上・下院議員のあいだは、パトロン・クライアント関係で結ばれていることが多く、枢密院が議会に対する監督機能を果たすこともできた。結局、女王－枢密院議員－上院議員－下院議員のあいだには、パトロネジ関係が貫かれていたとみることができ、さらに加えて枢密院議員以下の多くの者たちは、相互に血縁、姻戚、友人、経済関係などで結合していたのであった。[8]

上院と下院はおおむね協力的であり、個々の問題（例えば一五七六年エリザベス後継問題、八九年課税問題など）で対立することもあったが、解決方式として上院・下院の合同会議の開催などで解決をはかった。しかし下院の重要性が次第に高まり、法案の発議も下院が中心となり、上院よりはるかに多い法案が提出され、その意味では立法において下院が上院に優位したといえる。しかし、その効率性は低く、例えば一五七二年から八一年に下院で発議された二七一法案のうち二二七（八四％）は不成立に終わった。一方上院は、より少ない法案が提出されたが効率性はよく、一五八四年から一六〇一年の法案の四四％が成立（下院では一五％）しており、上院の重要性は保たれていた。不成立の理由は、おもに議会の会期が短く、審議しきれなかったことであるが、上院、下院での否決、女王の拒否権による場合もあった。エリザベス治世期間中に四三三の制定法が制定されたが、ほかに九二〇の法案が成立しなかったのである（成立率三二％）。しかし、法制定において、なお国王、上院が決定的な権限をもつ場合があったとはいえ、エリザベス時代には下院が中心となり、下院中心の「議会のなかの国王」であり、また議会制定法の至上性であったといえよう。[9]

エリザベス治世期の下院議員の構成

エリザベス時代には一五五九年から一六〇一年までに一〇回の議会が開催されている。この間上院議員は、一五六三年には聖職貴族二四名と世俗貴族五八名からなっていたが、以後減少傾向にあり、一六〇一年には世俗貴族五一名のみからなっていた。[10] 一方下院の議席数は、一五五八年の三九八から一六〇一年の四六二へと増加している。この増加は、エリザベスが、その治世中に、三二の都市に議員選出権を認めたことによるもので、州代表の議席は九〇で不変である。なお下院議員は、補欠選挙の当選者を加えると一五五九年は四〇五名で一六〇一年には四六七名になる。[11]

それではこれらの下院議員はどのような社会層の者たちだったのだろうか。州選出の下院議員のほとんどは、貴族、ジェントリ、廷臣である。したがって都市代表議員についてみてみると、すでにP・W・ハスラーの整理がある[12](表5-1)。つまり、都市代表議員においてもジェントリの占める率が高く、三一~四一%に達しており、商工業者は一四~二三%である。しかもその比率はエリザベス治世初期に高く、末期に低下している。しかし法律家が一六~二七%に達しており、商人・商工業者とは逆にエリザベス治世初期から末期にかけて増加する傾向がみられる。法律家議員には都市の法律顧問官などが含まれていたとみられるが、立法府としての議会における法律家の重要性が示されているといえよう。したがって、法律家と商工業者をも含めた合計としては、毎年都市代表下院議員のほぼ四〇%前後を占めることとなる。この比率は、州代表議員九〇人を母数に加えると、三一~三二%となり、社会層としては、下院議員の約三〇%がミドリング・ソートに属していたとみられる。しかし、法律家のうちにはジェントリがこれを兼ね、いくつかの州や都市にわたって活動するような者もいるので、一概にミドリング・ソートとはいえないものがある。M・A・R・グレイヴズは、州選挙区と都市選挙区の比率からすれば、市民が下院議員の七五~八〇%を占め、農村ジェントリが残りを占めてしかるべきなのだが、実際は逆、つまり二〇~二五%が市民出身だったとしている。[13]市民であり法律家として実務に従事し、それを職業としているのであれば、法律家をミドリング・ソートに加えるのも不当ではない。結局、もともとジェントリ出身で、市民ではなく複数の州や都市にまたがって活動するような法律家を除くと、商工業者・法律家などのミドリング・ソートは、グレイヴズの二〇~二五%というのが妥当と思われる。彼らの、議会内における地位はなお低かったとしても、また都市市民の参加が中世以来のイングランド議会の在り方であるにしても、議会と国王の一体性がいわれる時代に、二〇~二五%に及ぶ市民自身が、多数の法案の制定過程に参加していることに注目

表5-1　エリザベス期都市選出下院議員の職業構成　（単位：%）

	1559	1563	1571	1572	1584	1586	1589	1593	1597	1601年
農村ジェントルマン	34	31	41	36	35	37	34	33	34	35
貿易商・商工業者	23	20	19	19	15	14	18	17	15	14
法律家	16	19	17	20	23	26	24	22	26	27
軍人	3	1	2	3	3	3	2	6	2	2
大貴族などの従者	6	10	7	7	6	5	6	7	7	7
政府役人・廷臣	10	10	10	10	10	10	9	10	8	8
その他	4	5	5	2	6	3	5	4	6	6
不明	4	4	1	3	2	2	2	1	2	2

出典：Hasler, P. W. (1981), Vol. 1, p. 56.

表5-2　下院議員数とその宗教　（単位：人）

議　員	1559	1563	1571	1572	1584	1586	1589	1593	1597	1601年
州選出	90	90	90	90	90	90	90	90	90	90
都市選出	312	330	348	350	370	372	372	372	372	372
補欠選挙（州）	1	11	1	19	1	1	1	0	2	1
（都市）	2	21	4	72	7	5	4	2	8	4
合　計	405	452	443	531	468	468	467	464	472	467
宗　教										
プロテスタント（74%）	239	260	300	392	337	356	358	370	364	375
ピューリタン（9%）	34	48	52	62	57	50	39	36	27	20
カトリック系（9.5%）*	53	68	33	20	39	30	41	30	54	40
無関心（2%）	30	21	17	13	6	6	4	1	2	1
分類不能とその他（5.5%）	49	55	41	44	29	26	25	27	25	31

*カトリック系議員とは，カトリック信仰を明言した者，カトリックのシンパであるが国教会に出席した者，カトリックと親密な者の三者。

（%）は，その信仰が判明する2,600名ほどの議員についてのHaslerによる数字であるが，「分類不能とその他」の欄は，筆者の計算による。

出典：Hasler, P. W. (1981), Vol. 1, pp. 29-33, 73-101.

したい。

なお、ハスラーの分析からすると、宗教的にはエリザベス治世期にプロテスタントとみなしうる下院議員は一九一八名、七四%に達する。ピューリタンはエリザベス期の一〇議会につき延べ四二五名が確認され、各議会平均すると九%程度を占めている(表5－2)。ニールの主張するように、議会内にピューリタンの有力な存在があり、王権との対立が当該期の議会史の中心的問題だったとは到底いえないであろうが、平均して一割近くのピューリタン議員が議会内に存在していたのである。一方カトリックであることを明言している下院議員は延べ一一四名であるが、一五五九年と六三年の議会で各三二名合計六四名を占め、以後急速に減少し、のちの八回の議会では合計五〇名、各議会平均一・三%である。[14] しかし、国教会に出席しながらもカトリックである者、カトリックと親密な者をこれに加えると、平均九・五%がカトリック系の議員だったということになる。

また、官職を保有する議員は、保有しない議員(一一七～一五五名)に比して三～四倍であるが、州選出議員は九〇%が保有し一人当り二・四の官職を保有するのに対し、都市選出議員は六五%が保有し、一人当り一・二を保有するにすぎない。しかも、都市議員の場合の官職としては、市長、市参事会員などの都市の役職が多く、また国家(国王)役人としては、市長などが職務上務める治安判事など地方役人が多かったとみられる。こうした事態は、中央の国家役人にも進出した州議員に比して、都市議員は中央の国家役人にはならず、その地位の相対的低さを示している一方、逆に国家の官職から疎外された存在だったとみることもできよう。[15]

2　主要都市の議員と圧力団体

主要都市の下院議員

ここで、パトロンの影響を受けることが少なかったいくつかの大規模都市の下院議員を検討してみる。すでに都市選挙区を包括的に検討し類型化した仲丸氏の研究があるが[16]、ここではロンドンとそれに次ぐ三大都市の下院議員をハスラーの記述に即してみてみる。ロンドンの下院議員についてであるが、エリザベス治世期の一〇回の議会に対し、延べ四一名(うち一名は、議員の死亡による代替者)の下院議員が選出された[17]。ロンドンの下院議員は一三三五年以来四名が選出され、市長・市参事会が二名を指名し、一般市民がほかの二名を指名し、最終的に市議会が四名を選出していた。前述のように、一六世紀初めには、市議会に代わってコモン・ホール(一四七五年以後リヴァリマンが構成)が、四名全員を最終的に選出し、さらに一六世紀末には、四名を指名・選出するようになって、市参事会選出と一般市民選出の区別がなくなった。選挙権保有者は数千人に達するとみられるが、エリザベス治世期を通して、四名中一名はサーの称号があり、一名は法律顧問官が選ばれている[18]。

選出されたロンドンの下院議員延べ四一名は、一〇回の議会に重複して選出された者も多く、実際は二六名であり、彼らは、表5－3のように整理される[19]。この表から、まず、ロンドンの下院議員は、ジェントルマンとは異なり、何らかの職業従事者だったということである。典型的には十二大リヴァリ・カンパニーに所属し、貿易商人であり、ロンドン市長やシェリフ、市参事会員の経験者であった。二六名中貿易商が一二名を占め、うち七名がマーチャント・アドヴェンチャラーズ組合そのほかの貿易組合で活動する商人であった。そのほかでは、七名が仕立商、金細工師、小間物商、ブドウ酒商などとして営業活動をしている。彼らは、すでにみたようにロンドン市内での社会的・政治的上昇によって

表5-3 エリザベス治世期のロンドンの下院議員

ロンドンの下院議員	選出された議会	所属カンパニー	職業	主要都市役人	主要国家役人
Sir Martin Bowes	1559	金細工師	金細工師	市長, 市参事会員, S	JP(Midx), 造幣局長
Ralph Cholmley, Rec	1559 1563		法律家	法律顧問官	エスチーター, JP (Midx, Sur, Esx など)
John Marshe	1559 1563 1571 1572	絹物商	貿易商MA	副シェリフ, CJ	収入増加庁調査官, JP(Midx)
Richard Hills	1559	仕立商	仕立商	市議会員	なし
Sir William Chester	1563	毛織物商	貿易商 RC	市長, 市参事会員, S	高等宗務官
Lawrence Withers	1563	塩商	貿易商 MA	市参事会員	なし
Sir John White	1571	食糧品雑貨商	貿易商	市長, 市参事会員, S	なし
Thomas Wilbraham, Rec	1571		法律家	法律顧問官	JP(Midx, Cheshire)
Thomas Norton	1571 1572	食糧品雑貨商	(営業従事)	備忘係	なし
Sir Rowland Hayward	1572	仕上工	貿易商 MA	市長, 市参事会員, S	JP (Mont, Salop, Midx)
William Fleetwood, Rec	1572 1584 1586 1589	仕立商	法律家	法律顧問官	JP(Midx, Sur, Buck など), KSJ 他
Sir Nicholas Woodrofe	1584	小間物商	?	市長, 市参事会員, S	なし
Walter Fish	1584	仕立商	仕立商	(女王の衣服仕立)	なし
Thomas Aldersey	1584 1586 1589	小間物商	小間物商	市議会員	なし
Henry Billingsley	1584 W. Fish の死後	—	—	—	—
Sir Edward Osborne	1586	仕上工	貿易商 LV	市長, 市参事会員, S	なし
Richard Saltonstall	1586	毛皮商	貿易商 MA	市長, 市参事会員, S	なし
Sir George Barne	1589	小間物商	貿易商 MC	市長, 市参事会員, S	海事訴訟関係の役人など
Andrew Palmer	1589 1593	金細工師	金細工師	市収入役	造幣局役人
Sir John Hart	1593 1597	食糧品雑貨商	貿易商	市長, 市参事会員, S	なし
Edward Drew, Rec	1593		法律家	法律顧問官	JP(Devon), KSJ 巡回裁判判事
George Sotherton	1593 1597	仕立商	貿易商	市議会員	JP(Essex)
John Croke, Rec	1597 1601		法律家	法律顧問官	JP(Bucks, etc), KSJ
Thomas Fettiplace	1597 1601	鉄商	貿易商	市議会員	なし
Sir Stephen Soame	1601	食糧品雑貨商*	貿易商	市長, 市参事会員, S	なし
John Pynder	1601		ブドウ酒商	監査役	なし

*製帯工カンパニーにも所属していた。なおMA＝マーチャント・アドヴェンチャラーズ組合, RC＝ロシア会社, LV＝レヴァント会社, MC＝モスクワ会社, S＝シェリフ, CJ＝コモン・サージャント(ロンドン市法務官), JP＝治安判事, KSJ＝勅撰上級弁護士。
出典：Hasler, P. W. (1981), 3 Vols. より作成。

たどりついた都市エリートのトップだったとみられる。しかし、二六名中五名は法律家であり法律顧問官であって、彼らは、一名（W・フリートウッド）を除き所属カンパニーはない。[20] ほかの都市の下院議員を務めた経験をもつなど、ロンドンを越えた活動がみられ、ジェントリ的でもある。

国家（国王）役人の経験者は、市長などが職務上ロンドン市の治安判事を兼ねることなどを除けば、二六名中一二名にのぼり、そのうち九名が州の治安判事であって、とくに法律顧問官五名はいずれも複数の州のそれを経験している。一方、リヴァリ・カンパニー所属の下院議員は、四名のみが州治安判事を経験しており、うち二名はミドルセックスの治安判事である。そのほかでは、J. Marshe のように収入増加庁の調査官（ノーサンプトンシャー）や財務府の総徴収官（シュロップシャー・ウースターシャー）を務めた者、Sir W. Chester のように高等宗務官、Sir M. Bowes のように造幣局長を務めた者などがいる。しかし、全体として中央の国家役人とは無関係な者がやや多く、法律顧問官以外は、都市役人（市内施療院の役人を含む）やカンパニー役人としての活動が中心である。結局、国家役人としても地方役人としてのそれが圧倒的であって、中央の国家役人となることは、稀だったのである（表5－3参照）。

ノリッジの下院議員選挙は、一四一五年以来、市長・市参事会員のうちから全市民によって選挙するという方法がおこなわれており、パトロンの影響は限られ、議員の少なくとも一人もしくは二人は居住市民から選出された。[21] 市のスチ

主要な国家役人
JP（Glos, Heref, Salop など）
なし
なし
JP（Som, Midx, Wilts など）
なし
JP（Dorset）, 上級法廷弁護士
なし
なし
なし
JP（Gl, Som）, 財務府役人
なし
なし

なし
なし
なし
なし
なし
なし
ヨーク管区高等宗務官
なし
ヨーク管区高等宗務官, ES
ヨーク管区高等宗務官
なし
なし
北部評議会員, PCC 判事
北部評議会員

JP, ES
なし
なし
なし
軍用食糧品検査官
なし
補助税委員
なし
財務府役人
なし
なし
なし
なし
なし
なし
王座裁判所判事
なし
なし

表5-4　主要地方都市の下院議員

ブリストルの下院議員	選出された議会	職業など	主要な都市役職
John Walshe	1559 1563	(法律家)	法律顧問官
William Carr I	1559 1563	石鹸製造業者	市長，シェリフ
Thomas Chester	1563	貿易商	市長，市参事会員，シェリフ
John Popham	1571 1572	(法律家)	法律顧問官
Philp Langley	1571 1572	貿易商	市長，市参事会員，シェリフ
Thomas Hannam	1584, 86, 89, 93	(法律家)	法律顧問官
Thomas Aldworth II	1586 1589	貿易商	市長，市参事会員，シェリフ
William Saltern	1589	貿易商	シェリフ
Richard Cole	1584 1593	絹物商	市長，市参事会員，シェリフ
George Snigge	1597 1601		法律顧問官，市参事会員
William Ellys	1597	貿易商	市長，市参事会員，シェリフ
John Hopkins	1601	魚商・貿易商	市長，市参事会員，シェリフ
ヨークの下院議員			
William Watson	1558 1559 1563	鉛商人，貿易商	市長，市参事会員，シェリフ
Richard Goldthorpe	1559	小間物商	市長，市参事会員，シェリフ
Ralph Hall	1563 1571	貿易商	市長，市参事会員，シェリフ
Hugh Graves	1571 1572	織布工	市長，市参事会員，シェリフ
Gregory Paycock	1572	鉛と毛織物商人	市長，市参事会員，シェリフ
Robert Askewith	1572 1589	仕立商	市長，市参事会員，シェリフ
William Robinson II	1584 1589	貿易商	市長，市参事会員，シェリフ
Robert Brooke	1584 1586	貿易商	市長，市参事会員，シェリフ
William Hilliard	1586	法律家	法律顧問官
Andrew Trewe	1593	絹物商，冒険商人	市長，市参事会員，シェリフ
James Birkby	1593 1597	弁護士	市長，市参事会員，シェリフ
Thomas Moseley	1597	貿易商	市長，市参事会員，シェリフ
John Bennet	1601	不明	市長，市参事会員，シェリフ
Henry Hall	1601	貿易商	市長，市参事会員，シェリフ
ノリッジの下院議員			
Sir William Woodhouse	1559	ジェントリ	なし
Thomas Sotherton	1597 1559	食糧品雑貨商	市長，市参事会員，シェリフ
Robert Michell	1563	公証人	市長，市参事会員，シェリフ
Thomas Parker	1563	小間物商	市長，市参事会員，シェリフ
John Brennerhasset	1566	ジェントリ	市のスチュワード
Robert Suckling	1566 1586	絹物商，冒険商人	市長，市参事会員，シェリフ
John Aldrich	1572	絹物商か食糧品雑貨商	市参事会員，シェリフ
Thomas Beaumont	1572	毛織物商	市参事会員，シェリフ
Edward Flowerdew	1581	法律家	市のスチュワード
Cristopher Layer	1584 1597	食糧品雑貨商	市長，市参事会員，シェリフ
Simon Bowde	1584	羊毛取引業者	市長，市参事会員
Thomas Layer	1586	食糧品雑貨商	市長，市参事会員，シェリフ
Francis Rugge	1588	絹物商	市長，市参事会員，シェリフ
Thomas Gleane	1588	毛織物商か絹物商	市長，市参事会員，シェリフ
Robert Yarham	1593	食糧品雑貨商	市長，市参事会員，シェリフ
Robert Houghton	1593	法律家	法律顧問官，スチュワード
Alexander Thurston	1601	食糧品雑貨商	市長，市参事会員，シェリフ
John Pettus	1601	仕立商	市長，市参事会員，シェリフ

JP＝治安判事，PCC＝カンタベリ大権裁判所，ES＝エスチーター。
出典：Hasler, P. W. (1981) 3 Vols. より作成。

ュワードや法律顧問官にはジェントリが就き、議員となる例もあるが、全一八名のうち一二名が市長、二名が市参事会員であって、商工業者がほとんどであった(表5－4)。ヨークの場合は、[22]本来フリーホールダーによる選挙であったが、実際には一五六三年までに市参事会と二四人会が決定し、市自治体が形式的な承認を与えるという方法になっていた。そのあとはむしろ選挙人の幅が広がり、市議会と二〇～三〇人の市民が加わっている。選挙人は市の利害を中心に選挙を遂行した。表5－4は、ヨークの議員が一例を除き市長によって占められ、そのほとんどが商工業者であったことを示している。最後にブリストルの場合は、[23]本来はフリーホールダーに選挙権があったが、一六・一七世紀初めには、市長、市参事会員、市議会員と少数のフリーホールドの土地をもつ者のみが投票し、彼らは市に密接に結びついた下院議員を選出していた。一二名のうち四名の法律顧問官は、他州にまたがって治安判事を務めているが、ほかは市長などブリストルの最高位の商工業者が下院議員となっている。これらロンドンに次ぐ三大都市は、市に密着した議員を選出しており、法律顧問官もそれらの都市と中央政府をつなぐ役割を果たしていたのである。また国家役人については、市長などが職務上、市の治安判事となることを除けば、ヨークの高等宗務官や北部評議会員などが特徴的であるにせよ、ロンドンの場合よりさらに少ない。それだけ官職から遠く、地位が低いといえるのだが、逆にそれだけ体制へのコミットが浅かったということでもある。

いずれにしても社団のトップの商工業者が、市長や市参事会員としてパトロンの影響を受けずに議員となり、下院に進出していたことを確認しておきたい。ニールの作成した議会バラの選出議員(一五八四年)の類型分布図からすれば、二名とも都市内から議員を出している都市は、前記の四都市に加えて、ソールズベリ、カンタベリ、サンドウィッチ、エクセター、ブリッジウォーター、シュルーズベリ、グロスター、ウースターなど二〇市を超えている。[24]エリザベス期の下院議員における商工業者の比重は一〇％台であったが、またこれらの商工業者の全てがパトロンから自由だったともいえないのだろうが、有力な法人化都市が自らの都市役人幹部などを下院議員として、議会に送り出していたことに注目しておきたい。

圧力団体

都市のミドリング・ソートと議会との関わりは、議員としての議会への進出のほかにも、ロビー活動による圧力団体としてのそれがあった。議会の主要機能が立法にあるとき、都市もまた、法の制定過程に議会内外から圧力をかけることによって、自己の利害を通そうとする試みがなされたのである。

しかし、ティットラーによれば、一六世紀全体で六八の都市が一二九の立法を議会において獲得したが、それは六五〇から七〇〇に及ぶ都市全体からみればごく一部にすぎないという。またエリザベス時代のみでは五六の都市立法が制定されたが、その内容は道路、橋、学校、施療院などの建設という公共事業にかかわるものが三二都市でもっとも多く、都市や都市内ギルドの経済的利害のための立法が一二都市、都市の制度に関するものが四都市であって、抗争を解決し安定に寄与するのは後二者の一六都市約三〇％にすぎなかったという。また都市がその利害を実現しようとするとき、議会は必ずしも都合のよいものではなかった。議会は会期が限られ、廃案となることが多く、また議員を送ったり、立法を実現するためには、議員の旅費・滞在費だけでなく、ロビー活動にも多くの費用を要した。[25] 支配者と被支配者の接触点としては、枢密院や宮廷のほかにもパトロンがあり、パトロンは議会の会期のような時間的制約を受けることなく、中央政府と都市の関係を調整しつつ、都市の目的の実現に貢献していた。結局ティットラーは、一六世紀における議会は、エルトンのいう支配者と被支配者の「接触点」としては不十分であり、パトロン、枢密院、宮廷など多くの接点の一つにすぎなかったことを示している。[26] だが、議会の制定法は恒久性、至上性をもっていたし、立法化された法案は少ないにしても、それをはるかにしのぐ数の廃案となった法案があり、議会立法化を望んで実現しない都市も多かった。またティットラーが都市の総数としてあげた六五〇〜七〇〇という数字は、下院議員の選挙区ではなく、また自治権を欠いて、公共事業やギルドとはほとんど縁のない市場町を多数含んでおり、議会バラである約二〇〇市と都市立法の関係としてみれば、六八市の比重はかなり高くなる。これらからすれば、都市にとって議会との関係は、もう少し重要性をもつように思われる。[27]少なくとも議会は一つの接触点として、種々の利害が交錯するアリーナでもあった。

ところで都市は、その利害を議会において立法化するべく、圧力団体として種々のロビー活動をおこなったのだが、圧力のかけ方には、議会開催前、開催中、提出法案をめぐってなど、多様な方法があった。ロンドンでは、一五九三年には市参事会が、きたるべき議会において何を追求するべきかを検討する委員会を設置したが、それはヘンリ八世の治世時の通常の慣行を復活させたものであった。そうした委員会は、リヴァリ・カンパニーの要求を検討することが多く、法の原案を作成するため法律家の助言を得、彼らにその報酬を支払うなどしている。都市がこのように、議会開催前に議会に何を要求するかを検討することは、一五六三年のヨーク、八一年、八四〜八五年のコウルチェスター、一六〇一年のエクセターなどにもみられる。そして全国の都市の多くが、その要求を掲げてロビー活動に関与したのである。[28]こうした都市の要求を背後に背負ってウェストミンスターへおもむき、法案作成の準備にあたるのが都市の法律顧問官であった。法律顧問官はその都市選出の下院議員とともに、あるいは自ら下院議員として、ほかの議員やとくに議長に訴え、彼らの要求を盛り込んだ法案の成立を目指す。彼らのロビー活動は、そのとき議員や議長に対し、多くの金品を贈ることがなされている。またその状況や法案をめぐる検討状況を、出身選挙区の都市幹部に報告している。会期中に、その都市の利害に反するほかの都市などの法案が提出されれば、その法案の廃案を目指すことはいうまでもないが、それが不可能であれば、その内容を緩和したり、その法案を時限立法化し、存続期間の可能な限りの短縮を目指した。彼らの目指したものは、圧倒的に地方的・個別都市的利害であったが、こうしたロビー活動による立法化にもパトロンの果たす役割があった。[29]

先述のように、都市の立法化の要請は、道路・橋・港湾施設などの建設・整備や、学校・施療院などの設置に関するものが多く、その建設・設置の権利とそのための資金徴集や不動産所有の認可を求めるものが多かった。[30]だがもっとも活発なロビー活動は、ロンドン市とりわけリヴァリ・カンパニーに関するものだった。ここで、そのいくつかについてみてみると、まず第一は、非組合員の営業に対するリヴァリ・カンパニーの統制である。例えば刃物工カンパニーは、一五六六〜六七年にシティから半径三マイル以内において、非組合員が刀や剣をつくることを禁止する法案を制定させ、一五八四〜八五年には製革工と書籍文具商が同様の法案の制定を推進した。またリヴァリ・カンパニーが、他カンパニー内での営業者に対して検査権を認めさせる法案やシティの郊外に検査権を及ぼそうとする法案が制定されている。またカンパニー組合員の雇用の増大を目指す活動も多く、その典型としては仕上工カンパニーが未仕上げの毛織物の輸出を禁止するための活動をしたことにみられる。それは一六一四年のコケインの計画に頂点をみるが、すでに一六世紀の六〇年代、七〇年代から一部の未仕上げ毛織物の輸出について禁止運動を展開している。[31]

このほか、錫《すず》など原料の輸出規制、銃砲など工業品輸入の制限、醸造業などの価格規制緩和等々数多くの経済問題をめぐって関連の業者やカンパニーからのロビー活動がおこなわれた。ここでエリザベス時代の特徴としてロビー活動の多くが手工業者・小売商などの利害を汲んだ商人などのカンパニー支配層によっておこなわれたことである。つまりリヴァリ・カンパニーが、いわゆる「エリザベス期のカンパニー」であり、内部に分極化とか階層差を含みながらも、なおカンパニーとしての一体性を保ち、手工業者・小売商などに配慮しつつ彼らの忠誠を維持するカンパニー行政が遂行されていたのである。なお、議会は会期が短く、ロビー活動が失敗に終わることも多かったので、彼らは、枢密院などへの請願をもおこなっている。[32]

しかしエリザベス治世の末期になると、経済問題に関する請願や議会でのロビー活動は、女王から廷臣たちに与えられる独占特許と競合したり、対立する事態が生じ、次第に廷臣への独占特許に対する反発を呼び起こしていった。一五九七年や一六〇一年の議会では、独占問題が取り上げられ、激しい議論がおこなわれている。[33]もともとは新技術、新産業の育成を目的に、その担い手に与えられていた独占特許は、財政目的から廷臣たちに、特定の既存産業についての独占権、制定法の禁止事項を免除される特権、カンパニーの既得権益を侵す特許などとして与えられるようになった。エリザベスは一六世紀末にはそうした独占特許を頻発したのであるが、それが、物価上昇をもたらし、商工業者やカンパニーの経済活動を脅かし、議会の反発をも生んだのである。[34] この独占問題は、一都市の地方的・個別的利害にとどまらず、全国的で国民的な利害の問題となり、コモンウェルスにかかわる問題として論じられるようになっている。[35]

ロビー活動は、議会にとどまらず、請願として枢密院、宮廷、女王にまで及んだのであり、議会は確かに「接触点」の一つではあった。ロビー活動によって議会立法を得るには、たしかに費用がかかり、手続きが複雑で、しかも廃案の可能性も高く、ほかの方法と比べて効率がよかったとはいえない。しかし、D・M・ディーンは、議会へのロビー活動は、失敗したとしても、その問題に優先性を与え、政府にほかの手段での解決を見つける努力を促し、また共通の関心をもつ地方間の結合にも役立ち、議会はロビー活動のための「共鳴板」だったとしている。[36] 結局、議会は、ほかの接触点と異なり、公開性が強く、都市もその代表を議会内部にもち、市民・商工業者＝ミドリング・ソートが、パトロンを通してであれ、法律顧問や議員を通してであれ、その利害、主として経済的・地方的利害の主張をなしうる場であった。さらにその公開の議論の場としての議会において、一五九〇年代末から一七世紀に入れば、ロンドンの議員も積極的に加わりながら、独占をめぐって種々の議論が戦わされ、王権に対立する場ともなったことは否定できない。[37]

第六章

国家秩序の編成

1　官僚制なき国家

上向・下向・法

民衆の生み出す自発的な社会結合関係は、ギルドや近隣仲間、また区・教区における社会的結合＝アソシエーションを生み出し、さらにカンパニー・都市などの法人団体化＝社団化によって階層序列をなし、議会やその他の接触点をもへて王権にいたり、コモンウェルスを形成していった。このような上向のプロセスは、イギリスにおいても王権に発する権力支配の下向のプロセスにともなわれていた。コモンウェルスについてのこうした視点は、当時の二人の政治思想家の所説にも垣間見られる。まず、T・スミスは、『イングランド国制論』において、コモンウェルスは多数の家や家族によってつくられるが、その多数の家や家族が村をつくり、多数の村が都市をつくり、多数の都市が王国(Realm)をつくるというプロセスをたどるのである。[1] これはいわゆる自然生的結合からする上向過程を述べたものである。しかし、彼は、家から村、都市、王国へとたどるだけでは十分ではないと述べ、逆に血統の権威をもつ王族・貴族がコモンウェルスの頂点ないし上位に位置し、次いで官職に就く者、就かない者などを区別し、さらに平民をジェントリ、市民、ヨーマン、手工業者、労働者などに分けつつ、序列をなすものとしている。これはコモンウェルスを上からみて、血統・官職からする権威の下向過程をたどったものとみられる。この下向過程は、コモンウェルスを上から秩序化し編成するプロセスでもある。さらにスミスは、コモンウェルスを論じるにあたって、正義と法を重視し、それは正義と法によって治められるとき、公益を実現できるものとみている。[2]

一方、一五世紀の政治思想家J・フォーテスキュにも幾分これに似た指摘がみられる。彼は、「人民とは法の同意と利益の共通性にもとづいて結ばれた人間の集合体」であると認めながらも、政治体を擬人化しつつ、しかしそれだけでは「頭部欠損」の胴体のみであって完全体とはならず、全体を統治する王を立てることによって、王国もしくは政治体へと高められるとしている。法は、人民を結びつけて接合し、共同体つまり政治体として維持するとともに、その四肢や骨などの部位に固有の権利を保持させる。国王はそうした法や人民の権利を保護することを命じられており、国王の権力は人民に由来する権力、つまり政治権力によって秩序を維持し、支配するものとしている。これは人民が法によって結合しつつ王を立て王国(コモンウェルスもしくはコモンウィール)を形成することを述べたものである。[3]

だが他面では、「国王の権威と権能のみによって形成された王国」があるのであって、そのような国王の権威と権能は、自然法さらにその背後にある神法に由来するのである。人民はこのような王に服従し、支配されることとなるのだが、これは結局、神から由来する王権の統治ということである。イングランドにおいては政治権力による統治と王権による統治が結合して、財産保護や議会の同意などの良きことを生み出しているのに対し、フランスは王権のみによる統治であり住民の財産の収奪などの害悪を生じているとし、フォーテスキュは両者の長所の結合を求めている。[4]

つまりフォーテスキュにおいても人民の結合から国王にいたるのと、国王の権威・権能から人民にいたるのと、上向・下向の発想がある。また彼もスミスも法を重視し、いわば法が公共善を体現しているともみられるのである。ただし、国王の権威の根拠については、スミスは血統に求め、フォーテスキュは神に求めているといえよう。

官僚制なき国家

ところで、イギリス王権は、その統治にあたって、官僚制や常備軍に頼ることはなかった。[5] 周知のようにイギリス絶対王政は、常備軍としては近衛兵くらいのものであったし、官僚は中央には大法官、財務長官、王璽《おうじ》尚書、秘書長官などの少数の有給官僚がいたにすぎない。中央政府の規模も小さく、枢密院は十数名から二〇名ほど、宮廷は数十名、議会は四〇〇～五〇〇名であった。このほか国王の命令の実施にあたるさまざまな機関や組織などの役人たちが、社会的特権をもつが、報酬を与えられることも多く、ブラディックは彼らを「プロト官僚」と呼んでいる。エリザベス時代に、王室から給与もしくは報酬を得ていた役人は、プロト官僚をも含めて一〇〇〇名ほどであり、その多くは地方で任務に就いていた。[6] なお国家の地方役人としては統監、州長官、治安判事などがいたが、これらは在地の貴族やジェントリが担い、基本的に無給であり、官僚とはいいがたい。これらのうち地方役人としては、治安判事がとくに重要な役割を果たし、彼らはチューダー朝の初めには一州に一〇名ほどであったが、エリザベス治世の中頃には一州に四〇～五〇名となり、一六世紀末にはさらに増大している。[7] 官僚制や常備軍、とりわけ基本的に官僚制を欠いていたにもかかわらず、エリザベス時代は相対的に安定した統治がおこなわれたが、中央政府の施策はどのようにして実施されたのであろう。この問題は、その多くはすでに述べきたったところでもあるが、以下のような諸点が指摘できる。

まず第一は、社団ということである。民衆のあいだのアソシエーションが、さまざまな法的地位をもった中間団体となり、さらには法人化し、一定の自律的権限を認められて、社団的秩序に編成されるが、王権はこうした種々の中間団体=社団を通して統治したということである。先述のように一六世紀中頃エドワード六世やメアリ一世は、都市法人化を、宗教改革後の秩序再編の一つの重要な軸とし、多数の都市を法人化したが、これはエリザベス時代に引き継がれた。一六世紀後半の都市の法人団体化は、官僚制によることなく都市内部の秩序の[illegible]貢献した。さらに、その際ほとんどの都市において、市長などの都市役人が治安判事、場合によってはエスチーターなどの国王役人となり、法や令状の執行にあたった。むしろ官僚制によらなかったがゆえに、行政、裁判、さらには財政などで、王権と都市の協調的関係を維持することができたといえる。[8]

第二に王権は、「在地有力者の協力」を取りつけ、官僚ではなく、彼らに行政や裁判の執行を依存していたということである。封建的な自立的権力を失いジェントリ化した地主・貴族、また都市の有力商人などを無給の国王役人に任じて、行政や裁判にあたらせたのである。地主・貴族、富裕商人は、在地の名望家でもあり、その織り成す社会関係のうえに立って、地方の国王役人を引き受け、さらにその配下の者が下級の官職を引き受けることによって、王権の支配が成り立っていた。彼らは官職以外に収入源をもっていたのであり、専業的な役人ではなく、その意味でアマチュアの役人ということでもある。つまりここでも、在地有力者が治安判事などの国王役人となり、配下に治安官や貧民監督官などを統制していた。[9]

第三に、官僚制の欠如を補う方法として、とくに一六世紀中頃からさかんに用いられた国王の授権状(royal commission)の発布という方法があった。授権状は、「指名された個人に対し、国王のために特定の職務を遂行する権限を与える」開封勅許状である。じつは先述の治安判事の任命もこうした授権状によっていたのであるが、常設の役職についての任命に限らず、臨時の課税、民兵召集、特定の行政上の問題の処理、各種の特別な問題についての調査などのために、短期的・臨機的な任務遂行を命ずる授権状も重要な役割を演じていた。こうした方法をとれば、恒常的な官僚をもつ必要もなく、州といわず都市といわず、必要なときに必要に応じて、適当とみられる人物に授権状を発布して、命令や職務をおこなわせることができた。「チューダー朝の成功の真の秘密は」、制度機構の問題よりも、「国王の授権状の行使にある」ともいわれている。[10] なお国王の令状の執行は本来シェリフがおこなうのであるが、しかし都市の市長や特権領の領主などに令状復命権を与えて、令状の執行にあたらせるという中世以来の方法もとることができた。さらに、国王を頂点としたパトロネジの体系が、宮廷貴族をへて地方ジェントリや都市にまで及んでいたが、すでにみたように、パトロンと都市や地域のクライアントの関係が、王権と都市や地域のあいだを仲介し、王の政策を円滑に遂行させるのに役立ち、実質的に官僚制の役割を代行していたことも、指摘されるべきである。[11]

以上、互いに重なる点もあるが、社団、在地名望家の協力、授権状やさらにパトロンなどが、官僚制に代わって王の政策・命令の遂行を可能にし、とりわけ社団と名望家の協力が、秩序形成と統治に寄与していたのであった。それでは王権は、どのような正当性の根拠に基づいて統治をおこない、さらにその根拠に基づいてどのような政策を遂行したのであろうか。これについては、王のもつ世俗と宗教の二面における正当性の根拠から、家父長制と国教会体制という二つの国家秩序の編成がみえてくる。[12]そして問題は、そのような国家秩序の編成のなかで、ミドリング・ソートはどのような位置を占め、またそれがどのような意味をもったかをみることである。

2　家父長制国家

王権の正当性——家父長制国家

古典的なM・ウェーバーの支配の社会学からすれば、いわゆる絶対王政は、伝統的支配の家産制の一形態に該当するとみることができる。[13]その正当性が「古来伝習の秩序とヘル権力との神聖性」に基づいているのが伝統的支配であり、先のT・スミスの王族の血統もこの神聖性に含まれるとみられる。長老制、家父長制など行政幹部のない支配形態から、行政幹部をもち伝統に拘束された家産制が区別される。行政幹部のない家父長制は、「第一次的家父長制」とも呼ばれているが、この第一次的家父長制が行政幹部をもったのが家産制であり、家産制はそうした意味では第二次的家父長制といえるであろう。しかし、家産制（行政幹部をもつ家父長制）でも、ヘル（支配者）が全ての権力と経済的チャンスを専有していない場合、つまり団体や行政幹部がそれらを分有している場合があるが、それは身分制的家産制的（家父長制的）支配と呼ばれている。イギリス絶対王政のように、国王への権力集中が進みながらも、都市社団や貴族の特権領のごときもの（大陸諸国に比べればそれらの特権・自立性は弱い）が、その支配下に存在しているような場合は、身分制的家産制（家父長制）ということになるであろう。王権は政治権力を全て集中しているのではなく、都市社団や在地有力者がその一部を特権として分有することを認めているのである。王権の地方統治は、州－郡（ハンドレッド）－村落（タウンシップ、教区）という行政機構・制度を基本とし、王権からの下向過程が形成されるが、しかし都市社団や特権領の存在は、この支配秩序に一元化されないものを残している。

さらにウェーバーは、行政幹部をもつ家父長制（patriarchy＝家産制）国家の頂点にいる国王は、支配の正当性が「伝統の神聖性」のうちにあるにせよ、その支配について臣民のコンセンサスを得るのは、王が「国父」として、「臣民の「福祉」の保育者」であり、「社会政策の担い手」となることによってであるとしている。つまり家父長主義政策を貫き、民の保護者となることによって民のコンセンサスを得たのである。[14] そしてこれは、スミスやフォーテスキュの指摘した議会制定の法を通してであり、法が秩序の要となっているのである。

家父長主義

王の権威を表象する儀礼や政治文化の問題も興味深いものがあるが、[15] ここでは以上のような観点から、家父長主義的保護策、つまり社会的な弱者の保護・救済策を取り上げて、それとミドリング・ソートの関わりについて検討する。それらの家父長主義的政策は、貧民救済、穀物流通規制による消費者保護、小生産者・職人の保護策などである。こうした諸政策の多くは、多かれ少なかれ都市とくにロンドンなどがおこなってきた政策でもあり、身分制的・家産制的支配において、国家の家父長主義と都市社団内部の家父長主義の二重化された状態をみることができる。それは、例えば救貧について、教区委員による教区共同体の相互扶助的な貧民救済が教区委員会計簿に記載され、国家の救貧政策に由来する救済が貧民監督官の会計簿に記載され、二種類の救貧会計簿ができるということに典型的にみられる。[16]そのほか、職人規制法の規定や穀物流通規制についても同様の二重性があり、本来都市の政策を国家が吸収してゆく途上のこととも いえる。なお国家による家父長主義的諸政策は、一六世紀前半にもみられたのであるが、一六世紀後半以後顕著となる。それはこの時期に人口増加、社会的分極化の進展、インフレーション、住民の移動・流動化といった社会的・経済的変化が顕著となったからである。[17]

これらの家父長主義的保護策は種々研究されてきたところであり、立ち入る必要はないが、その実施体制に注目してそれらの展開を追えば、ブラディックが指摘するように、ジェントリのほかミドリング・ソートの協力が必要とされていたことがわかる。これによって、都市やコミュニティの分極化の進展のうちに現れた地域の有力者(「より良き人々」)が、国家の政策の実施体制のうちに捉えられ、ミドリング・ソートとして把握されることとなる。この点を確認してみる。[18]

まず救貧行政では、一五三六年の法令により、教区委員が労働不能力者の救済のための、自発的な救貧基金の収集にあたるという国家的施策をも担うこととなった。[19]一五六三年には治安判事が救貧行政に登場し、献金拒否者などの処罰にあたり、[20]さらに七二年には治安判事の任命する貧民監督官や徴税役が登場し、救貧資金が自発的献金から救貧税へと変化した。[21]そして一五九八年には治安判事、貧民監督官、教区委員の連携による教区単位での救貧が集大成された。[22]ここで治安判事はジェントリ層や都市幹部であるが、教区委員、貧民監督官、徴税役などは教区コミュニティの有力者であった。彼らは、治安判事のもとで国家の救貧行政を担うことにより、コミュニティ役員とは異なる国家役人としての性格をもつにいたったミドリング・ソートだったのである。[23]

次に穀物流通規制については、最初の国家的規制は一五二七年の飢饉に際し、余剰穀物調査と地方市場販売の強制、穀物仲買人の規制として始まったが[24]、五二年には、治安判事が登場し、また穀物仲買人の許可制がとられ、治安判事によって許可された仲買人が、穀物などの食糧品を、公開市場や家庭に販売することは合法的であるとされた[25]。一五六三年にも同様な仲買人の許可制が定められ、三人の治安判事によって許可された仲買人は、穀物などを購入し、国内のどこへでも搬送しうるとしている[26]。これらはいずれも貧民や飢饉に配慮して安価な穀物供給を確保する狙いがあったが、そのために許可制により仲買人＝ミドリング・ソートが不可欠のものとして公認されたのである。一五八七年にいたると、それまでの穀物規制立法を集めて「命令集 The Book of Orders」が編纂され、以後幾たびかの編纂をへて一六三〇〜三一年に集大成された[27]。その主要な内容は以下の通りである[28]。

(1)治安判事は管轄区域の余剰穀物を調査し、公開市場へ搬入させるかもしくは許可された仲買人へ販売させる。

(2)貧民は先買権をもち、少量ずつ購入できる。市場での穀物は貧民に対しできる限り好意的な価格で(favor in prices)供給される。なお市場に来ることができない貧民には、市場外での販売が許可される。

(3)麦芽生産者、パン屋、醸造業者への監視と規制、不要な居酒屋の廃止、製粉業者への規制などによる、潤沢な穀物の確保策。

(4)治安判事は市場はじめ、全体を監視し違反者を処罰し、市場価格や彼らの執行したことを毎月報告する。

などである。

つまり、家父長主義的な貧民保護政策に基づく穀物価格や穀物流通規制、醸造や居酒屋の統制策、治安判事が仲買人＝ミドリング・ソートの協力を得て実施する体制であった。

このほか小生産者・職人の保護策としては一五六三年の「職人規制法」が、商業化の進展を一定度に抑えて安定した農業社会の実現を目指しつつ、徒弟制度と賃銀規制を通じて、職人、手工業者を保護しようとするものであった。ここにも家父長主義的原則がみられるのであるが、その実施の中心は治安判事であり、さらに農村地帯では「タウンシップの治安官やほかの主要役人」(第一五条)の協力、都市では市長や市参事会員や都市の主要役人など(一七、三〇、三一条)の協力を得ている。[29]

以上いずれの政策も治安判事を軸とした執行の体制が定められているが、同時に救貧行政においては、貧民監督官や教区委員、穀物流通規制では仲買人、職人規制法ではタウンシップの役人や都市役人の協力によって、政策が実施されていった。これらの役人は、原則として無給であり、したがっていずれも比較的豊かな商工業者、富農などミドリング・ソートであって、その多くはコミュニティ内の役人だった者が、家父長制国家の末端に取り込まれたことを意味している。社会・経済との接面に立っていたのは、治安判事より、むしろ彼らであった。

しかし、以上のような家父長主義的保護策は、その実施にともないさまざまな違反に直面し、支配秩序維持のための訴訟が増大した。救貧法における救貧税未払い、穀物流通規制における穀物の買占め、債権債務などの信用問題、居酒屋の違反営業、職人規制法における徒弟条項違反、賃銀規制違反等々が発生し、こうした事態が訴訟の増大をもたらした。家父長主義的保護策は社会秩序の安定をはかるものであったが、しかし社会的分極化のさらなる進展、貧民の都市への流入の増大、凶作と飢饉の発生、経済不況の到来などによって、その安定性に動揺が生じた。それはとくに一五九〇年代に顕著となり、これらの訴訟は、治安判事の法廷やさらには中央の法廷で裁かれることが多くなっていった。[30] しかし、このような訴訟は、貧困者による違反や犯罪を、ミドリング・ソートが取り締まるということにつきず、ミドリング・ソート自身が、家父長主義的保護策に違反する場合も多かったのである。彼らは、本来は市場経済を基盤に自由主義的傾向をもち、成長するにつれ家父長主義的保護策とは矛盾をきたすのである。救貧については彼らによる統制が機能しえたが、穀物流通や徒弟制、賃銀規制を破る者はミドリング・ソート自身でもあった。[31] したがって、政策実施の末端にミドリング・ソートを取り込んだことは、政策の実施を危ういものにする一面があり、これは官僚制を欠いた国家の弱さを示しているように思われる。

3 国教会体制

王権の正当性――国教会体制

王権の正当性は、伝統に基づくだけではない。王権は神に由来するという王権神授思想は中世から一六世紀にも広くみられた。すでに触れたように、フォーテスキュは、王権は自然法に基づくものとしているが、その自然法は神の摂理たる神法の娘なのである。彼は、王権による統治は、議会の法にも基づくべきことを助言しているが、王権を神に由来するものとみていたのである。[32] チューダー朝の王権の正当性も、そうした神授思想によっても基礎づけられていたのであった。[33] こうした王権神授思想は、一五三四年宗教改革議会が制定した「首長法」において、国王は「イングランド教会の地上における唯一至上の首長 the only supreme head in the earth of the Church of England」としたところにも示され、中世以来の王権と教会の二元的体制は、これによって王権のもとに一元化されたのであった。[34] ここに国王は、世俗的には家父長制的支配者として、また宗教的には神を背後にもった信教の擁護・管理者として、君臨することとなったのである。もっとも「信仰の擁護者 Fidei Defensor」とは、元来はルターに反論したヘンリ八世に、ローマ教皇が送った称号であったが、宗教改革の推進とともにヘンリ八世は、一五四三年に議会からその称号を与え直させ、以後「イギリス国教の擁護者」の意味において、歴代国王の称号となったのであった。[35]

しかし周知のように、ヘンリ八世のもとでは、信教そのもののプロテスタント化は進まず、エドワード六世のもとで、「共通祈禱書」や「礼拝統一法」などによってプロテスタント化が進められたが、その死後メアリのもとで、民衆のあいだになお根強く残るカトリック信仰に対応しつつ、カトリックへの復帰がはかられたのち、一五五八年一一月に即位したエリザベスは、翌五九年の議会において「国王至上法」と「礼拝統一法」を制定した。これによって、エリザベスは、ローマ・カトリック教会からの再度の決別と、プロテスタント的な宗教儀礼を定め、さらに一五六一年までにはほとんどの主教を入れ替えたのであった。[36] しかし、いわゆる「エリザベスの解決」と呼ばれるこれらの宗教政策は、国内の反カトリック感情に配慮する一方、急進的なプロテスタント化をも防ぐことによって、宗教的・政治的な国内的統合を果たそうとしたものであり、プロテスタント化を進めてはいるが、カトリックとカルヴァン主義者の双方に不満を残すこととなった。[37] 信教そのものの純粋化を追求するよりは、国内的な宗教的・政治的統合が重視され、信教面では妥協的ともいいうる。エリザベスがこうした姿勢を脱したのは、北部の反乱の鎮圧、ローマ教皇のエリザベス破門などをへた一五七〇年代のことであり、カトリックを弾圧する一方、七七年にはピューリタンの大主教グリンダルを職務停止処分とするなど、ピューリタンをも退けて、八〇年代初めには国教会体制を確立した。この体制のもとでは、政治的正当性が「真の宗教の擁護」におかれ、国家は人々を国家的信教へと強要しつつ、宗教的統一をはかる「信教国家」となった。[38] 宗教改革とその後の宗教史について、多くの研究が存在するが、ここではエリザベス時代の国教会体制における中間的社会層の位置を確認し、その意義について検討するにとどめたい。

国教会体制の維持装置

こうした国教会体制を維持するために、どのような制度・機構が存在したのであろうか。

国教会体制のヒエラルヒーは、大主教（カンタベリ、ヨーク）、主教、大執事、教区聖職者へと続き、さらに末端には俗人たる教区委員が、教区聖職者と教区民のあいだに介在していた。このようなヒエラルヒーを通じて国教を維持するのであるが、それは本来、教会裁判所、つまり大執事裁判所、主教裁判所、主教裁判所からの上訴を受ける北部のヨーク尚書裁判所、南部のアーチ裁判所などによる違反の取締りとしておこなわれていた。[39] さらに、これに加えてエリザベス以前からおこなわれていた主教や大執事による教会巡察があり、エリザベス時代には高等宗務官制度・高等宗務裁判所があった。[40]

これらのうち、まず主教や大執事による教会巡察については、山本信太郎氏らの研究がある。[41] 教会巡察は中世以来おこなわれていたのであるが、主教は主教区内を、大執事は大執事管区内の教区教会への巡察をおこない、教区教会での儀式の在り方、祭壇その他の設備の状況、説教の在り方、教区民の状況等々について査察した。エリザベス時代にはそれは基本的には「国王至上法」と「礼拝統一法」が教区において遵守されているか否かの監視であったといえよう。ここで興味深いのは、山本氏が教区委員会計簿によって、巡察の実態を解明しているように、巡察のための費用の収支は教区委員が担当し、さらに巡察についての報告書を作成し、提出したのである。[42] つまり、教会巡察は教区の有力者たる教区委員の協力を不可欠としていたのであった。

また、従来からの教会裁判所は、本来カノン法に反する犯罪・違反を扱うのであるが、コモン・ローでは審理されえない多数の犯罪を扱っており、そのなかには社会秩序の維持にかかわるものもあった。[43] 例えば大執事裁判所は、聖職者の規律についてだけでなく、俗人の道徳的・性的行動の規制についても管轄していた。その業務は、刑事訴訟に相当する offence business と、民事訴訟に相当する instance business に分かれていた。後者の場合は、私的な立場から訴追されたが、前者の場合は、犯罪を発見し訴えるかどうかは、ここでも教区委員にかかっており、教区委員は治安官と同様に、その地域の人々の圧力に左右されるところがあった。[44]

高等宗務官制度・高等宗務裁判所については、楠義彦氏の一連の研究が示すように「国教強制」の手段として、エリザベス治世期以後を特徴づけることとなる。[45] 一五五九年の「国王至上法」には、国教忌避者の取締りや、国教の遵守にかかわる高等宗務官の規定が存在する。この法に基づき、さっそく一五五九年に授権状によって任命された高等宗務官は、教会への欠席(第四項)や、宗教的な「誤謬《ごびゅう》、異端、犯罪、悪弊、違反、侮辱および悪行」(第五項)を取り締まることとなった。[46] 高等宗務官制度は、「国王至上法」と「礼拝統一法」を遵守させるための制度であるが、高等宗務官は当初は裁判官(judge)よりは巡察官(visitor)としての性格が強かった。しかし一五八〇年頃から彼らは定期的に集合して、組織的な体制をとるようになり、また訴訟を扱うようになって八三年には高等宗務裁判所(The Court of High Commission)となった。[47]高等宗務裁判所は大権裁判所であり、「国教強制」の拠点となったのであるが、この裁判所の成立は、国教会体制の確立の証とすることができる。この大権裁判所は、主としてピューリタンを弾圧したため、のちにコモン・ローを拠り所とするピューリタンの反発をもたらしたのであった。しかし、ここで注目されるのは、一五五九年の宗務官任命書は、カンタベリ大主教、ロンドン主教、枢密院議員のほかナイト、エスクワイアなどを宗務官としていること(第四項)、また同時に全ての治安判事、市長、シェリフ、ベイリフ、治安官などが、その執行に助力し、支援するべきこととしている(第一六項)点である。[48]つまり、末端においては、専門官僚ではなくまたしても在地有力者であるジェントリやミドリング・ソートに依存しているのである。

以上、巡察と教会裁判所においては教区委員、宗務官制度においては市長、シェリフ、ベイリフや治安官など、いずれもミドリング・ソートが、「国王至上法」や「礼拝統一法」執行の末端における役割を担うこととなった。もっとも一五八〇年代以後、レキュザント(カトリック系国教忌避者)取締りの強化は、その訴追の責任を教区委員から治安判事へ移行させることとなったが、教区委員などの関与はなお続き、これら官職保有者の宗教的立場は多様であった。[49]さらに、聖職推挙権は、しばしば俗人の手中におかれ、十分の一税などの教会収入も俗人の手に渡っていたし、説教師の不足が、俗人説教師の登場を容易にしていた。ピューリタニズムにおいては、聖職者の特権を認めず、平信徒・俗人の説教を認めて、俗人が信仰の主導性をとることができた。こうした事情から、国教会体制のもと、国教による信仰の統一をはかることは困難であり、多くの非国教徒が存続することとなったのである。[50]ピューリタンやカトリック教徒を直接禁圧する法令にもかかわらず、ディセンター(プロテスタント系非国教徒)もレキュザントも存続している。結局、国教会体制の確立にもかかわらず、「真の宗教の擁護」は達成しきれず、多様な宗派が存続した。そうした意味で、ブラディックのいうように「信教国家」は貫徹できず、最終的には名誉革命後の「寛容法」において、ピューリタン系の非国教徒を公認するという決着をみたのであった[51]。

以上のうちとくに注目したいのは、家父長制国家、国教会体制のいずれにおいても、治安判事＝ジェントリ層のほかに、教区委員など教区コミュニティの有力者や都市役人など、ミドリング・ソートを、支配機構の末端に取り込む体制がとられたことである。民との「接触点」に立って、法の施行を担うこととなったのは、むしろこれら教区役人などミドリング・ソートであり、彼らは法に基づいて国家からの公的責任を負い、権威・権力を得て、貧困層との差異化を明確にした。共同体の役員であった彼らは、国家の末端に連結することによって、中央の新たな価値観を担うようになったのである。しかし彼らは、官僚ではないがゆえに、またコミュニティの有力者であるがゆえに、その執行に「自由裁量discretion」の余地をもつことができた[52]。とくに救貧行政などの社会政策においては、こうした教区役人がコミュニティの実状に合わせて円滑な法の執行を可能とした一方、枢密院や治安判事との乖離《かいり》を生む場合も生じたのである。在地の有力者として、彼らは法の執行にも利害関係をもっていたのであり、こうした「公私の結合がまさにエリザベス期のイギリスの問題だった」とも指摘される[53]。このような事態をも含めて、行政の末端に位置するミドリング・ソートの動向が、国家の社会政策や宗教政策の在り方をも左右する一つの重要な要となっていたことを指摘できる。

結局、王権がコモンウェルスを、法に基づきつつ、家父長制と国教会体制によって上から編成しようとする下向過程は、官僚制の欠如のゆえに、民との接触点で教区役人などコミュニティの「より良き人々」に依存することとなり、その編成を全面的には貫徹できない局面を残すこととともなった。官僚制なき国家は、その行政の末端で、法の執行の実際を在地有力者に委ねるため、ジェントリより下位のミドリング・ソートの協力を必要としたのである。そこに残される彼らの裁量の余地は、統治のいわば糊しろとして、権力支配に柔軟性をもたらすとともに、民衆の自発的な社会的・経済的・宗教的な活動を生む余地を残すことにもなったのである。

第七章

一七世紀前半の社団的編成の動揺

1 ロンドンの動向

経済環境の変化

初期スチュアート朝時代のイングランドは、一六世紀後半から引き続いて人口増加が進み、いわゆる人口圧を生み出すまでにいたっている。E・A・リグリーとR・S・スコフィールドの推計によれば、一五五一年に三〇一万ほどであったイングランドの人口は、一六〇一年には四一一万となり、一六五一年には五二三万となっているが、とくに一五七〇年代から一六二〇年代の増加が顕著で、三二七万から四八九万へとおよそ五〇％の増加をみている。[1] そしてロンドン（郊外を含む）の人口は、一五五〇年七万、一六〇〇年二〇万、一六五〇年四〇万へと増加し、一七世紀前半には二〇万、一〇〇％の増加で、全国の人口増加率の四倍に達している[2]（表7−1）。また物価は、一五九〇年代に急上昇したのち、一七世紀に入ってやや安定するが、一六三〇年代にまた大きく上昇し、一六世紀後半以来のインフレーションも続いている。[3] こうした状況のうちに、諸都市では、内部で社会的分極化が一層進展するとともに、貧民などの都市流入が増大した。この結果、エリザベス時代には相対的に安定していた寡頭《かとう》的都市体制内部にも、種々の抗争が生じることとなった。

表7-1　ロンドンの人口増加

年	ロンドン(人)(全人口比%)	全イングランド(人)	ロンドンの地区別人口(単位：千人)						
			年	シティとリバティ	東郊外	北郊外	西郊外	南郊外	合計
1550	70,000 (2.1)	3,011,030	1560	80(73%)	10	5	5	10	110
1600	200,000 (4.9)	4,109,981	1600	100(54)	30	20	10	25	185
1650	400,000 (7.7)	5,228,481	1640	135(38)	90	20	35	45	325
1700	575,000(11.4)	5,772,415	1680	105(24)	140	60	65	65	435
1750	675,000(11.7)	5,772,415							

出典：Finlay, R. (1981), pp. 7, 51; Wrigley, E. A. & Schofield, R. S. (1981), pp. 208-209; A・L・ベーア／R・フィンレイ，川北稔訳 (1992)，62頁。

エリザベス時代の都市秩序の相対的安定は崩れ始め、寡頭体制派と反寡頭派、国王支持派と反国王派、都市政府と主教の争いなど種々の対立が生まれ、ミドリング・ソートの政治化が進んだ。[4] まず、ロンドンについて都市内小共同体の分極化の進展と市内への流入民の増大がもたらした変化をみてみる。

リヴァリ・カンパニーの変容——スチュアート・コーポレイションの形成

一六世紀後半のいわゆる「エリザベス期のカンパニー」は、社会的・経済的な分極化によって、商業的利害と産業的利害が分離しながらも、富裕な商人・問屋制資本家から、中小生産者・手工業者をへて、職人・徒弟にいたるまでの諸階層を、同一のカンパニー組織に含み、なお一つの共同体として存続していたし、カンパニーの枠組みに沿って、徒弟からの社会的上昇の途が開かれていた。[5] しかし一七世紀に入ってからの、社会的分極化のさらなる進展、経済環境の変化、そしてとくにロンドンの人口増加は、このような一体性を打ち破る事態を生み出していった。この時期には、とりわけ商業的なリヴァリ・カンパニーに顕著なのだが、ほとんどのリヴァリ・カンパニーがその内部に、職業の多様化が進展し、本来の職業とは異なる多様な職業を含むようになった。それは一六世紀にもある程度は進行していたが、一七世紀に入って顕著となったのである。人口が増加し、経済規模も拡大するなかで、カンパニーの営業規制力は弱化する傾向にあり、またカンパニー内部でも組合員の転職や兼業がおこなわれるようになっている。しかもロンドンには市民権所有者であれば、いかなる職業でも営めるという「ロンドンの慣習」があり、それが法的根拠を与えた。[6] このため、もともと商人が総合商人的で営業規制が弱かった、商業的なリヴァリ・カンパニー、つまり絹物商、毛織物商、小間物商などのカンパニーでは、内部の職業混合が著しく、同職組合としての性格をまったく失うまでにいたっている。[7] これらのリヴァリ・カンパニーでは、リヴァリ層が富裕な貿易商人や国内商人であって、一七世紀前半には、市民権をもっていれば「ロンドンの慣習」によって、どのような商品をも扱うことができ、いずれのカンパニーに所属していても同じように営業できたのである。このことは、富裕な商人層＝リヴァリ層が、職能団体の壁を破って、営業規制を消滅させつつ、同一の社会層を形成し始めたことを示しており、社団的秩序にも変化と動揺を生むことにもなるのである。[8]

一方、手工業者や小売商のカンパニーでは、もともと同職組合による営業独占が強く、「ロンドンの慣習」は制約されていた。このためカンパニー内部での職業混合はあまり進まず、同職組合としての性格をなお維持していた。しかし内部での社会経済的な分極化が進み、リヴァリは富裕な商人や問屋制資本家として、営業規制を弛緩させてゆき、規制の強化によって自己の地位の安定を得ようとする平組合員・中小親方との対立が生じていた。こうしたなかで、中小親方は困難な立場におかれた。つまり、手工業者や小売商は、一七世紀前半にはほかのカンパニーに所属する同職者や、郊外などのよそ者同職者によって、その営業独占が脅かされて、彼らの地位は不安定であった。このため、手工業者や小売商は、ほかのリヴァリ・カンパニー内部やカンパニー外に存在する同職者を糾合して、同職組合の維持・復活運動を展開する事態がみられた。自らの生業を守るべく、一人一職の原理による営業の独占にもっとも固執したのは、手工業者・小売商のカンパニーだったのである。[9] 手工業・小売商カンパニーは、まずは自らのカンパニー内部にも存在した異質的職業の従事者の排除をはかったり、次にはほかのカンパニーに所属する同職者を自己のカンパニーへ移籍させるという方法をとった。しかし、同職組合復活の最高の形態は、富裕なカンパニー内に含まれる小親方たちが、他カンパニーに所属するか、あるいはカンパニーに所属しない同職者を結集し、法人化特許状を得て新たなカンパニーを設立する、いわゆる「スチュアート・コーポレイション」の形成である。

例えば、一六〇四年に小間物商カンパニーからフェルト帽製造工カンパニーが、一六〇六年には食糧品雑貨商カンパニーから薬種商カンパニーが、一六三五年には皮革商カンパニーから手袋工カンパニーが、法人化特許状を得て分離独立した[10]。それは、一五世紀半ばには非合法な自発的結合組織であったヨーマン・ギルド、ジャーニーマン組合がたどりついた終着点でもあった。つまり、すでに述べたようにヨーマン・ギルドなどは、その後世帯主・小親方を担い手として、リヴァリ・カンパニー内に包摂され、一六世紀にはその従属的組織となったが、それが一七世紀前半にいたって法人化し、自立したのである。そして、初期スチュアート王権は、小生産者保護の観点からも、これらの法人団体結成を

表7-2　17世紀前半のリヴァリ・カンパニーの創設

カンパニー名	年	元所属したカンパニー
フェルト帽製造工	1604	小間物商
ろくろ工	1604	
園芸業者	1605	
造船業者	1605	
燃料商	1606	
薬種商	1606	食糧品雑貨商
教区書記	1611	
公証人	1617	
糊製造工	1620	食糧品雑貨商
金銀糸製造工	1623	
家具屋	1627	
トランプ製造工	1628	
眼鏡製造工	1629	小間物商
絹屋	1631	織布工
時計製造工	1631	鍛冶屋
手袋工	1635	皮革商
ピン製造工	1636	製帯工
鉄砲製造工	1637-38	鍛冶屋
石鹸製造業者	1638	
蒸留酒製造業者	1638	
ガラス工	1638	
角細工師	1638	

出典：Hazlitt, W. C. (1892) の各カンパニー。なお，Unwin, G. (1904, 1963), pp. 135-136.

支持した。初期スチュアート期に、新たに結成されたロンドンのリヴァリ・カンパニーは、表7-2のようである。[11] しかし、手工業者・小売商の法人団体形成は、既存カンパニーの分裂や、独占の強化をもたらしたため、富裕な商人層の利害に反し、両者の対立を生んだ。また富裕商人層からなるロンドン市政府も、これに反対し、例えば一六〇四年に王権の支持を得て法人化し、小間物商カンパニーから分離したフェルト帽製造工は、以後五〇年まで、ロンドンの市民権を認可されなかったのである。[12] つまり、スチュアート・コーポレイションは、既存カンパニーの枠組みを破った新たな社会的流動性を生み出し、富裕商人層と手工業者・小売商の対立だけでなく、王権と富裕商人および富裕なリヴァリ・カンパニーとの対立をも引き起こし、王権-都市共同体-小共同体という社団的秩序に動揺をもたらすものだった。しかし、このような事態を引き起こしたのは、もともとは商業的なリヴァリ・カンパニーの商人層が、職能の壁を破って、その営業規制力を消滅させていったところにあった。

ミドリング・ソートの動向

リヴァリ・カンパニー内の職業混合と営業規制の消滅とともに、リヴァリを中心とする富裕な商人層は、リヴァリ・カンパニー組織の外に、共同の結集点を形成し、経済的な一体性へ向けて進んでいった。彼らは、まず地理的に、職業ごとの居住に捉われることなく、市場施設や貿易会社などの拠点がある市の中心部に集中する傾向があり、チープサイドやコーンヒルなどの中央部に富裕商人が集まっていった。コーンヒルは一七世紀前半に従来からの絹物商、食糧品雑貨商に加え、貿易商、麻織物商、小間物商などの商人が増加し、多様な商人が居住する富裕区となっている(表7-3)。また、出資者となった貿易会社などの合本会社・株式会社もそれ自体が、彼らの結集点である。一七世紀前半には、最富裕商人は東インド会社とレヴァント会社に向かう傾向があり、これらは一六世紀の貿易に君臨したマーチャント・アドヴェンチャラーズ組合に取って代わっていった。富裕商人は、この時期に存在した合本会社への出資者、あるいは株主として共通の利害をもつことになる。[13]

だがロンドン商人の結集点として、より大きな意味をもつのは王立取引所である。この施設は、アントワープの取引所にならったグレシャムの努力により、ロンドン市と絹物商カンパニーの土地に、リヴァリ・カンパニーなどから資金を得て建設され、一五六九年に開業し、七一年にエリザベスの訪問を得て王立取引所(Royal Exchange)と呼ばれるようになった。[14] この取引所は、市参事会側と絹物商カンパニー側を代表する委員による委員会が管轄・統制した。その機能は二点あり、まず第一は、さまざまな商人たちが集まり取引をおこない、情報を交換する公開の場ということである。

表7-3　聖ピーター・コーンヒル教区の商工業者　(単位：人)

	職業名	1575-1603年	1604-40年	計
増加	貿易商	7	23	30
	小間物商	7	21	28
	専門職	9	19	28
	麻織物商	5	18	23
	料理師	6	13	19
	ブドウ酒商	6	12	18
	ガラス工	0	4	4
	絹織布工	0	4	4
不変	食糧品雑貨商	25	28	53
	武具商	19	17	36
	鶏肉商	18	16	34
	毛皮屋	18	15	33
	毛織物商	15	16	31
	仕上工	14	11	25
	絹物商	12	13	25
	魚商	11	11	22
	金細工師	3	1	4
減少	仕立商・仕立工	31	25	56
	ジェントリなど	7	4	11
	羊毛包装工など	4	0	4
	大工	10	5	15
その他	船大工	0	1	1
	合　計	227	277	504

出典：Gower, G. L. (1877) より作成。

これは建物の中庭でおこなわれたが、中庭は種々の商人が自由に集まる公共の空間ということである。ただし、これも鐘の音によって合図される、朝一一時から夕方六時（冬期は五時）までという時間的制限があったが、しかし商人たちの会合は長時間に及び、一六三〇年には市議会が規制するほどであった。一六四四年の王立取引所の画像には、中庭で立ったまま数名ずつに分かれて話し合う、無数の人々が描かれており、賑わう商人たちの公共空間のありさまが示されている。[15]

第二は、取引所の一階と二階に多数の店舗（Main Pawn と Upper Pawn）があり、それらがさまざまな業者に貸し出され、多種多様な商品が陳列されていた。二〇〇にも及ぶ店舗が開かれ、人々が自由に行き交う、イングランド最初の「ショッピング・モール」でもあった。店舗は表7－4のように、小間物商、絹物商など多数の職種の営業者に貸し出されたが、店舗の賃貸料はロンドン市と絹物商カンパニーのよい収入源となっていた。[16] 一七世紀後半には、王立取引所はさらに発達してゆくのであるが、すでに一七世紀前半においても、カンパニーの枠組みを離れて、このような市場施設や合本会社などを軸にして、ビジネス・コミュニティと呼ばれるような経済的な一体性へ向けて前進していったのである。

一方政治的には、リヴァリ層は、ロンドンの市政機関の一つであるコモン・ホールの担い手であって、ロンドンの下院議員四名を選出し、またシェリフ二名のうちの一名を選出した。さらに市長候補者二名、収入役候補者二名などを選

表7-4　王立取引所内の店舗

職　種	店舗数
小間物商	55
絹物商	25
塗師	21
仕立商	17
食糧品雑貨商	12
皮革商	10
仕上工	10
文具商	10
製帯工	9
毛織物商	7
金細工師	6
ブドウ酒商	6
理髪外科医	5
公証人	5
書記	5
貿易商	5
刺繡工	3
婦人帽商	2
家具屋	2
金属細工師	2
本屋など9職種	各1
合計	226

出典：Saunders, A. (1997a), p. 89 より作成。

主要所属貿易会社	ロンドン市の主要役職	備　考
MA	市参事会員，シェリフ	
（法律家）	法律顧問官	
東インド，MA，モスクワ会社	教区委員，クライスト施療院長	
MA	市参事会員，シェリフ	
東インド	市長，市参事会員，シェリフ	
（法律家）	法律顧問官	
東インド会社，MA	市長，シェリフ	
東インド会社	市参事会員，収入役	
MA	市長，市参事会員，シェリフ	国王貸付拒否
東インド会社副総裁	市長，市参事会員，シェリフ	
マサチュセッツ湾会社	市議会員	国王貸付拒否
	市議会員	強制貸上げ拒否で投獄
レヴァント，東インド	市参事会員，シェリフ	議会派。市長の息子
レヴァント，東インド	シェリフ，市参事会員，市長	独立派
マサチュセッツ湾，レヴァント，東インド	—	ピューリタン
マサチュセッツ湾	—	ピューリタン。王処刑署名
マサチュセッツ湾，レヴァント	—	関税拒否で投獄

出典：Oxford Dictionary of National Biography; History of Parliament online; Pearl, V. (1961), pp. 176-196.

出し、市参事会がそのうちの一名を市長や収入役に決定したのである。リヴァリは、約四〇〇〇人といわれるが、何よりも下院議員の選挙権保有者として、一六四〇年の短期議会、長期議会に向けて、四名の議会派の下院議員を選出したのである。ピューリタン革命へ向けての、ロンドンの市参事会の動向については、王権と市参事会の構造的な対立をみるR・アシュトンと、その保守性をみるV・パール、R・ブレナーの対立があるが、[17] コモン・ホールのリヴァリが、一六四〇年の議会に急進的なI・ペニントンを含む四名の議会派議員を選出したことは明白である。そしてすでに一六二八年の議会にも、強制貸付を拒否し投獄されたJ・バンスをあえて選出し、それまでのサーの称号をもつ者や法律顧問官を議員に選出しなかったのである。リヴァリ層の意識はすでに一六二〇年代から変化していたとみられる[18]（表7－5）。

区・教区の変容

区や教区内部でも、分極化が進展し、それにともない全員参加型の区会や教区会が崩れ、有力者によって決定

表7-5　ロンドンの下院議員(1621〜40年)

下院議員	議会開催年	所属カンパニー
Thomas Lowe	1621	小間物商 M
Robert Heath	1621	—
William Towerson	1621	毛皮商
Martin Bond	1624, 25	小間物商
Sir Thomas Middleton	1624, 25, 26	食糧品雑貨商
Sir Heneage Finch	1624, 25, 26	—
Sir Maurice Abbott	1626	毛織物商 M
Robert Bateman	1621, 24, 25, 26	毛皮商 M
Thomas Moulson	1628	食糧品雑貨商 W
Christopher Clitherowe	1628	鉄器商 M
Henry Waller	1628	毛織物商
James Bunce	1628	皮革商 M
Thomas Soame	1640	食糧品雑貨商
Isaac Pennington	1640	魚商 PW
Masthew Cradock	1640	毛皮商 W
John Venn	1640	仕立商 W
Samuel Vassall	1640	毛織物商 W

M＝組合長，W＝監事，PW＝筆頭監事，MA＝マーチャント・アドヴェンチャラーズ組合

されるようになっていった。区では、すでに一六世紀末には、その区に居住している市参事会員代理を中心に、区の市議会員などをも含む有力者が、近隣住民の争いの仲裁や、浮浪民の取締り、救貧行政などをおこなうようになっていった。[19] 彼らは、一七世紀の初めには、区議会(The Common Council of the Ward)と呼ばれる永続的な執行組織を形成してゆき、区の行政、役員選出などを実質的に掌握していった。[20] これは特許状や法令による公認を得ていない、非公式な組織であるが、その議事録は通常は区審問会の記録のあいだに挿入され、また一六六三年には、ロンドン市議会は、区議会にビードルを指名する権利を公認しており、一定の公式性を帯びていった。[21] 一方教区会は、教区の有力者が特別教区会(select vestry)を形成するようになり、特別教区会が教区行政を支配するようになっていった。特別教区会の出席者は、多くの場合、治安官、清掃係、教区委員などの経験者に限られた。[22] とくに人口の多い市壁外の教区では、すでにエリザベス治世期に特別教区会を形成していたが、一六三八年までには、ロンドンの一〇九教区中五九教区が特別教区

会をもつにいたっている。[23] ただし、市壁内部の小教区などでは、一般教区会がなお存続していた。

しかし、分極化と寡頭化の進展とともに、区・街区会と教区会の混合がみられるようになってゆく。チープ区では、各街区もしくは教区がその市議会員や審問会役員をもったが、その一教区、聖メアリ・コールチャーチでは、一六一二年に「教区委員、治安官、区審問会役員、清掃係、救貧税徴収役、十五分の一税徴収役、助役等々は、もっとも高い席に始まりもっとも低い席にいたるまでの教会内の席順に従って、指名されるべきである」ことが決められている。[24] つまり教区内に、席順に示される社会的分極化の進展があり、教区の役人も区の役人も、その席順との関係で決定されていったのである。また市壁の内外にまたがるオールダズゲット区では、一六二八年以後の記録では、区審問会の役員を、市壁内からは教区を単位として、市壁外は街区を単位として選出している。[25] また、聖バーソロミュ・バイ・ザ・エクスチェンジ教区は、二つの街区をもっていたが、市議会員は区・街区によってではなく、一般教区会によって選ばれている。[26] つまり、本来区会が選出するべきところを、教区会がこれをおこなっているのである。

以上のように、一七世紀には社会的分極化の進展の結果、在地の有力者が、区・街区・教区の制度的な枠を崩し、混合する事態がみられたのである。しかし、それも教区会が優位する方向に進んでいった。教区と区の下部単位である街区は、類似の小地域であったが、一七世紀には教区会が街区会に影響力をもち、街区会は教区会の議事録に登録され、市議会員の選出は、区会以前に実質的に教区会で決められるようにもなった。教区会は、教区の土地・財産の管理のほか、エリザベス救貧法の施行が漸次浸透し、教区がそれを担うところから、教区会・特別教区会が次第に有力となってゆく傾向がみられたのである。[27] 以上のような区や教区の変化は、寡頭化の進展であり、社団的秩序の底辺の在り方を変え、かつてのような下級役人からの上昇を、歪めることとなったに違いない。

2 ロンドン市の法人化

一六〇八年の法人化特許状

ロンドンは、一六〇八年にようやく法人化特許状を得ている。[28] 中世以来実質的に法人格をもち、また実質的に州の資格をもっていたのになぜこの時点で、法人化特許状を取得したのであろうか。これは、ロンドンへの流入人口の増大による急速な拡大に起因しており、流入してくる移住者の統制を中心問題としていたのである。[29]

まず、一六〇八年の特許状の内容を検討してみると、最初にこれまでの全てのロンドンの特権、勅許状、特許状を確認し、法人団体の名においてそれらをもつことを承認されることを述べたのち、長文の特許状は以下のような三点に要約することができる。なお法人格の五つの指標は明記されてなく、これまでの特権の承認のうちに含まれるとみられる。

(1)かつて修道院解散で解散させられたトリニティ修道院、聖バーソロミュ小修道院、聖バーソロミュ施療院、ブラックフライア(旧ドミニコ会の托鉢修道会)、ホワイトフライア(旧カルメル会の托鉢修道会)、コールド・ハーバーグの特権領の管轄区域は、今後ロンドン市の管轄に入り、その住民たちもロンドン市の支配下におかれ、その検査、処罰、命令、逮捕等々に服すること。ただし、ブラックフライアとホワイトフライアの住民は、全ての税、十五分の一税、およびスコット(市税)の負担、夜警などを、また治安官、清掃係などの役職を免除されること。しかし、兵役や防衛、鋪装や清掃などの負担は負うこと。また市長、シェリフ、市参事会員やほかの役職に就く資格を有すること。

(2)ロンドン市政府は、シティとリバティに住む非市民に対して、エイド(援助金)、タリッジ(直接税)、グラント(補助税)およびほかの上納金を徴収することができる。またロンドン市の役人は彼らに対して差押え権を行使できる。ただし、ブラックフライアとホワイトフライアの住民は前記の課税および差押え権を免除される。また課税に不満な者は、非市民であっても大法官に訴えることができる。

(3)市長、法律顧問官、市長経験のある市参事会員は、治安判事となり、また刑事巡回裁判官として、ブラックフライア、ホワイトフライアを含む全てのロンドン市およびリバティなどを管轄して治安維持にあたり、王国の法を執行すること。重罪や魔術などの治安関係、市場取引の違反などについての取締りをおこない、処罰すること。

まず(1)は、かつての宗教施設の管轄領域の不入権問題であるが、これは旧宗教施設の境内に多くの非市民＝よそ者が住みついたため、それらの住民に対して市の管轄権を及ぼそうとしたものであった。宗教改革以前のロンドンには、二三の修道院・施療院などの宗教施設があったが、ヘンリ八世によって全てが没収、解散させられた。ロンドン市はそれらのごく一部を購入したが、その多くはロンドン市に対する不入権をともないながら、王権によって俗人の手に渡されていった。[30]トリニティ修道院は俗人の手に渡ったのち破壊されたが、[31]聖バーソロミュ小修道院は俗人の手に渡ったのち倉庫となり、[32]聖バーソロミュ施療院は市民によって救われ施療院として存続し、[33]ブラックフライアはT・カワーデン卿が入手し反乱に備えての武器庫となる一方、二つの劇場がつくられ、その一つはシェイクスピアが借り手となっていた。[34]ホワイトフライアには立派な邸宅が建てられ、貴族などが宿泊していた。[35]しかしこれらの宗教施設は、ロンドン市の市壁に沿って、その内と外にある場合が多く、またそれらの施設の境内はロンドン市当局に対する不入権があったことから、地方からあるいは外国からの移住者が住みつくようになっていた。法人化特許状は、これらの旧宗教施設の管轄領域に対する、ロンドン市政府の管轄を認め、検査、逮捕、処罰などをおこなえることとしたのである。しかし、なおブラックフライアとホワイトフライアは一部の不入権を有し、兵役・防衛・鋪装・清掃などの負担は負ったが、ロンドン市民が負担する課税や夜警、治安官などを免れるという特権を維持することができたのである。[36]

(2)は、ロンドンの人口増加とりわけ流入人口の増加にともなう、非市民の増大に対処し、シティおよびリバティ内の非市民＝よそ者にも市民と同等の課税をすることを、認めたものである。ただし、その課税に不満な者は、大法官に訴えることができるとしている。またこの場合も、ブラックフライアとホワイトフライアの住民には適用されないとしている。[37] 一五五〇年代に成人男子の四分の三は市民とされていた時期に比し、ロンドンの人口は一六〇八年には三倍近くに増加し、非市民は絶対的にも相対的にも大きく増大して、ロンドンにとっても大きな問題であった。[38] リヴァリ・カンパニーが非組合員の営業者に対し、組合員と同等の義務を課そうとするのと同様、市民権をもたない者にも市民同様の負担を課したのである。

(3)は、人口増大にともなう治安の悪化に備えて、治安判事の任務を規定したものである。その任務として、①重罪、魔女、魔法、妖術、魔術、侵害、先買い、転売、買占め、強奪などの取締り、②待伏せなどをおこなう武装集団の取締り、③宿の主人その他がおこなう度量衡の違反および食糧品販売違反の取締り、である。結局、直接治安にかかわるのは重罪、強奪、武装集団であり、魔女・魔術などは宗教的異端にかかわる問題でもある。また経済問題では、先買い、転売、買占めはよそ者によるもぐりの取引であり、その要としての宿の主人の度量衡の取締りがあるのである。なお治安判事という国王役人の資格においては、市長などもブラックフライアとホワイトフライアの境内にも、立ち入ることができる旨、述べられている。[39] なおロンドンの治安判事は、一六三八年の特許状によって市長経験のない市参事会員三名が加わり、人数が増加するとともにその職務の対象に殺人も含めるなど拡大している。[40]

郊外地域の法人団体化

以上のように、一六〇八年の法人化は、ロンドンのシティとリバティの人口増加・非市民の増大に対処し、流入民の定住地となっていた旧修道院の境内を管轄に収め、またシティ、リバティの非市民にも市民と同等の課税・義務を課し、さらに治安判事による治安維持と不正取引の取締りにあたらせたのであった。しかし、シティ、リバティの外側の郊外地域においても流入民などの住民が増加していった。この地域はマナー領主が管轄すべき領域だったが、領主権力は弱体であり、ロンドン市政府の支配も及んでいた。しかし、ロンドンの治安判事も市参事会も、その地域へ逃げ込む犯罪者の取締りには関心はあったが、郊外地域について全面的な統治の負担を負うことは避けたかった。[41] そこで浮上したのが、郊外地域の法人団体化であり、市参事会も一六三二年以後その検討を進めていた。だが枢密院が主導権をとり、一六三六年四月にいたり、ロンドンおよびウェストミンスターのリバティおよび郊外地域の商工業者を法人団体化し、この団体へ登録し、七年季徒弟制を修了した者でない限り、営業できないこととした。[42] 組織としては一人の会長と二人の収入役をおき、広大な地域を四つの区に分け、各区に一人の理事と一〇人の補佐役をおいた。最初の会長はウェストミンスター市の治安判事であった。主として経済的な統制が目的であり、これはいわゆる「スチュアート・コーポレイションズ」の一つとみなせる。なお四つの区は、西区がウェストミンスターなど、南区がサザークなどテムズ川の南、北区もしくは中央区がブラックフライアの境内をも含め市の北側三マイル以内、東区が聖キャサリン特権領を含む東側三マイル以内という広大な領域であった。[43] ロンドン市は、これに反対であったが、その理由は一つには、この法人団体がロンドンの特権を侵し、とりわけその領域に居住するロンドン市民をその管轄のうちに取り込むからであり、二つにはロンドンが一六〇八年の特許状で認められた、ブラックフライアなどに対する管轄権を奪うからであった。これはロンドン市と王権の対立の一因ともなり、ロンドン市は一六四〇年の長期議会へ廃止の請願を提出している。[44]

以上、一七世紀前半のロンドンがかかえた問題は、小共同体内部の分極化の進展と、流入人口・非市民の増加の問題であった。小共同体ではとりわけリヴァリ・カンパニーにおいて、営業の一層の自由化をはかる商業的ブルジョワと、営業規制強化を求める下層の手工業・小売商の対立が、カンパニーの分裂をもたらし、小共同体－都市－王権の関係にも軋轢《あつれき》を生んだ。一六〇八年のロンドンの法人化は、社団の再編成を意味するが、三六年の郊外地域の法人団体化は、ロンドン市と王権の対立の一因となったのである。

3　地方都市の法人化と再法人化

初期スチュアート時代の都市法人化

地方都市のありようは多様であるが、やはり内部の分極化の進展と流入人口の増加の問題をかかえた都市は多い。すでにエリザベス時代の末期には、都市寡頭制における調和的秩序は、モラル・リフォームの動きや寡頭制への反発にみられるように、内部対立をはらみ始めていた。一七世紀に入って、内部対立から法人化や再法人化を求める都市が増加してくるのである。初期スチュアート時代には、新たに五二都市が法人化され、また都市の再法人化（特許状・勅許状のたんなる確認や更新ではなく、内容の修正を含む再法人化）も五四都市にのぼっているのである。[45] これらの都市の法人化・再法人化は、対立をかかえつつ動揺し始めた社団的秩序の再編成としての意義をもつといえよう。これらをまず、新たに法人化された五二都市に即して時期区分してみると、三期に分かれる（四四頁表2－1参照）。

第一期はジェームズ一世治世前半の一六〇三～一五年で、この一二年間にロンドン、ソールズベリなど三一都市が新たに法人化され、都市法人化の一つのピークをなしている。これはエリザベス時代末期一五九〇年代以後のコーポレイション化の継続ともみられ、都市内外の社会的分極化の進展にともなう都市政府の寡頭化の進展や、市外からの貧民・よそ者の流入に対する対応、さらには主教など宗教勢力との争いなどが法人化の原因となっている。これらについては、のちに都市に対する権限開示要求問題などを通じて、より立ち入って述べるが、一六一二年のソールズベリの法人化などは、これらの諸要因を合わせもった代表的な例といえよう。[46]

第二期はジェームズ一世治世の後半の一六一六～二五年で、この九年間にはノーサンプトン、ハドレイなど一一市が法人化されたにすぎない。一六一五年を境に都市の新法人化が減少するのは、議会との対立を深めたジェームズ一世の政治の転換があった。つまり、ジェームズ一世は、一六一四年の混乱議会において、とりわけ課税問題をめぐって、議会との対立を決定的に深めた。議員選出にパトロン貴族の影響が大きかったにせよ、こうした議会の基盤として都市が存在していたのである。もちろん、パトロンの意のままになる都市、ジェントリが議員に選ばれる都市など、多様性はあるにせよ、法人化などによって議員数を増大させた都市への不信感をもったことは否めない。一六一〇年の「大契約」の失敗をへて、課税・財政問題で国王との対立を深めた一四年の混乱議会では、「あまりにも多くの「大胆で不作法な演説」で滅茶苦茶になった」といわれるまでにいたった。以後、ジェームズ一世は、議会の協力を得ようとはせず、一六一六年以来ヴィリヤーズ(のちのバッキンガム公)などの寵臣に依拠した政治を展開していった。こうした政治の転換が、議会の強化につながりかねない都市法人化を、減少させたとみることができる。それが一六一六年以後の第二期であり、議会の承認を得ない独占特許の乱発により、その財政収入の増大をはかったが、行き詰まり、二四年の議会において「独占法」の制定をみることとなったのであった[47]。なおこの時期には、一六二一年に州に昇格した都市としてウースターがある。この都市は、毛織物工業が盛んな主教座都市であり、政治的・経済的・宗教的に重要な都市であったが、ウースター司(主)教の圧力により法人化は遅れ一五五五年にようやく実現をみた。したがって一六二一年の州への昇格は、厳密には再法人化なのだが、これは一五五五年の法人化後も、ウースター主教の干渉や、ウェールズ辺境評議会、周辺のジェントリが担う州当局からの圧力を受けており、これを排除するべく州への昇格を求め、主教勢力が後退したこの時点で実現したのである[48]。

次いで、第三期はチャールズ一世時代(一六二五〜四〇年)の一五年間であり、新たに法人化された都市は、リーズ、キダーミンスターなど一〇市にすぎず、第二期よりもさらに低調である。これらの都市は、いずれも小都市であってパトロンが大きな影響力をもっていた。しかも廷臣サヴィル家がパトロンとなっていたリーズの場合にみられるように、国王に近い側近の推挙に基づくことが多かったのであり、国工支持の都市を増やす意図がうかがわれる。事実リーズは毛織物工業の中心地であるにもかかわらず、ピューリタン革命期には王党派支持の都市となっている。[49]

再法人化都市

内容の修正を含む再法人化特許状・勅許状を得た都市は、エリザベス時代の末期一五八九年以後増大したもので、チューダー朝成立の一四八五年から一五八九年までの一〇〇年余りのあいだではわずか七都市にすぎなかった。一五九〇年以後一六〇三年までの一三年間にはリム・レーギス、バーンスタプルなど一一都市にのぼり、さらに初期スチュアート朝にいたると増大して、前記のように一六〇三年から四〇年までに五四都市に達している。これを前記の新法人化の時期区分に即してみてみると、ジェームズ一世治世前期(一六〇三〜一五年)はグロスターやヨークを含め一九都市で、新法人化都市三一より少なかったが、その治世後期(一六一六〜二五年)にはウースターやチチェスターなど一三都市で、新法人化都市一一を若干上回り、さらにチャールズ一世期(一六二五〜四〇年)にいたると再法人化都市はエクセター、コウルチェスターなど二二都市で、新法人化都市の二倍以上となっている。つまり、時代が進むにつれ、新法人化は少数になり、再法人化が増えている。[50]

再法人化都市の増大も、主として都市内外の社会的分極化の進展に起因している。つまり一つには、かつて法人化された都市内部の分極化が進み、従来の寡頭制に対する一般市民などの不満が強まって抗争が発生し、その解決手段として再法人化する場合である。この場合、都市制度の変更が生じるが、少数のエリートに権力が集中し、寡頭制がさらに強化されることも多いのである。[51] 二つ目には、社会的分極化は、都市内だけでなく農村地帯においても進行しており、都市とその周辺には多くの貧民やよそ者が流入し、人口が増加してきたため、彼らに対する統制の強化を目指して再法人化する場合である。[52]

まず前者の場合で、寡頭制の強化に帰着した例としては、スタッフォードがある。この都市は一六一四年に再法人化されたが、それ以前には二一人の特権市民（バージス）が、二人のベイリフを選出して、これらのベイリフが都市行政にあたっていた。しかし、これすらその基盤が広すぎるとして、一六一四年には、市民八〇人が反対にもかかわらず、より少数の有力市民が一人の市長を選出する体制へ移行して、寡頭化を一層進めた。[53]また、ドーチェスターでも、一六二九年の再法人化によって市議会の議員を選出する権限を市長と少数者に与え、寡頭化を進めた。一六三二年のケンブリッジの再法人化も、市長とベイリフに代理をおき、裁判その他の業務をおこなわせることとしたのも、彼らの権限と業務の拡大となったのである。だがこのような寡頭化の進展は、不正や腐敗を生み、一七世紀前半の都市寡頭制には、寡頭制の悪しき側面が浮かび上がってくるのである。これは再法人化都市に限られたことではないのであるが、こうした事態に対して、寡頭制に反対する市民が、権限開示要求を求めることにもなってゆくのである。[54]

また後者の例としては、ロチェスターは一四六一年に法人化し、一六二九年に再法人化されたが、この再法人化は、郊外地域への人口の流入・定着に対処して、都市の管轄権を郊外地域にまで広げるものであった。またニューアーク・オン・トレントは一五四九年に法人化され、その後この河川港は穀物取引で繁栄し、人口の増加と旅商人などが流入してきた。こうした事態に対応し、より強力な権力と役人などを獲得するべく、一六二六年に再法人化したのであった。同様の再法人化は、エクセター、コウルチェスター、ダービー、ハンティンドンなどについてもみられる。[55]

以上、一七世紀前半の法人化や再法人化は、多くの場合、都市内部の分極化の進展や流入人口への対処などに対応したものであり、動揺し始めた社団的秩序を再編成するものということができる。だが、一七世紀前半の法人化のもう一つの特徴として、ソールズベリやエクセターにみられたような主教と法人化都市の対立の問題がある。主教座のある都市は主要都市に多く、この対立の検討は主要都市の法人化についての検討となるのである。

主教座都市の法人化

一六世紀後半から一七世紀初めに、都市が法人化によって、都市内部の宗教的権威者の管轄を狭めていったのが、一六三〇年代のロード体制のもとで、逆に王権や宗教的権威者の圧迫を受ける事態は、主教座のある都市の多くにみられる。主(司)教と都市政府の争いは、中世以来存在するのであるが、宗教改革による王権の至上性とその後の都市法人化や再法人化は、主教などの権限を後退させる方向に進んでいった。しかし、一六三〇年代にはロード体制のもとで逆転し、王権が主教を支持したため、主教の権限が強まり、それは王権・主教と都市政府の対立をも生むこととなったのである。こうした都市の例として、ソールズベリ、チェスター、エクセター、ノリッジ、ヨーク、ウースター、カンタベリ、リッチフィールド、チチェスター等々をあげることができる。[56]

(1)ソールズベリ。代表的なソールズベリについてみてみると、この都市は、ソールズベリ司教が領主であり、市民は中世以来自治的諸権利の獲得を目指して司教と三〇〇年に及ぶ争いを続けてきた。ソールズベリはNew Sarumともいわれるが、その始まりは司教が一二二〇年にOld Sarumから、司教座をその領地のほかの場所に移動させ、聖堂を建設するにともない、住民も定住して都市New Sarumとなったのである。このため司教が領主となって、住民に対する強い支配権をもったが、住民は一三世紀中に週市や歳市の開催権や市長をもつ権利など自治的権利を獲得していった。[57]しかし、司教は王からさまざまな特権を得ており、最初の大規模な司教と都市の争いが生じたのは、一三〇二〜〇六年のタリッジの賦課をめぐってであり、司教は王から得た権利に基づくとして、市民にタリッジを課そうとしたことに市民が反発したのである。これは結局司教側が勝利して市政府側は司教にタリッジを払うこととなったが、さらに一三〇六年には合意書が作成された。これによると市長は司教役人に服従すること、司教裁判所が領主裁判所として市民に対しても幅広い管轄をもつこと、経済規制も一般的な商工業は商人ギルドの管轄であるが食糧関係は司教の管轄とすることなどが定められた。[58]

第二の大きな係争は一五世紀半ばに生じている。一三〇六年の合意書を基本とする司教と市政府の関係は一四六五年まで続いた。この頃までには都市民の経済的・政治的な力も増大し、市政府は一四五二〜五三年には法人化特許状の取得を目指したが、しかし司教はこれに反対し結局法人化に失敗した[59]。その後一四六五年に司教の領地内にある教会境内の土地を、市議会員が取得して、チャントリ司祭のための家を建てたが、その家と土地の管轄をめぐる争いから、司教と市政府の全体的な権限・管轄に関する争いとなった。市政府は司教の権限をその境内に限り、さらに市長の宣誓も司教の執事への宣誓から司教自身への宣誓に変えようとした。争いは一四七四年にいたって、国王エドワード四世が下した裁定によって決着し、司教側の勝利に終わった。国王は従来通り、都市役人選出や法制定への司教の関与、その執事への宣誓を確認し、ソールズベリが「司教の都市」であることを認めた[60]。

その後六〇年余り司教と市政府の平和が続いたが、この間にソールズベリの毛織物工業の発展による市民の富が増大し、ソールズベリ市長も一四六二年以後治安判事として、治安判事任命書を受け、国王の裁判権に加担することとなった[61]。王権も強力となり、司教の裁判権の吸収を進める一方、司教側はその権限を失い始め、その都市支配の役人であるベイリフが閑職化していった。こうして宗教改革期を迎えたのであるが、一五三七〜三九年にわたりまたもや両者の抗争が発生した。それは市長の治安判事任命と宣誓への主教の関与をめぐってであった。市長側は、治安判事任命は国王によってのみおこなわれるべきであり主教は関与すべきでないこと、市長の宣誓も司教と国王の双方に対してではなく、国王に対してであるべきことを主張したのである。この抗争は中央にもたらされ、T・クロムウェルによって市長側に有利な裁定となったが、法的決定をみるまでにはいたらなかった[62]。

一六世紀の後半にも、市長の宣誓の方法や主教への報告義務などをめぐって争いが生じたが、領主権の一般的な弱化に加え、宗教改革後は主教の市民に対する権限は後退してゆき、ついに一六一二年に市民はジェームズ一世より法人化特許状を得て、都市政府の管轄領域から主教の支配権を基本的に排除し、主教の権限をその境内(Close)に限定することに成功したのである。一六一二年の法人化特許状の主要な内容は左記の五点である。[63]

①都市は法人化され、「ニュー・セアラム市の市長とコーポレイション」の名において、不動産その他の所有を確認され、今後も年価値五〇ポンドの土地を取得できること。また都市法を制定しうること。

②市長一名、市参事会員二四名、四八名の補佐役などの市制が確立し、ほかに収入役二名、首席治安官一名、副治安官一三名、市長職杖係三名などの都市役人をおくこと。しかも選出された市長の宣誓は実質的に前市長に対しなされること。

③都市は、主教の裁判権から解放され、都市が治安判事の法廷をもつこと。また市長は、聖堂に入るに際し、その役人とともに、また市長の職杖をたずさえて、聖堂に入り礼拝などをおこなうことができること。

④よそ者の流入などに対応して、経済を統制するべく、都市が経済規制のための条例や規約を作成すること。

⑤主教座聖堂の境内は、主教、法律顧問官などからなる法人団体となり、自らの治安判事と法廷をもち、都市法人団体と並立すること。

これは、都市民が主教との長年の争いに勝利し、主教の領主支配から自立したことを意味している。都市は自律的な法人団体となった。一方司教側も別個の法人団体となったが、その管轄地域は境内に限定されることとなった。だが、不満は主教側に残り、一六三〇年代に入るとロード体制のもとで、主教によって、一二年の法人化特許状と三〇年のその確認特許状の正当性が疑問視され、また都市政府と主教の種々の係争点が大法官府裁判所に持ち出され、主教側の巻返しがはかられている。[64] 一六三七年には、チャールズ一世は、聖堂の聖職者を市の治安判事法廷に加えることを命じている。[65] しかしソールズベリの市長はじめ市民には長老派ピューリタンが多く、一六四〇年のピューリタン革命の勃発とともに、議会派のための資金を集め、さらには義勇軍をつくるなどして国王とそれを支持した主教に対抗したのである。[66]

(2)その他の主教座都市。エクセターも中世以来、市政府は司教および聖堂参事会と、彼らの二つの領地（聖スティーヴンの地と聖シドウェルの地）の管轄をめぐって、長い争いを続けていた。この場合、ソールズベリとは逆に、市政府の管轄内に司教・聖堂参事会の二つの領地があり、市政府がそれらを侵害する方向での争いであった。一四四八年に争いは大法官のもとにもたらされ、その裁定によって司教と聖堂参事会は、二つの土地に対する排他的な管轄権を認められた。[67]しかしエクセター市の力はその後強まり、一五三五年に市長などは治安判事となり、その二年後の三七年には市は州へ昇格した。[68]このため、市＝州の治安判事は、主教と聖堂参事会の領地も、治安判事の立入りを受けるべきことを主張して、主教・聖堂参事会の管轄地における、都市役人による住民の逮捕、家屋への立入り検査、非市民の営業禁止を実施しようとして、これに反発する主教・聖堂参事会と市政府の争いが続いた。[69]一七世紀に入っても、主教の領地内での都市役人による逮捕権や、都市政府による主教・聖堂参事会の住民に対する十五分の一税の課税権をめぐって争いが続いた。こうしたなかで、エクセターは一六二七年に再法人化の特許状を得てその権限の明確化をはかったが、最終的な解決にはならなかった。逆に、一六三六年には主教側が枢密院に、市政府による特権侵害を訴え、いくつかの譲歩を勝ち取ったうえ、さらにエクセター市の治安判事の管轄から免れるべきことを訴え、対立は続いた。[70]

このほかウースターについては先にも触れたが、一六三〇年代の主教座都市における主教と都市政府の対立は、法人化・再法人化の問題は別として、ほかの主教座都市にもみられた。ノリッジでは一六二〇年代から三〇年代初めに、ピューリタニズムが広く浸透し、ピューリタンが市議会で多数派を占め、さらに市参事会では少数派ではあったものの、主導権を発揮できるほどの勢力となっていた。こうした事態に対し一六三〇年代半ばにはノリッジ主教レンがロードと通じて、弾圧に乗り出している。[71]しかしノリッジのピューリタニズムは根強く、一六四〇年の短期議会にはピューリタン系の議員を送り出している。ただし、J・T・エヴァンスによれば、ノリッジにおいても一六四〇年以前においては、そのピューリタンは国王やカンタベリへの対抗を目指したのではなく、地方的な自律性の維持に狙いがあり、主教レンによる迫害はそうした地方的自律性への侵害だったがゆえに、対抗したとしている。[72]

ロード体制による弾圧の影響は、ロンドン市政府にも及んでいる。エリザベス時代にはピューリタンが市政府にも進出し、F・F・フォスターによれば、ロンドンの一四一名の支配者たち（市長、市参事会員、市議会員、若干の都市官僚など）のうち二七名、およそ一九％がピューリタンであったという。彼らは、市参事会、市議会に進出し、少数派（一五〜二〇％ほど）ではあったが、重要な一派を形成しうるほどであった。[73] 一七世紀に入っても、ロンドンの市参事会ではピューリタンが一定の勢力をもっており、一六一〇年代二〇年代に市参事会が推挙した説教師で名前のわかる四八名中一二名、つまり二五％はピューリタンであった。[74] また市参事会は、安息日破りの取締りに熱心で、日曜日の労働や営業を禁じ、日曜日の礼拝のあとの飲酒や娯楽を禁止している。[75] しかし、こうした市参事会のピューリタン的な活動は、一六二〇年代にもっとも強く、三〇年代に入ると急速に衰えていった。市参事会は、一六二二年からピューリタン教区である聖アンソリン教区の説教師のために毎年四〇ポンドを拠出していたが、二九年を最後にそれをおこなわなくなった。[76] これはロード体制の始まりに関係しており、ロードの厳しい弾圧に直面したピューリタン市参事会員は沈黙するか、ロードに協調的な市参事会員に取って代わられていったのである。[77] パールやブレナーは、一六四〇年のロンドン市参事会が国王と協調的であったとしている。しかしこれについては、一六三〇年代がロード・ストラッフォード体制のもとにあり、ピューリタン市参事会員などが厳しい弾圧によって追われ、市参事会が従順にならざるをえなかったことも評価すべきである。ロンドンと王権のあいだには、先述の郊外地域の法人団体化に加えて、強制的な貸上げ、後述するロンドンデリー植民地の没収、独占・課税、さらに宗教問題など、多くの対立点をかかえていた。[78] この点、アシュトンの指摘するように、ロンドンは国王とローカルな問題のみでなくナショナルな問題にわたって対立点をかかえていたのである。[79]

そのほか、一六三〇年代の都市政府と主教の対立は、ヨークの場合のように聖堂内の市長の席順をめぐってのようなものもある。だが、とりわけ都市政府が、船舶税を主教の管轄する聖堂境内の住民にも課すことをめぐっての対立が頻発している（カンタベリ、リッチフィールド、ウィンチェスター、ヨーク、チェスター等々）。これらの争いは枢密院に持ち込まれ、そのほとんどが主教側に有利に裁定されたのであった。[80] しかも一六三六年以後は、チャールズ一世自らが両者の係争を裁定することも多くなり、さらに一般に、都市の表象(剣、職杖など)の聖堂内への持込みを禁止するとか、市長以下が聖堂の宗教行事に出席することを義務化するなどの命令を下し、国教会体制の強化をはかっている。[81]

このように、一六三〇年代にチャールズ一世とロードが、国教会体制を強化しつつ、主教側を支持して都市の特権を侵したため、都市の多くは反発した。そこで国王・枢密院は都市の自治特権の根拠を問う、権限開示要求にまでいたる事態が生じてきたのであった。

4 権限開示要求

ジェームズ一世期までの権限開示要求

権限開示要求の行使は、一三世紀にまでさかのぼり、とくにエドワード一世が頻繁に用いたが、その後低調となり、チューダー朝になって家臣の権利を抑えるべく、ヘンリ七世や八世が復活させた。[82] そして一六世紀中頃からは、都市の特権についても用いられ、例えばメイドストンは反乱に加担したかどで、一五五四年にその特権を剥奪されている。[83] 都市にとって、権限開示要求を受けることは、脅威であったが、国王の措置が都市にとって不満な場合には、王座裁判所での訴訟に持ち込むことができた。初期スチュアート時代にはこうした訴訟の記録が多く残されており、パターソンによれば、一六〇三年から四〇年までのうちに、一二一の法人化都市(この頃一七五の法人化都市があるので、それらの約七〇%)につき、権限開示をめぐる訴訟が一八六件確認されるという。もちろん、訴訟にはいたらず、請求された権限の根拠を特許状その他によって示すことによって、解決する場合のほうが多く、訴訟になるのはその三分の一程度だったという。[84]

これらを検討したパターソンによれば、ジェームズ一世期の一六二〇年代中頃までは、王権の主導による権限開示要求ではなく、したがって王権による都市特権の制限や没収を目的としたものではなく、王権との関係以外の問題から発生していた。それには大きくいって二つのケースがあった。つまりまず第一は、都市内部の対立であり、とりわけ寡頭支配をめぐる対立に由来する権限開示要求である。一七世紀前半には、市参事会員や市議会員の人数を減らすなど、都市の寡頭制を強める傾向がみられ、それに対抗する勢力との対立が増大したが、そうした対立のなかから権限開示要求が求められることとなったのである。この場合、王権は令状によって都市特権の根拠を開示させるが、特権の制限や没収を目的としてはいなかった。[85] 第二は、独占をめぐってであり、とくに一六一六年以後多くみられる。廷臣などの独占家に数多くの独占特許が下されたが、それは都市やその内部のギルドの既得権益と衝突した。この場合の権限開示要求は、一見王権主導のようにみえるのだが、実際は独占家が、それにかかわる都市特権や既得権益者に対しての権限開示要求を王権に求めた場合や、また逆に独占家に対して、都市側がその特権の根拠の開示を求めた場合もある。こうした権限開示要求は、一六一八年から二〇年のみで八二にのぼっている。[86]

チャールズ一世期の権限開示要求

しかし、チャールズ一世の治世に入ると、王権の主導による権限開示要求が都市に対して向けられ、都市の特権の根拠が問われるようになるのである。その治世の当初の五年間は、たんに都市特権に関する権限開示要求であったが、しかしそれは、宗教的・政治的に国王に抵抗的な姿勢をもった都市に対してであった。一六二七年にボストンは、強制貸上げの支払いを拒否したがゆえに、権限開示要求の標的となった。一六二八年にはヤーマスが権限開示要求を受けたが、それは伝統的な二人ベイリフ制の市制を守ろうとする多数派に対し、都市内部での少数派でアルミニウス主義の支持者たちが一人市長制によって市制の寡頭化を一層進めようとして争いが生じ、権限開示要求となったのであった。これは王座裁判所での訴訟となったが、特権没収にはいたらずに長期化し、最終的には一六三九年に伝統的特権が維持されている。[87]

だが一六三〇年代には、権限開示要求やその後の訴訟において、都市の特権を一部削除したり、新特許状の賦与などによって、国王に従順な都市につくり変えようとしている。それは都市周辺の貴族や主教によって、都市が過大に特権を行使しているといった主張がなされることをきっかけとしていた。イプスウィッチは周辺貴族から、ソールズベリ、ヨーク、リンカンなどは内部の主教から、都市がその特権を拡大し、貴族・主教の権限・管轄が侵されているという訴えがなされた。このため権限開示要求となり、王権は貴族や主教を支持し、都市の権限を削ったり、新たな特許状を与えて、都市の権利を抑えたのであった。また権限開示要求によって、都市内での教会勢力を拡大しようとする動きは、主教座都市以外でも、例えばグリニッジ、シュルーズベリ、ダービー、レディングなどにみられた。さらに宗教問題とは別に、船舶税の徴収を遂行するためにも、権限開示要求は、抵抗しようとする都市にとって特許状没収の脅威をもたらすことによって、有効な手段となった。[88]しかし、一六三〇年代においても、八〇年代の権限開示要求とは異なり、実際に自治特権の没収や国王の人事などへの直接介入にまでいたった都市はなかった。[89]古い特許状を引き渡し、新特許状を得たコウルチェスターの場合も、国王の直接介入となったのではなく、国王に仕えるに「ふさわしい古来の特権の維持」のためだったのである。またシュルーズベリも一六三八年に新特許状を得たが、都市自治の体制を二人のベイリフから一人の市長に、また市参事会員、市議会員など支配者の数を合計四八人に減少させて、寡頭化を進め王権のコントロールをより容易にしたのであった。[90]結局一六三〇年代の都市に対する権限開示要求は、都市の自治的諸権利への脅威を生み出すことによって、国王の船舶税などの財政的要求や、アルミニウス主義による国教会体制の強化を実現する手段となっていた。これは王権と多くの都市との対立の要因となったのである。

以上初期スチュアート時代の法人化・再法人化による社団的編成の再編・安定化の試みにもかかわらず、都市内部の寡頭派と反寡頭派の対立、宗教勢力と都市政府の対立、王権からの独占や船舶税に対する都市の反発など、都市社団は都市内外に対立要因をかかえていた。とくに一六三〇年代には、王権は都市を統制するべく寡頭派や主教など宗教勢力に一致し、独占と課税そして強権的な国教会体制によって、都市との対立をかかえたといえよう。もちろんこれによって、都市の国王への忠誠感情が崩壊したとはいえないのだが、対立要因は生じていたのである。

5 下院議員選挙の有権者

都市有権者のタイプ

本書の冒頭でも述べたように、一六世紀後半の都市内の社会的分極化のなかで生まれた、富裕な商工業者などの「より良き人々」が、国家にかかわるとき、これをミドリング・ソートと呼ぶこととし、これに対し中立的であったり、反対であったり、同調的である商工業者もそうした立ち位置におけるミドリング・ソートと呼ぶこととしている。エリザベス期については、国家と民衆の接触点に立った彼らについて、政策遂行に際しての国家役人としての彼らの役割や議会との関わり方をみてきた。ここで初期スチュアート時代の都市のミドリング・ソートと議会の関わりの一端をみてみたい。

初期スチュアート時代の議会についても、J・H・プラムやD・ハーストなど、ミドリング・ソートの選挙権拡大、競争選挙の増大をみるウィッグ的・正統的解釈に対し、C・ラッセル、M・A・キシュランスキーなどの修正主義が登場し、支配者の立場からする調和の観点を重視し、パトロンの主導性、非競争選挙の多さ、選挙の論点のローカル性などを指摘し、議会がイデオロギー的な対立の場ではないことが主張された。しかし、その後、修正主義者の指摘を一定程度受け入れながらも、議会と王権の構造的な対立をみて正統的解釈を再評価するR・カストやA・ヒューズなどが出

表7-6　投票者・有権者が多数の都市の長期議会議員

都市名	投票者数	有権者数	長期議会議員の党派		
London		4,000	4P		
Bristol		約3,000?(1640年)			2R
Norwich		約2,000	1P		1R
Chester	約1,000				2R
Reading	約900(1640年代)		2P		
Oxford	760(LP)				2R
Bedford	600+(LP)		2P		
St Albans	600+		2P		
Coventry	600(1628年)		1P	1X	
Hull		約500-600	1P	1X	
Gloucester		約400-500	1P		1R
Liverpool	454(1644年)		1P		1R
Shrewsbury	約420(1584年)		1P		1R
Tewksbury		360(1641年)	2P		
Wigan		296	1P		1R
Dover		252(1624年)	1P	1X	
Sandwich	約252(LP)		1P		1R
Wotton Bassett		250	1P		1R
Cambridge	247(LP)		2P		
Marlow	245(LP)		2P		
Hertford	244(1624年)		1P		1R
Maidstone		約200?	2P		
Canterbury		約200?	1P		1R
Rochester		約200?	2P		
Boston		約200?	2P		
Bewdley	150-200(1647年)				1R
Ipswich	199(SP)		2P		
Windsor	179+(1641年)		1P		1R
Amersham		173	1P	1X	
Barnstaple		160(1640年)	1P		1R
Newcastle-under,-Lyme	155(1624年)		1P		1R
Lewes	150(1628年)		1P	1X	
合　計			41P	5X	19R

SP は短期議会，LP は長期議会。P は議会派，R は王党派であり，X は党派に分かれる前に死亡した議員。

出典：Brunton, D. & Pennington, D. H. (1954), Appendix, VI & VII による。投票者数，有権者数については，Hirst, D. (1975), Appendix, V より，各都市につきもっとも多い数字をとった。

表7-7　投票者・有権者が少数の都市（20名以下）

都市	投票者数	有権者数	長期議会議員の党派	
Old Sarum（Wilts）		6（1620年）	1P	1R
Gatton（Surrey）	約 7（1621年）		2P（補充 P）	
Aldborough（Yorks）		9		2R
Shaftesbury（Dorset）	13（LP）		1P	1R
Richmond（Yorks）		14		2R
Castle Rising（Norfk）	14？（LP）		1P	1R
Christchurch（Hamp）	16（LP）		1P　1X（補充 P）	1R
Calne（Wilts）	17（LP）		1P	1R
Newport（Cornwall）	約20（1628年）		1名のみ選出	1R
合　計			8P	10R

LP＝長期議会，P＝議会派，R＝王党派，X＝党派に分かれる前に死亡。
出典：Hirst, D.（1975），pp. 223-226; Brunton, D. & Pennington, D. H.（1954），Appendix, V & VI より作成。

現するといった展開がみられた。また我が国でも、議員選挙権を中心とした土井美徳氏の一連の研究がある。[91] 一六二〇年代に入ってからの王権と議会の対立はさらに深まり、エリザベス時代の両者の関係とは異なってきたとみることができる。ここではミドリング・ソートの議会とくに下院への参加がどのようなものであったかを、議員選挙における有権者、選出議員、政策などについて概観することとする。

すでにプラム、ハースト、土井などによって明らかにされているように、一六二〇年代に入って多くの都市で下院議員選挙権保有者の数が顕著に増加した。[92] これは寡頭的な体制をとっていた諸都市において、市民たちが選挙などを通じて市政に参加し、さらに下院議員選挙権をも得ようとする動きがみられるようになり、議会もこれを支援したからである。議会が都市や州の選挙権保有者を増大させようとしたのは、国王との対立が次第に激しくなるなかで、国王や有力貴族の圧力を排除しようとしたことによる。このため寡頭的都市の市長、市参事会あるいは市議会など都市政府が、下院議員を決定する方式が減少してゆき、フリーマンや住民による選挙という方式をとる都市が増加していった。[93]

ハーストは、一六四一年までに諸都市でとられた、下院議員選挙権保有者のタイプを分類し、(1)都市の統治者に限る場合の三四都市、(2)フリーマンである場合の八三都市、(3)市民的土地保有者である場合の二四都市、(4)市税（スコットとロット）の支払者の場合の一一都市、(5)居住者もしくは世帯主である場合の二六都市に分けている。[94]
　これらの数字はおおよその概数であるが、(1)のように下院議員選挙において寡頭的方式をとる都市は減少し、(2)の都市のように、フリーマンに選挙権を認める都市が優勢となっていったのであるが、ここでフリーマンとは、おおむね市民ないしコモナルティであり、商人、手工業者・小売商など、ミドリング・ソートとみられる。ただし内部には格差があり、上層には富裕な商人・製造業者がいてその一部はジェントルマン化している一方、他方にはかなり貧しい手工業者・小売商などもいた。(3)の市民的土地保有者、(4)の市税支払者もほぼフリーマンと同様であり、市税支払者は、フリーマンより幾分多くなるが有権者の顕著な増加とはならなかった。しかし、(5)住民を有権者とする都市では、ベッドフォードのように労働者、小屋住みまでが含まれ、増大した。さらに投票権を生得権とみなして被救済民にまで投票権を認める思想も出現している。[95]
　王党派、議会派といった二項対立的把握は、修正主義が精力的に批判するところであり、また有権者数とは関係なく

表7-8　寡頭制的都市の長期議会議員

（単位：人）

都市名	議会派	王党派
Andover	2	
Banbury	1	
Bath	1	1
Bewdley		1
Brackley	2	
Bridgewater	1	1
Buckingham	2	
Bury St Edmunds		2
Calne	1	1
Corfe Castle	1	1
Evesham		2
Harwich	2	
Leicester	1	1
Ludlow	1	1
Newport (I. of W.)	1	1
Nottingham	1	1
Plymouth	1	1
Preston	2	
Richmond		2
St Ives	1	1
Salisbury	1	1
Scarborough		2
Shaftesbury	1	1
Southampton	2	
Sudbury	1	1
Tamworth		2
Northampton	2	
Thetford	2	
Tiverton		2
Totnes	2	
Truro		2
Winchester	1	1
Great Yarmouth	2	
合　計	35	29

Banbury および Bewdley は 1 名選出の選挙区である。
出典：Hirst, D. (1975), pp. 213–215; Brunton, D. & Pennington, D. H. (1954), Appendix, V & VI より作成。

議員は、選挙区における社会的地位の序列によって決定されたというのも修正主義の主張するところである。しかし有権者数が約一五〇人以上(投票した者か投票権をもつ者)の都市と長期議会への選出議員の党派を示すと、表7-6のようである。逆に二〇人以下の都市については、表7-7のようになり、また市政府が決定する寡頭的都市の選出議員は、表7-8のようである。そしてこれらのうち、有権者が多数の都市では、議会派議員が圧倒的に多く選出されている。[96]したがって、国王や大貴族の影響を防ぐ目的で、投票者・有権者を広げ、多数にした都市は、その目的の達成に一応成功したとみられる。ロンドンの四〇〇〇人のリヴァリマンは、フリーマンの上層であり、富裕な商工業者であるが、ブリストルの約三〇〇〇人のフリーマン有権者(一六四〇年、ただしこの数字は有権者数であり、実際の短期・長期議会の議員選出は、寡頭的におこなわれた)[97]、ノリッジの約二〇〇〇人、チェスターの約一〇〇〇人(二八年)、コヴェントリの約六〇〇人(二八年)等々は、その当時の都市人口と比較してみると、そのフリーマンはミドリング・ソート下層をも含んでいたとみられる。一六二〇年代のハートフォード市の投票者をみると、フリーマン上層はジェントルマン化した富裕な商工業者をも含むが、下層には労働者さえもがいた。[98]しかし、その多くは独立の商工業者、つまり社会層としてミドリング・ソートであった。一方、有権者が二〇人に満たない都市では、最少数の都市としては、オールド・セアラムの六人、ガットンの約七人、アルドバラの九人などがある。これらの都市は貴族・ジェントリのポケット・バラとして存在していたのであり、反国王派のパトロンが影響力を行使している場合もあるが、国王派の議員を幾分多く選出している。[99]また寡頭制的な都市政府が議員を決定している場合でも、議会派議員のほうが王党派議員よりも多く選出されている。ヤーマスやサウサンプトンのような港町、バッキンガム、プレストン、ノーサンプトンなどの州都も寡頭的市政府が議会派議員を選出していることが注目される。[100]

都市の有権者・投票者は圧倒的にフリーマンもしくは市民であり、彼らの総数は、約五万人と見積もられる。一方、州選挙区の有権者は年価値四〇シリング以上のフリーホールダーであるが、インフレーションの進行もあって、こうしたフリーホールダーは増加する傾向にあった。彼らはヨーマン、ハズバンドマンの上層などであり、ハーストは、その総数を二五万人とし、都市の有権者と合わせて、ピューリタン革命前の有権者数を三〇万人と見積もっている。これら三〇万人がミドリング・ソートの中核をなしており、当時の人口約四五〇万のうちの成人男子数に対して、一対四〜六と見積もられる。[101] こうした有権者のなかには、ジェントリの影響が強い者や、ジェントリが議席を得るためにつくりだした有権者もあるだろう。しかし、かりにジェントリを介してであれ、かくも多数のミドリング・ソートが下院議員選挙の有権者として、議会にかかわったことは、イングランドの大きな特徴といえよう。もっともこれら三〇万人のうち、都市の有権者が占める割合は六分の一にすぎず、農村地帯の比重が圧倒的だったことも注意しなければならない。

ジェントリとミドリング・ソートをつなぐ

それでは選出された下院議員は、どのような社会層の者だったのだろうか。M・F・キーラーは、一六四〇年の長期議会の構成を、表7－9のように明らかにしている。[102] 全議員五四七名中、ジェントリは三三三名六〇・九%を占め、圧倒的である。一方、商工業者は五五名一〇・〇%であるが、法律家七四名、管理人・執事一三名、医師一名などを含めたミドリング・ソートは、一四八名二七・〇%に達し、四分の一以上を占める。ジェントリが主導的であることは確かだが、ミドリング・ソート出身の議員も、下院にその四分の一以上を占めていた。なお、ジェントリ三三三名のうち一八五名(五五・六%)が議会派、前記ミドリング・ソート一四八名中およそ九二名(六二・二%)が議会派であった。一方、王党派ジェントリ約一四〇名がいるほか、ミドリング・ソートの約五〇名も王党派である。しかし王党派であれ、議会派であれ、ミドリング・ソートが議会政治のなかに対立をはらみながら登場していることが重要である。[103] だがここでは、とくに議会派のジェントリとミドリング・ソートをつなぐ絆に注目したい。

まず、すでに一七世紀前半に、一部ではあるが両者の社会的な融合が進み始めていたことがあげられよう。ジェント

表7-9　長期議会の議員構成

職業など	内　訳			
ジェントリ	333(人)	(60.9%)		
廷臣	22	(4.0)		
教会役人	3	(0.5)		
ミドリング・ソート(官吏・軍人以外)	148	(27.0)		
法律家			74(人)	(13.5%)
商工業者			55	(10.0)
代理人・管理人			13	(2.4)
都市の法律家			5	(0.9)
医師			1	(0.2)
ミドリング・ソート(官吏・軍人)	37	(6.8)		
官吏			27	(4.9)
軍人			9	(1.6)
海軍軍人			1	(0.2)
不明	4	(0.7)		
合　計	547	(99.9)		

出典：Keeler, M. F. (1954), p. 23.

ルマンとそれ以上の身分の者たちの子弟が、ロンドンの食糧品雑貨商やニューカースルの冒険商人組合の徒弟の三〇％以上を占めるという事態に象徴的にみられるように、ジェントリから都市と商人の富への接近があった。[104] 従来の都市商人が地方に土地を購入するという方向だけでなく、ジェントリが都市へという方向が生じていたのである。理由はさまざまであるがロンドンに集中するジェントリに対し、地方に帰るよう命ずる国王の法令が繰り返し出ているのも興味深い。[105] 都市化してゆく一部のジェントリとジェントリ化しようとするミドリング・ソートの上層の文化的混合は、一七世紀後半以後、ジェンティリティを生み、地方都市における「アーバン・ルネサンス」をもたらしたのだが、ロンドンではもう少し早い時期にもみられたといえよう。[106]

　しかしここで問題とするのは、イギリス革命に向かう議会派のジェントリとミドリング・ソートの結合である。注目されるのは、王権に対抗するうえでの拠り所であったコモン・ローとそれを体現した法律家である。この法律家は、諸都市の法律顧問官であることが多く、ほかの都市の法律顧問官や州の治安判事の経験をもつ者も多い。法律顧問官はその都市と中央政府を結ぶ役割をもち、その都市の下院議員として選出される例が多いのである。[107] 法律家の議員は長期議会では合計七四名にのぼるが、そのうち五七名が、ナイトやジェントルマンの子弟であった。[108] 彼らは、多数の者が法学院を卒業して法律家となったのであり、ジェントリの系譜をもっている。しかし、法律家という職業をもつ以上、またかなりの者が法律顧問官という都市役人である以上、ミドリング・ソートのうちに数えることもできる。[109] つまり法律家は、社会的にジェントリとミドリング・ソートの接点に位置していた。しかしそれだけではなく、彼らの多くはコモン・ローの擁護者であった。そして国王と議会の対立が激しくなるとき、国王批判の先頭に立ったのはJ・ピムやクックなどのコモン・ロー法律家であった。[110] 議会の承認を得ない独占や課税、そして国教会体制の強化への抵抗線は、コモン・ローであり、それはジェントリにとってもミドリング・ソートにとっても、国王への対抗の拠り所であった。つまりコモン・ローと法律家は、議会派ジェントリとミドリング・ソートをつなぐ絆となっていたのである。また一六二〇年代以後、都市の下院議員の選挙権保有者を拡大するに際して、議会もその検討委員会も、投票権を「コモン・ライト」「コモン・ローもしくはコモン・ライト」という考え、つまりコモン・ロー上の権利として認める立場に立ったが、これによって都市のフリーマンなどの投票権を根拠づけるものであった。さらに前記委員会の委員長でコモン・ロー法律家のグランヴィルなどは、投票権(代表選出権)と課税とを結びつける思考にまでいたっている。[111]

ジェントリとミドリング・ソートの結合をいくつかの局面でみることができる。まず一つは競争選挙の増大においてである。一七世紀前半に、競争選挙が増加し、都市選挙区だけでなく州選挙区を合わせてであるが、一六〇四年には一三選挙区にすぎなかったのが、二四年には四二、四〇年の短期議会をめぐる選挙では六二、さらに長期議会については八六の選挙区、つまりおよそ三分の一の選挙区で競争選挙となっている。[112] 競争選挙においてはジェントリである立候補者は、当然にも有権者であるミドリング・ソートの支持を得なければならなかった。ここになおパトロンとクライアントの関係が作用しているともいえるであろう。修正主義者は、そもそも競争選挙がなお少なく、競争選挙で選出されることは、不名誉であり、全員一致で議員となることが地方を円滑に治めている証拠として、名誉であると受け止められていたという。また競争選挙がおこなわれた場合でも、それはローカルな問題、とくに都市内寡頭制をめぐる対立の一環として下院議員選挙がおこなわれたことを示しており、国政をめぐる対立によるものではなかったとしている。[113] 修正主義は、政治上の人物の個性・人格、事件の偶然性、変化の連続性、地方的・ローカルな利害などを重視し、新たな局面を開く効果もあったが、構造的な対立の存在を見失う傾向がある。例えばブリストルの「小さな仕事」は、市長などが国家役人を兼ねていることによっても、国家の問題につながっていた。また、前述の競争選挙をもたらした一因としての、都市寡頭制をめぐる対立は、王権の寡頭派支持とつながり、国政の問題へと転化しえた。[114] つまり都市内の寡頭制をめぐる抗争において、ジェントリは都市ミドリング・ソートの有権者数を増大させながら、国王側の候補者を退けようとしたのであり、ナショナルな問題につながっていたのである。[115]

ジェントリとミドリング・ソートの結合の、もう一つの例として独占問題がある。一六二〇年代の議会にとって、財政問題つまり独占や課税が中心的問題であり、これらをめぐって王権と議会の対立が激しくなっていった。それらのうちでも、商工業者の利害にもっとも密接なのは独占である。すでにエリザベス時代の末期から、廷臣などに、特定産業の独占権、特定商品の輸入独占権、商品の検査権などを授与し、その際許可料をとって、財政収入の増大をはかった。一方独占家は、その独占権や検査権を根拠にして、既存営業者がその産業や商品販売をおこなうための、賦課金を取り立てたり、また検査を実施して検査料を取り立てるなどしたため、商工業者や消費者の反対を招き、また既存のギルドの権益をも侵すものとしてその反対をも引き起こした。エリザベス時代末期からジェームズ一世時代には、明礬《みょうばん》、ガラス製造、製塩、製紙、金・銀・銅・水銀・鉛・石炭の採掘、印刷などが独占家の手中にあり、「パンが含まれていないのが不思議だ」といわれるほどであり、一六二四年の議会では「独占法」の制定によって、個人独占の廃止が決定されたことは周知のところである。[116] だが、独占への反対は、たんに経済的問題からだけだったのではなく、コモン・ローに反するという法的な根拠にも基づいていた。独占の認可は、ほとんどが国王の開封勅許状によっておこなわれ、議会承認を得ることなく授与されていた。一六二四年に議会で制定された独占法は、全ての独占の授与が、王国の「古くそして基本的な法」つまりコモン・ローに反するものとしている。[117]しかし独占は、その後「独占法」の規定をかいくぐり、パートナーシップや少数者による法人団体の形式をとって叢生《そうせい》した。一六四〇年一一月に召集された長期議会はただちに独占問題を取り上げたが、独占に対する反対演説をおこなったのは、コモン・ロー法律家ピムと、ケントのジェントリであるJ・カルペパーであった。[118]つまり商工業者＝ミドリング・ソートは、独占に対して、その経済的利害をコモン・ローによって守るとともに、コモン・ロー法律家とジェントリのうちにその政治的代弁者を得ていたのである。さらに独占の廃止にあたり長期議会は、独占問題を検討するための委員会を設置したが、この委員会にはロンドン商人が、そしてのちには商人である議員全員が加わった。[119]独占に加担していた議員は下院を追われ、長期議会が多くの独占を廃止したことによって、以後独占に対し、経済的不満は生じることはあっても、政治的不満は消滅していったのである。[120]こうした事態は、エリザベス期の議会では、ミドリング・ソートは、圧力団体として個別的利害を立法化する途を追求していたのに比し、長期議会では、国王に対立して議会内の委員会を担い、独占の廃止に重要な役割を果たしていることを示している。

以上のように、ミドリング・ソートはジェントリと結合したが、ジェントリが主導性をもつ限りミドリング・ソートは「議会においてジェントリによって政治的に利用された」ともいえるだろう。しかし、ハーストは、これによってイングランドでは、ほかのヨーロッパ諸国と異なり、国王が寡頭的都市を掌握することが不可能となり、代わってジェントリが都市の有権者を広げて「政治的国民」を拡大し、都市を掌握したとみている。同時に彼は、ジェントリとミドリング・ソートの関係は、一方向のみではないことをも指摘する。ジェントリはミドリング・ソートをつねにコントロールできていたわけではなく、また投票のためにも、経済的な支援のためにもミドリング・ソートを必要とした。ロンドンなど大都市の議員はジェントリをパトロンとして選ばれたわけでもない。[121] 独占問題にみたように、ミドリング・ソートが、法律家とコモン・ローによりつつ、ジェントリと一体化し、議会においてその要求を実現することもあったのである。

第八章

社団と帝国

1 アイルランド組合の設立

社団と対外進出

一七世紀前半には、社団も多様化し、ギルド、都市や貿易会社だけでなく、植民のための法人団体も形成された。したがって社団は、国内秩序の形成だけではなく、帝国の形成にも、一定の役割を果たしたとみることができる。また都市自体も、植民地に形成される場合には、植民地支配の拠点となり、帝国形成の手段となったのである。[1]

W・R・スコットは、対外的に活動したジョイント・ストック会社を、貿易を目的とした会社と、植民を目的とした会社に分け、前者についてはギニアやセネガルへの冒険商人会社、ロシア会社、北西航路探索会社、レヴァント会社、東インド会社、ハドソン湾貿易会社などをあげ、後者については、ヴァージニア会社、プリマス会社、マサチュセッツ湾会社、アイルランド組合等々をあげている。[2] 後者の植民を主要目的としたジョイント・ストック会社のうちにも、アイルランド組合のように国家主導の場合もあるし、ヴァージニア会社のように貴族や廷臣、ジェントリが重要な役割を果たしたものもあるが、しかしそのような場合でもロンドン商人の資本が必要不可欠で、ロンドンへの依存が大きかったことは否めない。[3]

もっとも、アイルランドの植民地化における社団の役割としては、都市の意義が大きく、ヘンリ二世のアイルランド侵攻以来、都市はアイルランド支配のための政治的軍事的拠点としての意義をもった。[4] 一五四一年にヘンリ八世はアイルランド王国の国王ともなったが、宗教改革以後は都市にはプロテスタント化の拠点としての意義が加わり、[5] さらにジェームズ一世時代にはアイルランド議会の多数派工作として、多くの都市の法人化がおこなわれている。[6] ここでは、社団と帝国の関連を考察するべく、ロンドンのリヴァリ・カンパニーがかかわった、アイルランド組合とロンドンデリー植民地について検討する。

アルスター植民計画とアイルランド組合の設立

一六世紀末のアルスター地方は、ゲール人勢力が最後まで残り、一五九五年にはヒュー・オニールのもとに結集した勢力による反乱、いわゆる九年戦争が発生して、一六〇三年エリザベスの死の直後にようやく終息した。ジェームズ一世の治世は、アルスターのゲール人を屈服させ、アイルランド王国の統一を果たしたことから始まっている。しかも一六〇七年には、アルスター地方を治めることを認められていたゲール人の伯爵たちが、その不満から大陸へ脱出するという「伯爵の逃亡」をおこなったため、アルスター地方の土地は国王のもとに復帰・没収された。ジェームズ一世は、この地に対する積極的な植民政策を遂行することとなったのである。[7]

枢密院は一六〇九年の春、本来は軍人で反乱鎮圧に功があり、R・セシルの寵愛を受けた植民事業家であるT・フィリップス卿の案を取り入れて、デリー周辺地域への植民計画案を定め、ロンドン市に提示した。それはロンドンの資金に依存した計画であり、ロンドン市は、種々の検討と交渉を続けた結果、一六一〇年一月二八日にいたり、市議会の承認のもとに王室と二七カ条に及ぶ契約を結んだ。その主要な事項は、以下の六点にある。[8]

(1)ロンドン市は、デリーとコールレインという二つの都市を建設すること。デリーは四〇〇〇エイカーの土地と二〇〇戸の家をもち、さらに三〇〇戸のための余地を残し、コールレインは三〇〇〇エイカーの土地と一〇〇戸の家をもちさらに二〇〇戸のための余地を残すこと。なおこれら七〇〇〇エイカーの土地は、自由な市民的土地保有として保有され、国王に毎年五三シリング四ペンスを支払うこと。二市の都市特権は、ロンドンやダブリンと同等とすること。

(2)ロンドン市は、カルモア城を保持し、その警備を維持すること。

(3)ロンドン市は、これまでのコールレイン州全体とほかの二州の一部(つまりロンドンデリー州)の土地と森林を国王より、犂《すき》奉仕保有の条件で、授与されること。ただし、当地域の森林の木材は、植民事業のために使用されるべきであり、商業目的にしてはならない。なおロンドン市は、漁業権をもち、輸出入の関税はロンドン市の収入となること。

(4)ロンドン市は、植民計画地内の全ての教会の聖職叙任権(パトロネジ)をもち、土地を確保し、ロンドンデリー市内に主教と聖堂参事会長に宅地を授与すること。

(5)国王は、植民事業請負人の安全確保のため十分な軍事力を確保すること。

(6)ロンドン市は、二万ポンドを拠出し、うち五〇〇〇ポンドは授与された土地内部に残存している私的権利の買収にあてること。

この計画案は、のちに若干の修正を受けることもあるが、ロンドンデリー植民の基本計画案であった。ロンドン市議会は、この契約を承認し、その植民事業を実施するため、「アイルランド組合 Irish Society」とのちに呼ばれる組織を立ち上げることとした。この団体は、総裁一と副総裁一、二五人の補佐からなるが、総裁と補佐役五人はロンドンの市参事会員であり、副総裁とほかの補佐役は、リヴァリ・カンパニーのメンバーを中心とする一般市民であった。また市の法律顧問官はつねに補佐役の一人となり、彼ら全体が一つの会議(コート)を開催した。アイルランド組合は、形式としてはロンドン市議会の下におかれた常設委員会として、ロンドン市議会を背景にアルスター植民を担うこととなった。市議会は、アイルランド組合の主席代理として毛織物商カンパニーのJ・ローリーをアイルランドへ派遣することとし[9]、またその植民事業遂行のために、まず取りかかったのが資金集めであった。市議会は、リヴァリ・カンパニーに対し、一六一〇〜一三年にわたって二万ポンドずつ二回、さらにその後二万ポンドの合計六万ポンドを、アイルランド組合へ出資することを命じたのである。[10]

こうしたアイルランド組合は、一七世紀初めの植民・貿易を目的としたほかのジョイント・ストック会社、つまりヴァージニア会社、マサチュセッツ湾会社などに類似していた。もっとも、ヴァージニア会社も、リヴァリ・カンパニーの資本が加わった、植民目的のジョイント・ストック会社だったのだが、私的な利益追求を基本的な目的としているのに対し、アイルランド組合は、出資者に収入をもたらすものの、国王の植民政策をロンドン市が遂行するために創設され、公的性格が強かったのである。[11]

アイルランド組合と植民都市の法人化

アイルランド組合は、前記の契約承認後、一六一〇年からデリー、コールレイン二市の都市建設に着手し、一六一三年三月には、アイルランド組合とデリー市(ロンドンデリーと改名)が国王特許状によって法人化されるとともに、旧来のコールレイン州とその近隣二州の一部を合わせて、ロンドンデリー州が新たに設置された。またコールレイン市も同年六月に法人化されて、アイルランド組合は、これら二都市とそれ以外のロンドンデリー州の土地への植民事業にもあたることとなった。[12]そして、ロンドンデリー州の土地については、一六一三年一二月にロンドン市議会が、前記二都市の周辺の計七〇〇〇エイカーを、アイルランド組合の管轄に残し、またほかの一部を教会や植民事業家フィリップス卿に任せながらも、大部分を一二に分け、それらを一二組に分けた五五のリヴァリ・カンパニーに割り当てて、植民事業をおこなうこととなった[13]（二二二頁図8－1、二二三頁表8－1参照）。

したがってロンドン市とアイルランド組合の主要な植民事業は、⑴ロンドンデリー市とコールレイン市の都市建設。とくに防衛施設と入植者向け住宅の建設ならびにイギリス人植民者の確保。⑵一二組のリヴァリ・カンパニーに分与された土地への植民。これは若干の防衛施設の建設や、原住民からの土地取上げを含む。⑶アイルランド組合直轄の土地への植民。⑷その他。カルモア城の建設、主教など聖職者の土地の確保であったが、これらのうちとくに重要なのは、⑴と⑵であった[14]。

これらを遂行する任務を負ったアイルランド組合は、先述のように、一六一三年三月に法人化されたのであるが、それは正式には「ロンドンデリーの都市と州およびそこに形成される植民地に関する全ての問題について命令し指示するべく」設置された、「アイルランド王国内アルスターの新たな植民地のためのロンドンの総裁と補佐役の会」と称する団体（通称アイルランド組合）としてであった。アイルランド組合は、ロンドン市議会がその人事権をもち、ロンドン市議会によって与えられた権限によって職務を遂行したが、しかし法人化とともに王権によってその事業の根拠を与えられ、国王の権威をも背景に植民事業をおこなうこととなった。またほかの多くのジョイント・ストック会社と同様に、経済的のみでなく政治的な機能をもあわせもち、ロンドンデリー市とコールレイン市に対して政治的な統制力をももった[15]。

結局、社団のあいだでの重層的な関係ができあがったのである。つまり、ロンドン市というイングランド王国の社団が、アイルランド組合という社団を生み出し、それをロンドン市と、アイルランド王国の都市社団（ロンドンデリーとコールレイン）および植民地との架け橋とした。これらの社団はいずれも国王の法人化特許状を得て、最終的には国王の支配下におかれていたのだが、しかしロンドン市参事会・市議会はアイルランド組合をコントロールし、アイルランド組合はロンドンデリー州とその二都市をコントロールするという重層的な関係ができあがったのであった[16]。

建設される二つの都市のうち、ロンドンデリーは、法人化以前にはデリーと呼ばれる小さな港町であり、アイルランド組合は、一六一〇年以後、そこを植民の拠点として城壁を築き、イングランド人移民を市民として定住させていった。しかし、それがいまだ不十分であった、一六一三年三月にこの都市が法人化されたのは、まず都市制度を法的に整備し、この都市を植民事業遂行の梃子としようとしたものとみられる。法人化によって、ロンドンデリーとなったこの都市は、州と同格となり、市長一のほかシェリフ二、収入役一、市参事会員一二、市議会員二四、ほかに法律顧問官、剣持役、職杖係をもち、立法権、処罰権、記録裁判所をもった。また市長、法律顧問官、上席の市参事会員など六名は治安判事となること、コロナーを選出すること、市長は未決監釈放判事であり、エスチーターをも兼ねることが定められた。さらにギルド・カンパニーの設置が認められたほか、アイルランド下院議会に二名の議員を送る権利も認められた。[17] しかしこの都市は、アイルランド組合に従属的であり、市長、シェリフは市議会が選出することになっていたものの、実質アイルランド組合が選出し、ロンドンデリー市長はアイルランド組合の首席代理ローリーがこれにあたった。同じく一六一三年六月のコールレイン市の法人化においては、都市の幹部は、市長一、市参事会員一二、特権市民四、法律顧問官一、収入役一などからなり、市長はアイルランド組合の次席代理であるT・ベレスフォードが、長期にわたって務めた。[18] 記録裁判所をもつほか、二名の下院議員の選出権をもったが、シェリフはなく、州と同格にはならなかった。

これら二市は、植民事業を推進する拠点であり、アイルランド人の反抗に対する軍事的な城塞であるとともに、宗教的にはプロテスタントの牙城であり、経済的には商工業者の集中と週市の開催による流通の拠点でもあった。このため、防衛施設の完成と、入植者数の確保および住宅の建設が最重要の課題であった。しかし、一六一九年のN・ピナーの調査では、ロンドンデリー市には、強固な市壁と九つの砦があったものの、市壁内には九二戸の家と一〇二家族が居るにすぎず、防衛のためには不十分であった。[19] ただしこの市には、学校が一つ建てられていた。また一六二八年の政府委員会の調査でも、家族用の家は一三五戸、厳密には一一一戸であり、一部屋しかない家を含めて二〇〇にすぎず、住んでいる家族は一五五家族で、武装可能な成年男子は三〇五人であった。また二〇門備えつけられるべき火砲も七門であり、ほかの武器の備えも不十分であった。[20] 一方コールレイン市は、一六一九年には防備の塁壁が崩れており、砦は小さく弓兵を収容するには不十分であり、家屋数は一一九に達しているが、一部屋の家が多く、家族数としては六三家族にすぎず、防衛には足りなかった。また一六二八年には、家族用の家は一一五戸、厳密には八〇戸で、一部屋の家を含めても一八一戸、武装可能な成年男子は一六〇人であった。つまりこれら二市の植民事業の進展が思わしくなく、一六二八年においても一〇年の国王との契約は、十分には果たされていなかったのである。[21]

2 ロンドンデリー植民事業の展開

リヴァリ・カンパニーの植民事業

ロンドンデリー州の植民事業推進のため、一六一三年にアイルランド組合によって一二組に分けられたリヴァリ・カンパニーは、土地を割り当てられるとともに、六万ポンドにのぼる出資をしたが、それは表8－1のように担われたのである。[22] こうしたリヴァリ・カンパニーがなすべきことは、まず第一は、割当地に一定面積を単位として砦や家を建設することであり、第二は形式としてはマナーを設置し、その経営や植民をイギリス人の請負人に請け負わせるか、自ら植民事業請負人となって、イギリス人の自由土地保有農や借地農を植民させることであった。さらに第三に、一六一五年までに割当地におけるアイルランド人の土地を没収し、その年以後アイルランド人が居てはならず、これに違反した場合には一九年以後は罰金を支払わねばならず、また自由保有農や借地農はその土地をアイルランド人に譲渡したり、貸したりしてはならなかった。[23]

しかし、これらを実施することは困難であり、とくにイギリス人入植者が少なく、アイルランド先住民が多数残存してこれをはるかに上回っていた。リヴァリ・カンパニーの割当地における、イギリス人植民者、アイルランド人農民の分布についてのフィリップス卿の推計は表8－2のようである。[24] ただし彼は、これをロンドン市を非難する材料としており、植民を過小評価していたことを考慮しなければならない。しかしそれにしても、一二カンパニーの割当地では、イギリス人農民の数が少なく、先住民が多数だったため、一六二〇年に枢密院は、植民事業請負人は、その土地の四分の一を先住民のテナントに貸し出してよく、残りの四分の三については、二二年までに先住民の土地を回収するべきこととした。この結果、土地の没収が進む一方、それを恐れた先住民は、より高い地代に応じるようになり、搾出地代が課されるようになった。[25] このためアイルランド人の反発が強まるとともに、盗賊の横行など治安の悪化を招くことにもなったのである。

リヴァリ・カンパニーの植民事業は、イギリス人農民の定住の少なさと、残存する先住民の多さという観点からすれば、成功したとはいいがたい。しかし、カンパニーは自由土地保有農や借地農からの地代のみでなく、先住民からも地代を取り立てるなど地代収入を得ることができた。さらに建物からの地代や、請負人からの請負料などもあり、一六一三年から三四年までの一二カンパニーの総収入は、三万七五〇〇ポンド(年平均約一七〇〇ポンド)と見積もられ、それらは各カンパニーに分配された。一方、リヴァリ・カンパニーは、その植民活動にともなう出費として、割当地内の砦や家の建築費をはじめ、現地差配人への支払い、武具の供給、法的手続きの費用、教会などへの寄付などがあり、それらは一六一三〜三五年のあいだに、一二組のカンパニーで総額二万二〇〇〇ポンドにのぼった。結局収支はおよそ一万五五〇〇ポンドの黒字であった。[26] しかし、リヴァリ・カンパニーは、一六三五年までに植民事業に総額六万ポンドを出資したのであり、それを考慮すればなお四万ポンドを超える損失をかかえていたことになる。

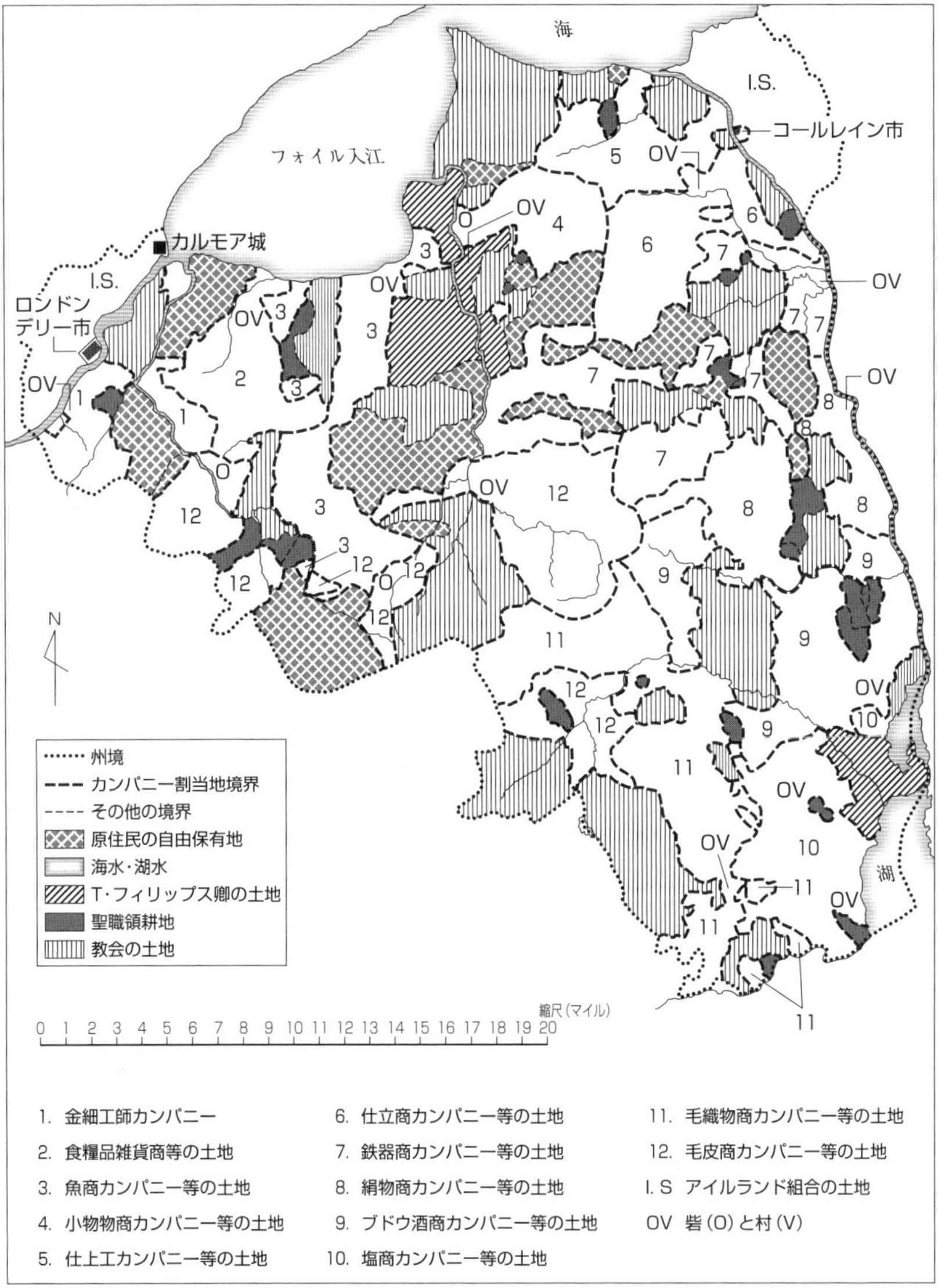

図8-1　ロンドンデリー州の土地所有分布
出典：Curl, J. S. (2000), p. 88 から改造。

表8-1　リヴァリ・カンパニーの出資金と土地の割当(1610～16年)

カンパニー名(順位)	出資金(£)	割当地面積(エイカー)
[Ⅰ]絹物商(1)	3,920	21,600
石工(30)	150	
宿屋(32)	300	
料理師(35)	300	
刺繍工(48or50)	233	
出資金合計	4,903	
[Ⅱ]食糧品雑貨商(2)	5,000	15,900
他にカンパニーなし		
出資金合計	5,000	
[Ⅲ]毛織物商(3)	4,608	38,800
獣脂蠟燭工(21or20)	380	
出資金合計	4,988	
[Ⅳ]魚商(4)	3,390	24,100
皮革商(15)	1,450	
漆喰工(46or47)	60	
楽師(50or52)	30	
籠製造工(52or54)	48	
ガラス工(53or55)	48	
出資金合計	5,026	
[Ⅴ]金細工師(5)	4,459	11,050
武具工(22or21)	60	
コード革靴工(27or26)	370	
塗師(28)	66	
出資金合計	4,955	
[Ⅵ]毛皮商(6or7)	2,903	49,000
白パン屋(19or18)	720	
製帯工(23or22)	570	
文具商(47or49)	800	
出資金合計	4,993	
[Ⅶ]仕立商(7or6)	5,000	18,700
他にカンパニーなし		
出資金合計	5,000	
[Ⅷ]小間物商(8)	4,724	23,100
蜜蠟燭工(20or19)	120	
鋳物師(33)	90	
ろくろ工(51or53)	102	
出資金合計	5,036	
[Ⅸ]塩商(9)	2,914	23,250
染色工(13)	900	
刃物工(18or17)	345	
馬具工(24or25)	590	
指物師(41)	246	
羊毛商(43)	30	
出資金合計	5,025	
[Ⅹ]鉄器商(10)	2,230	19,450
醸造商(14)	700	
しろめ工(16)	360	
理髪外科医(17or27)	350	
大工(26or25)	300	
桶屋(36)	420	
公証人(44or45)	570	
出資金合計	4,930	
[Ⅺ]ブドウ酒商(11)	3,120	32,600
食糧品雑貨商	874	
製革工(29)	66	
鉛管工(31)	120	
鶏肉屋(34)	120	
タイル・レンガ工(37)	120	
鍛冶屋(40)	96	
織布工(42)	150	
燃料商((44))	320	
果実商〈45〉	96	
出資金合計	5,082	
[Ⅻ]仕上工(12)	3,390	13,450
仕立商	1,186	
肉屋((24))	230	
弓製造工(38)	30	
矢製造工(39)	30	
黒パン屋((48))	130	
家具屋(49or51)	66	
出資金合計	5,062	
アイルランド組合の土地		29,900
総　計	60,000	320,900

(　)内のカンパニーの順位は，1613，16年共通を基本とするが，or のあるものは各々の年の順位を示しており，((　))の数字は1616年のみ，〈　〉は1613年のみの順位である。

出典：Curl, J. S. (2000), pp. 86-87.

王権による地代没収・訴訟・植民地没収

一六一三年以後、数回にわたってロンドンデリー植民地の実状調査がおこなわれた。一六一八年には、アイルランド総督代理セント・ジョン卿の命によりなされた一六一九年のピナーの調査報告は、アルスター全六州のイギリス人の成人男子は六二一五人で、そのうちロンデンデリー州は六四二人でもっとも少ない。城塞建設については六州全体で城壁のある城が一〇七、城壁なしの城が一九、城館のない城柵のみが四二あり、イングランド風の石と木による家は一八九七戸あったというが[27]、ロンドンデリー州の城壁つきの城は、カルモア城を含め三つであった。

結局、二つの都市についても、リヴァリ・カンパニーの割当地についても、一六一〇年の契約に照らして、植民事業は十分な進展をみせていなかった。ここから、王権・枢密院によるロンドンデリー植民地の地代没収や、星室庁《せいしつちょう》裁判所での訴訟、さらには植民地そのものの没収が生じるのであるが、こうした事態をもたらすうえで、大きな役割を果たしたのがフィリップス卿であった。彼は、枢密院に植民政策を進言し、王権とロンドンの植民契約に重要な役割を果たしたのであるが、植民事業請負人でもあり、森林伐採をめぐってのロンドン市との争いに端を発し[28]、市との対立を深めていった。このためロンドン市による植民の状況について、一六二二年の報告をはじめつねにロンドン側に不利な誇張をともなった調査結果を政府に報告していた[29](表8-2)。

フィリップス卿の報告を受け止めた枢密院は、ロンドン市のアルスター植民事業について、建設されるべき家とその戸数、都市の守備体制、装備されるべき武具、土地の開発・植民、治安維持などについて、改善策およびその修正版を、一六二三～二五年にかけて提示した。しかし、ロンドン市はこの改善に応じなかったため、枢密院は一六二五年一一月に第一回目のロンドンデリー植民地の地代没収を決定した。しかし、これはロンドン市の反論と抵抗により実現せず、一六二七年七月にいたり、地代没収令は撤回された[30]。

財政困難に直面していた政府は、その後一六二七～二八年にロンドン市に対し委員会による審問をおこない、防衛力

表8-2　植民の状況

場　所	フィリップス卿の調査（1622年）					国王の調査委員会（1628年）		民兵召集（1630年頃）	地代収入（1624年）
	FH	LH	M	IM	IFH	British	Irish		
ロンドンデリー市						305人	0人		
コールレイン市						160	0		
金細工師の割当地	4戸	14戸	63人	84人	戸	104	140	100人	£49
食糧品雑貨商　同	6	7	34	75	1	75	146	57	64
魚商　同		14	23	243		57	183	42	58
小間物商　同	5	2	123	125	4	136	173	127	148
仕上工　同	1		86	51	1	106	107	65	69
仕立商　同	2	11	36	124		27	169	48	158
鉄器商　同	1	3	65	131	2	157	216	123	124
絹物商　同	3	7	52	145		79	203	87	166
ブドウ酒商　同	2	9	80	184		73	207	102	193
塩商　同	1	4	27	128		76	181	—	244
毛織物商　同	1	3	16	186		34	207	45	311
毛皮商　同	1		12	384	1	23	361	—	43
合　計	27	74	617	1,824*	9	1,412	2,293	796	1,629**

地代は，ポンド以下は切捨て。FH＝イギリス人自由保有農，LH＝イギリス人借地農，M＝イギリス人成人男子，IM＝アイルランド人成人男子，IFH＝アイルランド人自由保有農，1628年欄の人＝武装可能な男子。
*　Moody の集計による数字だが合計は1,860。
**　各項のポンド未満を切り捨てたため，合計額は2ポンド多くなっている。
出典：Moody, T. W. (1939), pp. 201, 218, 246, 320.

整備の欠陥や入植者数の不足などを指摘し、一六二三〜二五年の改善策が実現されていないことを理由に、二八年五月、二回目のロンドンデリー植民地の地代没収を命じた。今回は、ロンドン市とリヴァリ・カンパニーの請願にもかかわらず、政府の方針が貫かれ、地代は没収されることとなった。[31] なおこの審問委員会報告において明らかにされたアイルランド組合の一六二八年の植民地からの地代収入と、二八年までの全支出は、表8－3のようである。なおこれらのうち都市の地代は、アイルランド組合が建てた家の賃料であり、一二の割当地の地代とされているものは、リヴァリ・カンパニーの借地農の収入であって、カンパニーが実際に受け取った地代はそのうちの二〇〇〇ポンド程度であったという（表8－2の地代欄も参照）。また支出については、ロンドン市はリヴァリ・カンパニーから合計六万ポンドを集めて、アイルランド組合に植民事業をおこなわせていたのであり、こ

表8-3　1628年時点でのアイルランド組合の収支

アイルランド組合の1628年の地代収入	
(1)ロンドンデリー市から	£665
(2)コールレイン市から	£414
(3)漁業から	£1,000
(4)12の割当地から	£3,667
合　計	£5,746
アイルランド組合の1628年までの支出	
(1)ロンドンデリー市に	
77 1/2戸の家と市場取引所の建築	
各£140	£10,850
33 1/2戸の家の建築	
各£80	£2,680
主教の家のため	£500
市壁と防備施設	£8,357
整地，鋪装，22の地下壕	£4,810
合　計	£27,197
(2)コールレイン市に	
建築と防備施設	£8,511
(3)12の割当地に	
カンパニーの建てた建造物	£8,536
合　計	£44,244

出典：Moody, T. W. (1939), pp. 249-250.

こにもずれが生じている。[32] こうした審問委員会の報告に加えて、フィリップス卿が一六二九年に国王に提出した文書は、アイルランド組合の収入を誇大に推計し、収入九万八〇〇〇ポンド余りに対し支出は六万八〇〇〇ポンド余りで、王との契約は守らずに、大幅な収益をあげているとし、ロンドン市批判を強化した。[33] こうしたフィリップス文書と先の審問委員会報告とにより、枢密院は一六三〇年には、ロンドン市長やアイルランド組合幹部を星室庁裁判所へ訴えることとし、三五年一月二七日にいたって星室庁裁判所での訴訟を開始した。しかし、この裁判は、当初より政府側の財政的要請が前面にでており、その判事の構成も、公正さを欠くものであった。[34]

告発されたのは以下の五点である。(1)アイルランド組合は特権を不正に取得したこと、(2)植民に関する契約条項に従って、イギリス人住民を植民させることに失敗したこと、(3)ロンドンデリー、コールレイン、カルモアの防備についての義務に違反したこと、(4)森林を略奪したこと、(5)聖職者への土地割当に失敗したこと、である。判決は、一六三五年二月二八日に下され、ロンドン市およびアイルランド組合はともに有罪とされ、七万ポンドの罰金と植民に関する特権の放棄が課されることとなった。これはロンドンにとって重い負担であり、不当と感じられるものであったため、ロンドン市は罰金を容易に支払おうとしなかった。そこで、王権側は、同年三月一三日にアイルランド組合とリヴァリ・カンパニーのロンドンデリー州における土地を没収するという挙に出、その土地の引渡しを要求したのである。[35] これをめぐって、ロンドン市は王権と交渉したが、一六三七年七月にいたってロンドン側が屈服し、七万ポンドの罰金は一万二〇〇〇ポンドと減額されたものの、ロンドンデリーにおける全ての土地と権利を引き渡すこととなった。ロンドンがこの罰金を支払い、アイルランドの土地に関する全ての証書と文書を引き渡したのは一六三九年一月のことであった。[36] 以後、没収されたロンドンデリーの城、土地、マナー、家屋などは全て王権の管轄下におかれ、地代徴収を任された者たちが搾出地代など過酷な地代の取立てや、住民の追立てをおこなった。それは、先住民をして「ロンドン人は寛大な地主だった」と言わしめるほど過酷であり、やがて一六四一年のアルスター反乱の一因ともなってゆくのである。[37]

一方、巨額の出資をおこなってきたにもかかわらず、ロンドンデリー植民地を没収されたロンドン市は、一六三五年の星室庁裁判所の判決以後、国王の資金要求に非協力的になってゆき、とくにリヴァリ・カンパニーは拠出を拒否する事態も生じたのである。ロンドンデリー植民問題に関する限り、ロンドンは反王権・議会支持にならざるをえず、一六四一年一月には、長期議会に対し、ロンドン市議会が、ロンドンデリー植民問題について、それまでの経緯、星室庁裁判所判決の不当性、植民地没収の不当性などを説明し、調査のうえ、正義を実現するよう請願している。この結果長期議会は、同年三月に委員会を設置して検討し、八月同委員会からの報告を得ている。その報告は、植民の企画が国王からの押しつけであったこと、植民地での建造物や人員の確保の不足は罪に問えないこと、星室庁裁判所の判決は不法・不当であること、ロンドン側の植民担当者は全てが星室庁判決以前の地位を回復することなど、ロンドン側の主張を全面的に認めるものであった。そして長期議会もこれを支持し、ロンドンデリー植民地の問題は、一六三五年以前に戻されることとなった[38]。しかし、これまでの圧政に苦しんでいたアルスターの先住民は、一六四一年一〇月には反乱を起こし、カトリックのオールド・イングリッシュもこれに加担した大反乱の発生となったのである。

3 社団から財政軍事国家へ

社団の限界

植民事業を国王とロンドン市で取り交わした契約に即してみれば、防衛施設や武具装備が不十分であり、二つの都市でもリヴァリ・カンパニーの割当地でも、イギリス人入植者の数が足りず、成功的だったとはいえない。それは、地主や資本家などの在地エリートの形成が進まなかったことを意味する。その原因は、ロンドンデリーにおける先住民の反抗にともなう治安問題であり、また入植者が経営的に成功するような経済環境が整っていなかったことにもある。これを解決するには、社団の力では不十分であり、国家の軍事力と財政出動を必要としたのである。つまり植民活動とそれにともなう帝国建設には、財政軍事国家を必要としたのであった。クロムウェルのアイルランド征服(一六四九〜五〇年)と土地収奪後、一六五七年にはアイルランド組合にジェームズ一世時代の全ての権利が回復され、五八年には一二組のカンパニーに譲渡証書が渡され、没収以前に戻された[39]。クロムウェル政権のもとで、植民は強力な軍事的制圧力を背後にもつこととなった。王政復古後も、アイルランド組合は、一六六二年にチャールズ二世の特許状によって、クロムウェル時代とほぼ同じ権利を保証され、地代収入のほか木材、麻の輸出によって繁栄に向かった。これは国家的な枠組みによって維持された相対的な平和の所産であった[40]。しかし一六八五年以後ジェームズ二世はアイルランドのカトリック化を促進して混乱を生み、さらに名誉革命期には、一六八九年にジェームズ二世がフランス軍を率いてアイルランドに上陸し、アイルランドのカトリック教徒とともにイングランド政府に反抗した。だが結局ウィリアム王によって鎮圧され、以後いわゆる財政軍事国家のもとで、王国内の植民地として、アイルランド組合によるロンドンデリー植民事業が進展していった。アイルランドが王国のかたちをとりながらも、植民地たらざるをえなかったのは、ブラディックのいうように、アイルランドにプロテスタントの在地エリートの形成が進まず、イングランド王権と在地エリートの互酬関係を築けなかったことによるといえよう。[41]

ロンドンのリヴァリ・カンパニーがかかわった植民目的の会社としては、そのほかにも一六〇六年に法人化特許状を得て設立されたヴァージニア会社がある。この会社はジョイント・ストック会社であり、ロンドンのリヴァリ・カンパニーも五六カンパニーが出資しているが、貴族や廷臣の参加が注目される。とくに第二回目の特許状を得た一六〇九年には、ソールズベリ伯R・セシルをはじめとする貴族、一〇〇名にのぼる下院議員、ナイト、ジェントルマンが出資しており、さらに商人そして五六のリヴァリ・カンパニーをも含めて全部で六五九の出資者がいた。[42] ヴァージニア会社による植民は、アイルランド植民が国策として進められたのに比せば、アメリカ植民を目指す者たちのヴォランタリな性格がより強く、出資に対する利益を求める志向もより強かったことを指摘できる。しかし、この植民も資金不足、先住民の抵抗にあうなど成功しなかった。一六一二年資金不足を補うべく第三の特許状を得て資金募集をおこなったが、もはやリヴァリ・カンパニーは応募せず、資金不足は富くじによってまかなわれた。[43] しかも、会社は内部対立をかかえた。一六一九年にヴァージニア会社の財務役となって、以後会社の運営を実質的に担ったE・サンズ卿は、サウサンプトン伯などの支持をも得つつ、タバコ貿易の自由化や植民地政策の改革を求めて、会社内部の守旧派であるT・スミス卿やウォリック伯などと対立し、また国王ジェームズ一世とも対立を生じた。一方一六二二年には、植民活動の拠点であるジェームズタウンが先住民に襲われ、植民者のおよそ三分の一(三四七人)が死亡する事件が起こり、植民地は崩壊の危機に陥った。このため、ジェームズ一世はヴァージニア会社幹部を枢密院に呼び出して審問し、さらに一六二四年には権限開示要求によって特許状を没収し、ヴァージニア会社は消滅することとなった。[44] 以後ヴァージニア植民地は、「国王の土地 crown land」として、形式的には王の直轄地とされたのである。一六〇六年にヴァージニア会社と同時に設立されたプリマス会社は、北緯三八度から四五度の範囲のアメリカ植民を目指した（ヴァージニア会社は北緯三四度から四一度で、三八度から四一度は両会社の重複地域）。主にプリマスなどイングランド西南部の港町の商人が中心となって植民を推進したが、資金不足などにより数年内に活動を停止し、その後一六二〇年に再建されたが、資金不足を解決できず、ヴァージニア会社と同様に一六二四年に消滅した。[45] しかし、一六二八〜二九年にはマサチュセッツ湾会社が、ピューリタンを中心に法人化勅許状を得て設立され、ヴァージニアよりも植民人口も多く、一層植民活動が進んだ。それだけに、先住民との戦闘も多く、多数の先住民を虐殺しながら植民地建設が進められた。しかし、ピューリタンによる自治的組織を結成して、本国政府との軋轢《あつれき》が多く、一六八四年には特許状を没収され、名誉革命後九二年には、マサチュセッツ植民地は、プリマス植民地などをも合わせて、国家の直轄地となった。[46]

これら一七世紀前半に、北東アメリカへの植民を目的に設立されたジョイント・ストック会社の例も、社団はそれだけで植民地形成や支配をおこなうには、十分な軍事力・政治力、あるいは資金力を欠くなどして消滅し、結局、国家の直轄地として、財政軍事国家のもと植民地化を推進することとなったということである。それは、王国内に位置してクロムウェル政権以後、国家の政治・軍事力を背景に存続し続けたアイルランド組合や、当初貿易会社であった東インド会社が、七年戦争（フレンチ・インディアン戦争）を機に、自らが財政・軍事力をもちつつインドの植民地化を進めたのと対比されるのである。しかし北東アメリカでは、本国を拠点とした社団の消滅後、現地に定着した移民たちが、本国の政治文化を継承しつつ新たな自発的な社会的・政治的組織を生み出し、独立へ向けての起点を形成したことが注目されるべきである。[47]

終章

議会主権と社団的秩序の後退

1 名誉革命へ向けて

党派対立と御しがたい都市

本書の主題は、序章に述べたように、支配権力と社会的結合の関係の問題であった。名誉革命において議会主権が成立するという観点に立って、一七世紀半ば以後の支配権力と社団および社会的結合の関係を展望し、結論としたい。

チャールズ一世は、一六三〇年代には権限開示令状を発して、王権に抵抗するいくつかの都市を圧迫する事態がみられたが、ピューリタン革命期には、ロンドンをはじめ、東部の諸都市や北部のハル、西部のグロスター等々議会派に立った都市が多い。しかし一方、ローカリズムを貫こうとする都市、オックスフォードやリーズのように王党派となった都市もあった。[1] 党派対立と政治的抗争は、ピューリタン革命期の都市にとって以下の二つの問題を引き起こした。まず第一は、一六四九年の国王処刑と共和制の成立によって、国王からの特許状や勅許状に基づく都市の自治権は、その根拠を失い、都市の地位は不安定な状態におかれたことである。このため共和制期には、クロムウェル政権に対して特許状の確認を求める都市が多くなり、クロムウェルは六七の都市の法人化特許状を再確認し、新たに一都市を法人化している。[2]第二は、王党派、議会派、軍などの政治的対立が、都市内部にも持ち込まれ、互いに対立する都市役人を追放する動きが始まったことである。これは一六四三年頃から、オックスフォードや南西部諸都市で、王党派が議会派系の都市役人を追放したことに始まり、その後逆転し四七年には対議会派の戦闘に加わった者は、都市の役職には就けず投票権ももてないとする法令を議会が定めた。クロムウェル政権時代にもこの法令は更新されたが、それは独立派が王党派や長老派の都市役人を追放するべく用いられた。クロムウェルの死後、長老派や王党派などの役人の復帰が始まったが、政治的・宗教的対立からする都市役人の追放はその後も継承され、王政復古後の都市をも特徴づけることとなったのである。[3]

T・ホッブズは、都市法人団体が、「自然人の内臓の中のうじ虫のよう」に、コモンウェルスの腸内の小コモンウェルスとして、国家を弱めていることを嘆いているが、[4]王政復古後、王権にとってはいかにして都市をコントロールするかが課題であり、まず求められたのは都市役人の忠誠であった。一六六一年のコーポレイション法は、都市役人に国王と国教会首長への忠誠の宣誓と、「厳粛な同盟と契約」を非難する宣言を要求したのである。これは、都市役人からとくに長老派を排除することになるのだが、これを実施するためコミッショナーが任ぜられ、一年半にわたり活動した。その史料が残存する三六都市では、一三八七人の都市役人のうちおよそ三分の一にあたる四六八人が宣誓や宣言をしなかったため、職を追われている。[5]また王政復古以後の都市法人化・再法人化特許状や勅許状では、国王が都市役人の人事に介入し、とくに法律顧問官や市書記の人事承認権をもつような例がみられた。さらに排除法危機以後は、ウィッグ系都市に対する権限開示要求によって、特許状の没収と新特許状の授与をおこなったが、王権が都市役人人事に直接介入して、法律顧問官や市書記の承認権をもったばかりでなく、都市役人のトーリ系役人への入替えをおこなっている。[6]一六八二年から八八年にかけて、特許状の没収と新特許状の授与は一七八都市と五五カンパニー(大部分はロンドンのリヴァリ・カンパニー)に及んだ。[7]しかし、ジェームズ二世のカトリック化政策は、トーリの反発をも招き、結局名誉革命にいたり、議会主権の政治体制へ移行することとなったのである。

名誉革命後の政権は、基本的に都市を新たに法人化する政策をとらなくなった。都市法人化は本来国王がおこなうものであり、その特許状や勅許状の授与によって都市法人団体が創設されたのだが、名誉革命後の国王は議会主権を認めた「議会のなかの国王」であり、都市に対する政策も、議会中心に遂行されたのである。[8] そして王権－都市－小共同体という社団的三層構造は、名誉革命後も存在はしていたが、王権を中心とした政治体制から議会主権の政治体制への移行にともなって、後退していった。以下ロンドンを中心に、三層構造の変化をみてみる。

2 社団的秩序の後退 三層構造の変化

小共同体の変化

一七世紀後半のロンドンに即して、まず都市内小共同体としてのリヴァリ・カンパニーに注目したい。ロンドンでは、富裕なミドリング・ソートが、リヴァリ・カンパニーの職能の壁を破って分厚く形成されていた。その富の分布は表終－1のようであり、市参事会員資格の資産額一万ポンド以上は四〇〇人にのぼる。[9] 彼らは、リヴァリ・カンパニーよりは、シティ中心部の王立取引所やほかの市場施設、銀行・金融業者、貿易会社などを利用して活動し、情報や投資の機会などを共有しつつ、商業コミュニティと呼ばれるような経済的な一体性を形成していった。とりわけ王立取引所は、一七世紀前半より一層発達し、取引所であることに加えて、情報センターであり、物価リスト、船舶の入出港に関する印刷物、各種の宣伝・広告などによって、種々の情報が入手できる場であった。[10] 一八世紀初めには王立取引所は「シティの中心、そして世界商業の中心」と呼ぶ者もあり、ロンドン商人の経済力は、アムステルダムをもしのいで、世界貿易の中心を担うほどになったのである。[11] また王立取引所周辺には、本屋やコーヒーハウスが多く、国内経済だけでなく、

表終-1　1688年頃のロンドンの実業家の資産

資産額	人数	資本額中央値	所得額中央値	総資本（単位：千ポンド）	総所得（単位：千ポンド）
30,000ポンド以上	40人	£50,000	£3,000	£2,000	£120
20,100〜30,000	60	25,000	1,500	1,500	90
10,100〜20,000	300	15,000	1,500	4,500	270
5,100〜10,000	600	7,500	750	4,500	450
4,100〜 5,000	350	4,500	450	1,575	157.5
3,100〜 4,000	400	3,500	350	1,400	140
2,100〜 3,000	1,000	2,500	250	2,500	250
1,600〜 2,000	900	1,750	175	1,575	157.5
1,100〜 1,500	1,500	1,250	125	1,875	187.5
750〜 1,000	1,600	775	78	1,240	124.8
500〜 700	1,600	600	60	960	96
合　計	8,350	—	—	23,625	2,043.3

出典：Grassby, R.（1995）, p. 248.

外国について、あるいは政治についての情報を入手しつつ会話できる、公共圏的な様相がつくりだされ、社団的な枠組みは乗り越えられていたのである。[12]

リヴァリ・カンパニーはもちろん存在していたが、絹物商、毛織物商などの商業的リヴァリ・カンパニーは、営業規制とは無関係な、地代収入によりつつ慈善事業をおこなうブルジョワ（ミドリング・ソート上層）の団体と化していった。それを促したのが、プレミアム徒弟制であって、徒弟採用に際し親方にプレミアムを払うという慣行は、一六二〇年代の不況期に始まったのであるが、商業的なリヴァリ・カンパニーのプレミアムはとくに高く、一八世紀には数百ポンドに及ぶものもあった[13]（表終-2）。このためこれらのカンパニーの徒弟の供給源は、富裕な商人やジェントリの子弟などに限られ、供給地もロンドンとその近隣地域へと狭まり、社会的流動性は限定されたものになっていった。[14]一方、手工業・小売業のリヴァリ・カンパニーは、プレミアムも低く、伝統的な営業規制をなお維持していたが、前記のような富裕カンパニーの動向が、一七世紀末以降を特徴づけている。こうした富裕なリヴァリ・カンパニーは、社団というよりは、そこに所属することが社会的な権威を高めるようなブルジョワの団体というべきものであり、一六世紀にみられたような広汎な社会的上昇は実現されるべくもなかった。[15]

しかし、リヴァリ・カンパニーは、八〇〇〇人にのぼるリヴァリたちが下院議員選挙の有権者であることによって、政治的な意義を強めることとなった。一六八〇年代以後、ロンドンの四名の下院議員選挙において、リヴァリはウィッグとトーリに分かれて投票しているが、カンパニーごとにウィッグ派、トーリ派あるいはスプリットなどの傾向がうかがえる。一六九〇年代以後、織物業関係の富裕カンパニーではウィッグが強く、小売業・手工業カンパニーでトーリが強い傾向があった。[16] いずれにしても、党派対立をかかえながら、リヴァリ・カンパニーとリヴァリ層は、議員選挙と選出議員を通じて議会主権を支えたのである。結局ロンドンにおいては、小共同体－都市－王権の関係は消滅はしないが、

表終-2　ロンドンの徒弟プレミアムと創業資本(1747年)

(単位：£)

職　種 高額の職種	徒弟プレミアム 最高額	 最低額	創業資本
貿易商	300	50	制限なし
銀行家	300	50	20,000以上
絹物商	200	50	1,000～10,000
毛織物商	200	50	1,000～5,000
醸造商	200	50	2,000～10,000
金銭公証人	200	50	制限なし
メリヤス商	200	20	500～5,000
宝石商	200	20	100～5,000
薬種商	200	20	50～200
事務弁護士	200	20	50以上
石鹼業者	200	100	2,000～5,000
羊毛商	100	50	1,000～10,000
レース商	100	50	1,000～10,000
石炭商	100	50	1,000～10,000
材木商	100	50	1,000～5,000
客馬車製造業者	100	50	500～3,000
砂糖パン業者	100	50	1,000～5,000
保険業者	100	50	制限なし
低額の職種5例			
ボタン穴かがり工	0	0	5～10
車力	5	0	60～100
針製造工	5	0	50～100
仕立工	10	5	～500
織布工	10	5	100～500

出典：Cambell, R.（1747, 1969）, pp. 331-340. プレミアムが低額の職種の空欄は，0とみなした。なお，Lane, J.（1996）, p. 23.

富裕なカンパニーにおいてプレミアム徒弟制－ブルジョワ団体－議会という関係が形成され、それと対抗的に伝統的な手工業・小売業を中心としたトーリ系カンパニーも、議員選挙などを通じて議会に参画し、議会主権の担い手となったのである。

なお、ほかの小共同体である区については、共同体的な結束は、区議会の形成や市議会による区の業務の吸収のうちに後退した。[17] 教区は、多くの教区で特別教区会による富裕なミドリング・ソートの寡頭《かとう》的支配が進行し、その自律性を強めてゆくが、この場合も全員参加型の教区運営とは離れることとなり、またその自律性は都市共同体を支えるよりは、議会立法を通じて治安判事など中央政府につながる一面をもっていた。エリザベス救貧法からすれば、ロンドンについても、少なくとも形式的には治安判事が、貧民監督官を通じて教区にかかわる体制ができあがっていたのである。[18] 結局社団的秩序の基礎にあった三つの小共同体（社会的結合体）のいずれもが、ミドリング・ソート上層の出現によって、共同体的枠組みが崩れていったのである。

都市法人団体の後退と治安判事

一方、ロンドン市自体も変化してゆく。ロンドン市政府の活動は名誉革命後も活発であったが、コーポレイションが全体として、緩やかにではあるが、絶対的にも相対的にも縮んでゆくことは否めない。人口が増加する一方、まず徒弟数が減少したが、市民権認可数も、一六八〇年代以後減少しており、非市民の営業者が増え、とくに富裕な貿易商人などに市民権をもたない者が増加していった。[19] また都市自治体の最高機関であった市参事会の権威・権力が衰え、実質的な業務にあたってきた市議会が市政の中心に立った。しかしほかに市長や市参事会員が構成する種々の裁判所や会議体が市内に並列的に存在し、市政機関が多元化する傾向がみられた。これは一七四六年に市参事会の市議会に対する拒否権が廃止されて以後、さらに顕著になった。こうしてコーポレイション内部での市政機関の多元化に加え、市政領域の外側に人口増加が著しい郊外があった。このような全体を治める位置に立っていたのは治安判事である。ロンドンの治安判事は、市長、法律顧問官、そして特定の市参事会員が担っていたが、増強されてゆき、一七四一年には市参事会員二六名全員が治安判事となった[20]。市長はすでに一七世紀末までには、ギルドホールの一隅で「治安判事の仕事を一日に数時間、一週で数日果たす」ようになっていたが、市長がギルドホールからマンションハウスに移る頃には、もっとも活動的な治安判事として、無数の訴訟や申請の処理にあたったのである[21]。市参事会員は、都市行政を担当するより、国王役人たる治安判事として、裁判を中心とした仕事を果たすようになり、市参事会メンバーとして失ったものを、治安判事として獲得していった。だが彼らはロンドンの治安判事であり、その管轄はシティとリバティであって、郊外はミドルセックス州やサリー州の治安判事の管轄であった。一六三八年のロンドン市への特許状は、ロンドン市長が市参事会員各一名を、それぞれミドルセックス州とサリー州の治安判事とする権限を与えたのであるが[22]、ロンドン市は、犯罪も多く統治しがたい郊外にまで管轄を広げることを好まなかった。それは一六七八年以来実施されず、周辺の二州に及んだロンドンの郊外地域は、それぞれの州自身の治安判事が管轄し、郊外の支配も多元化していたのである[23]。

都市によってさまざまであろうが、一八世紀に都市法人団体の管轄が相対的にも絶対的にも縮小してゆくとき、市長などが兼ねる治安判事がその空域・空白を捉えていった。ウェッブは一八世紀の都市を、(1)閉鎖的都市(少数者による寡頭的市制をもつ都市で、全都市の四分の三を占める)、(2)多数の市民が選出する市議会が市政を担う都市(ロンドンや若干の大規模な地方都市)、(3)全市民が市政を掌握している都市(モーペスなどの少数の小都市)に分類しているが、これらのいずれの都市にも共通して、都市治安判事の権限が強化され、伝統的市制が後退してゆくことを指摘している[24]。

議会・都市・名望家行政

議会と都市の関係について以下の三点を指摘できる。まず第一に、議会は名誉革命以前の王権と異なり、都市社団を新設することはなく、またロンドンをはじめ諸都市の人事や権利に干渉したり、それを侵すことはもはやなくなった。[25]議会に一貫した都市政策などはなかったが、都市の要求に応じて地域特定法(local act)をもって応じるという方式がとられた。[26]国王特許状に代わって、地域特定法によって、特定の目的のための法定委員会(statutory authorities)を設置するという方式がとられた。こうした方式は、すでに一六世紀の排水委員会、一七世紀のロンドンに始まる救貧社や有料道路組合などにみられたが、一八世紀を特徴づけるのは道路鋪装、街灯設置などの都市改良委員会の創設である。[27]こうした新たな委員会は、市長はじめ都市役人が職務上加わるなど、旧来の都市法人団体のもとに、あるいはその内部に設置されるというものだけではなく、選挙による選出という方法もあり、都市法人団体の存在意義を低下させる場合もみられるが、キングス・リンについて明らかにされたように、両者は対抗的であるより相互補完的だったのである。[28]

第二に議会の都市政策が、多数の地域特定法によるようになったことは、議員と都市の関係を緊密にした。パトロンである都市選出議員も、パトロンとして都市を選挙区とするというだけではなく、都市のために前述のような個別立法を成立させたり、都市の請願を中央に伝え、その状況を都市に伝えるなど都市のために働くという互酬性を強めた。選挙区を無視する議員は議席を失うリスクをかかえたのであり、都市には議員である地主・貴族のパトロンを介して、その要求を通す道もまた開かれていた。[29]なおその議会の構成は、一七三四年から一八三二年までの下院議員五〇三四名中、実業家と法律家は三一・七%を占め、軍人などを除いたミドリング・ソートの議員は、ほぼ三人に一人であった。[30]これを一六四〇年の長期議会における商工業者と法律家が二三・八%で、四人に一人だったのと比べれば、[31]当該期にもジェントリが圧倒的であるにせよ、ミドリング・ソートの進出を確認できる。

第三に、先に都市社団における治安判事の役割の増大を指摘したが、これと重なりつつ、治安判事は議会との関係においてもその役割を増大させ、いわゆる名望家行政の担い手となった。かつて国王からの令状がシェリフや市長に向け出されていたのに対し、議会立法の執行、違反の取締り、裁判などが、都市については都市の治安判事のおこなうところとなった。もっとも都市の治安判事は、市長などの都市役人が兼ねていたし、また治安判事は、国王の役人なのであるが、名誉革命後は議会主権を認めた「議会のなかの国王」の役人なのであり、そうした意味で国家役人といってよいであろう。国家編成秩序としての社団的秩序に代わってその存在を大きくしていったのは、議会主権下での治安判事の名望家行政である。

一八世紀のコーポレイションは治安判事をもつという意味で重要であり、地方都市においても都市治安判事の名望家行政が展開してゆくのである[32]。王権－都市－小共同体の関係は、消滅しないが後退し、都市社団は都市ごとに多様性があろうが、議会立法ならびに治安判事と共存しつつも、多くは縮小の方向をたどった。

3　上向過程の優位

英仏の比較

本書冒頭で述べたように二宮宏之氏の論からすると、フランスにおける社団的な国家編成においては、その中間団体・社団が内部の分極化や社団外の人々の増大などで変質してゆくとき、フランス王権は官僚制や治安機構の強化といった、権力支配の下向過程を優位させていった[33]。高澤紀恵氏も一六・一七世紀のパリ史研究において、王権－パリ市－市内小共同体という三層構造を前提として、パリの変化を国王権力を体現するシャトレ裁判所とシャトレ役人の都市内部、とりわけ街区への浸透、王権のポリス・システムのパリ内部への展開、武器携行禁止令と民兵の変質等々によって、王権の権力支配がパリ市内に浸透し、パリの自治的な秩序維持システムが崩れてゆくことを示している[34]。一七世紀のパリは、王権の下向過程の権力支配強化のうちに、都市自治を失っていったのである。

一方、ロンドンは、官僚制を欠いたために国王官僚が外部から市内に侵入することはなく、中世以来市長などが国王役人を兼ねており、一六・一七世紀前半には、王権とロンドンが自治的権利をめぐって争うことは基本的にはなかった。しかもロンドン市内には徒弟制などを通じて、小共同体・都市共同体における社会的上昇の途が開かれ、市長・国王役人が下から補充されることになる。さらに市長などの都市役人の最上層は下院議員となり、議会へ進出する途も開かれていた。一六世紀には議会は、統治機構に占めるその地位が中心的とはいえないにせよ、「接触点」の一つとして支配権力に触れることができる場だったし、名誉革命後ともなれば、議会は国家中枢に位置する支配権力機関となったのである。フランスのブルジョワが、一六一五年以後三部会停止によって議会進出の途が閉ざされ、さらに絶対王政の官職購入によって体制内化し、上向過程の途が断たれてゆくのとは対照的である。

しかし、イギリスにも都市に対する王権の権力的支配の試みはあった。改めてスチュアート王権の都市政策を振り返ると、すでに述べたように、一六三〇年代の反抗的な都市への権限開示要求、六一年のコーポレイション法による都市役人への統制、そして八二年以後の権限開示要求による、特許状没収と新特許状授与による都市への介入が主要な節目となっている。とくにチャールズ二世とジェームズ二世が進めた一六八〇年代の権限開示要求は、ロンドンを含め一八〇近い都市の特許状没収をもたらしたが、新特許状において国王は、市長やシェリフを更迭する権利や、法律顧問官や書記をはじめ、裁判にかかわる都市役人について人事介入するなど、王権の都市への介入を強めた[35]。このような介入の継続・強化は、王権が都市を支配する下向過程の優位を招き、一七世紀後半のルイ十四世期のパリと共通する方向をもたらすこととなる。最近、坂下史氏によって紹介されたS・C・A・ピンカスによれば、ジェームズ二世の目指した国家像は、ルイ十四世のカトリック強国フランスだったことが指摘されている[36]。しかしイギリスでは、都市からの反発のほか、議会の存在や一六八〇年代後半の政治・宗教の情勢がこれを許さず、すでに名誉革命の直前においてロンドンはじめ若干の都市には、従来の特許状の復活を認めざるをえなかった[37]。ウィリアム三世とメアリ二世を王として実現したのはフランス的ではなく、オランダ的なプロテスタント国家だったのである。

このようにイギリスでは、王権の都市に対する権力支配という下向過程の強化は、不可能であったばかりか、逆に社団的秩序を下から改編しつつ上向過程が優位していった。ロンドンではすでに述べたように、名誉革命後には、富裕なミドリング・ソートがリヴァリ・カンパニーの枠を越えてあふれ、富の蓄積を進めて、やがて世界商業の中心を担うほどにまで達した。一方政治的にはリヴァリたる議員選挙権保有者が、選挙や選出議員を通じて議会にコミットし、さらに名誉革命後はそれによって議会主権の一端を担うにいたったのである。[38] また地方都市はパトロンの支配下にある都市が多く、議員が選挙区を選ぶ事態があるにしても、その関係は一方向のみではなく、都市側からパトロンを介して議会に達することも可能であった。「議会のなかの国王」のもとでの社団的秩序は後退し、議会の都市政策は個別的に都市に対応しつつ、治安判事による名望家行政が展開することとなった。[39]

結局、長期的にみれば、中世には非合法な自発的組織として、禁圧されつつ出発したクラフト・ギルドが、名誉革命期以後には世界商業の中心的担い手を生み出す一方、下院議員選挙権者リヴァリをも生んで議会主権にかかわり、支配権力の中枢に加担することとなったとみることができる。そこに存在したのは自発的な社会的結合関係の広汎な存在と展開のプロセスであり、一七世紀に下向過程が優位するフランスと対照的な上向過程の優位の姿である。この相違には、イギリスにおける官僚制なき国家と議会の継続的な存在が大きな要因となっていたといえよう。

最後に付言するならばこの上向過程は、一方ではジェントルマン概念の変化・拡大・下向をもたらす一面があり、支配層としてのジェントリの在り方を変えてゆく要因ともなっていた。[40] また他方では、以上のように、中世の非合法的組織の末裔たちが、支配権力の中枢となった議会に参画するようになった頃、彼らの対極に生じた「永続的ジャーニーマン」たちのあいだに、また非合法性を帯びつつ新たな自発的結合組織(職人組合・労働組合)が生み出され、次なる展開の波を繰り広げる出発点を形成してゆくのである。[41]

あとがき

本書は、もともとは、山川出版社の「歴史のフロンティア」シリーズの一環として刊行が予定されていた『一六世紀ロンドンの社会と統治』に代わる著作である。一六世紀ロンドン史は、長く筆者の関心の対象であったが、一つには自分の怠慢のゆえに、また一つには毛織物工業史を自分なりに完成させたいとの思いから、長いあいだ手つかずになってしまっていた。数年前からようやく、こうしたテーマに向かい合うことができるようになり、また山川出版社の寛大な措置を得て、本書の刊行となったものである。

本書は、自発的なアソシエーション、社団、王権の関係を、ほぼ一五世紀から一七世紀を中心に検討しようとしたものである。クラフト・ギルドが自発的なアソシエーションであることを知ったのは、筆者が東北大学経済学部に赴任した年に、外国書講読のテキストに取り上げたG・アンウィンの著書を通してであった（拙稿〈一九七三年〉註12）。その後二宮宏之氏の社団国家論が現れたが、それをアンウィンの自発的なアソシエーションの政治機構への上昇転化という時系列的な発想に重ねるとき、上向過程が優位するイギリス的な特徴が鮮明になるように思われたのである。ただしそれにはなお、序章で述べたように、国家や社会におけるミドル層の位置づけが不可欠であり、この点はM・J・ブラディック、S・ヒンドルに依拠したのであった。

また本書の狙いとしては、もう一つ、ロンドンを中心としながらも地方都市をも対象とし、法人化を軸にして都市史をなるべく全体的に扱おうと努めたことである。イギリスの都市は多様であり、都市の全体史など不可能であるといわれ、これまで都市史は個別都市の研究としておこなわれることが多かった。しかし法人化という視点からするとき、一つの基準ができ、ある程度は全体的に捉えることも可能であるように思われた。こうしたこともあって、本書は主として刊行史料と二次文献に依拠しており、マニュスクリプト史料はごくわずかしか利用していない。最近の我が国での都市史研究が、マニュスクリプト史料を用いるという意味では水準を高めながらも、限定された一局面の解明にとどまり、方向性がみえないこともある。鵜川馨教授を中心に比較都市史研究会が発足した頃、都市史は新鮮な分野であったが、現在、都市史という分野にこだわる以上は、いまひとつ研究上の脱皮が必要なように思われた。政治文化とか表象といった文化史的な視点からの研究は多少は出ているとみられるが、本書では国家への都市の関わりを模索したほか、第八章において、補論的にではあるが、「社団と帝国」という論題をあえて扱ってみた次第である。

なお本書には、以下の既発表の拙稿が取り込まれている。

「イギリス都市の〝incorporation〟をめぐる若干の問題」『西洋史研究』(東北大学) 新輯一六号、一九八七年

「中世末期ロンドンの教区フラタニティ」比較都市史研究会編『都市と共同体』上、名著出版、一九九一年所収

「近世ロンドンと国家および社会的流動性」イギリス都市・農村共同体研究会/東北大学経済史・経営史研究会編『イギリス都市史研究』日本経済評論社、二〇〇四年所収

「イギリス近世国家とロンドン」『立正史学』一〇九号、二〇一一年(この論稿は、二〇一〇年度立正大学史学会での講演原稿に註を付したものである)

本書の出版にいたるまでにも、多くの人々の支えを得ている。鈴木俊夫氏、川名洋氏との対話からは種々の学問的刺激を受けた。とくに川名氏とは専門領域も近く、種々御教示を得た。また「イギリス都市・農村共同体研究会」において、本書の構想を発表する機会があったが、中野忠、道重一郎、唐澤達之、岩間俊彦、山本千映、小西恵美、永島剛の各氏から有益なコメントをいただき、また坂下史氏からも貴重なご指摘を得ている。そして文献目録の作成については、多忙なところ江川陽氏のお世話になった。記して皆様にお礼申し上げる次第である。

最後になってしまったが、山川出版社編集部には、心からの感謝を捧げたいと思う。「歴史のフロンティア」シリーズへの執筆依頼を、木村靖二さんを介していただき、編集部の方に構想を訊ねられて冷や汗ものだったのは、もう三〇年近く前のことになる。長期間の空白にもかかわらず、本書の刊行を引き受けてくださったことに厚くお礼申し上げるとともに、原稿の提出が遅れ、三月末までに刊行が間に合わなくなってしまったことを、衷心よりお詫び申し上げたいと思う。

二〇一五年一一月一日

坂巻　清

イギリス近世《きんせい》の国家《こっか》と都市《とし》
王権《おうけん》・社団《しゃだん》・アソシエーション

2016年5月10日　1版1刷　印刷
2016年5月20日　1版1刷　発行

著　者　坂巻《さかまき》　清《きよし》

発行者　野澤伸平

発行所　株式会社　山川出版社
〒101-0047　東京都千代田区内神田1-13-13
電話　03(3293)8131(営業)　8134(編集)
http://www.yamakawa.co.jp/
振替　00120-9-43993

印刷所　株式会社　太平印刷社

製本所　株式会社　ブロケード

装　幀　菊地信義

Printed in Japan　ISBN978-4-634-67243-7

坂巻　清　さかまき きよし
1941年　東京に生まれる
1964年　東京大学文学部西洋史学科卒業。同大学院および文学部助手を経て
1971年　東北大学経済学部助教授。同教授を経て
2004年　東北大学を定年退官。立正大学文学部教授
2011年　立正大学を定年退職
現在　東北大学名誉教授，博士(文学)(東京大学，1992年)
主要著作：『イギリス・ギルド崩壊史の研究』(有斐閣 1987)，『イギリス毛織物工業の展開』(日本経済評論社 2009)，『巨大都市ロンドンの勃興』(共編著，刀水書房 1999)，『イギリス都市史研究』(共編著，日本経済評論社 2004)，『都市論の現在』(立正大学人文科学研究所編，文化書房博文社 2006)など

索　引

ア行

カ行

サ行

タ行

ナ行

ハ行

マ行

ヤ行

ラ行・ワ行

参考文献

未刊行史料

London Metropolitan Archives

Repertories of the Court of Aldermen

Vol. 3, Vol. 22, Vol. 28, Vol. 32, Vol. 33, Vol. 41, Vol. 46, Vol. 51, Vol. 70.

Journals of the Court of Common Council

Vol. 28.

Guildhall Library

MS 2050/1 Aldersgate Ward, Wardmote Minute Books, Vol. 1, 1467-1801.

MS 4069/1 Cornhill Wardmote Inquest Book, 1571-1651.

刊行史料

Analytical Index to the Series of Records Known as the Remembrancia, London (1878).

Beaven, A. B. (1908-13), *The Aldermen of the City of London*, 2 Vols., London.

Birch, W. de G., ed. (1887), *The Historical Charters and Constitutional Documents of the City of London*, London.

Bowler, D. H. (1934), *London Sessions Records 1605-1685*, Catholic Record Society, Vol. 34.

Calendar of Charter Rolls, Preserved in the Public Record Office (註において *CCR* と略), Vol. 5, 15 Edward III-5 Henry V (1341-1417), Kraus Rep., 1972.

Calendar of Charter Rolls, Preserved in the Public Record Office, Vol. 6, 5 Henry VI-8 Henry VIII (1427-1516), Kraus Rep., 1972.

Calendar of Patent Rolls, Preserved in the Public Record Office (註において *CPR* と略), Henry VI, Vol. 5 (1446-1452), Kraus Rep., 1971.

Calender of Patent Rolls, Preserved in the Public Record Office, Edward IV, Henry VI (1467-1477), Kraus Rep., 1971.

Calendar of Patent Rolls, Preserved in the Public Record Office, Edward IV, Edward V, Richard III (1476-1485), Kraus Rep., 1971.

Calendar of Patent Rolls, Preserved in the Public Record Office, Henry VII, Vol. 1 (1485-1494), Kraus Rep., 1970.

Calendar of Patent Rolls, Preserved in the Public Record Office, Henry VII, Vol. 2 (1494-1509), Kraus Rep., 1970.

Calendar of Patent Rolls, Preserved in the Public Record Office, Edward VI, Vol. 1 (1547-1548), Vol. 2 (1548-1549), Vol. 3 (1549-1551), Vol. 4 (1551-1553), Vol. 5 (1551-1553, with Appendices, 1547-1553), Kraus Rep., 1970.

Calendar of Patent Rolls, Preserved in the Public Record Office, Philip and Mary, Vol. 1

(1553-1554), Vol. 2 (1554-1555), Vol. 3 (1555-1557), Vol. 4 (1557-1558), Kraus Rep., 1970.

Calendar of Patent Rolls, Preserved in the Public Record Office, Elizabeth I, Vol. 1 (1558-1560), Kraus Rep., 1976.

Calendar of Patent Rolls, Preserved in the Public Record Office, Elizabeth I, Vol. 2 (1560-1563), Kraus Rep., 1976.

Calendar of Patent Rolls, Preserved in the Public Record Office, Elizabeth I, Vol. 3 (1563-1566), Kraus Rep., 1976.

Calendar of Patent Rolls, Preserved in the Public Record Office, Elizabeth I, Vol. 4 (1566-1569), Kraus Rep., 1976.

Calendar of Patent Rolls, Preserved in the Public Record Office, Elizabeth I, Vol. 5 (1569-1572), London, HMSO, 1939.

Calendar of Patent Rolls, Preserved in the Public Record Office, Elizabeth I, Vol. 6 (1572-1575), London, HMSO, 1939.

Calendar of Patent Rolls, Preserved in the Public Record Office, Elizabeth I, Vol. 7 (1575-1578), London, HMSO, 1939.

Calendar of Patent Rolls, 27-43, Elizabeth I (1584-1601), List and Index Society, Vols. 241, 242, 247, 255, 282, 286, 287, 293, 294, 295, 300, 308, 309, 310, 317, 322, 326, 328, 332, 339, 340 (1990-2011).

Cambell, R. (1747, Rep. 1969), *The London Tradesman*, London.

Camden Miscellany, Vol. 11 (1907), Camden Society Publications 3rd series.

Cronne, H. A. (1946), *Bristol Charters 1378-1499*, Bristol Record Society Publications, Vol. 11, Bristol.

Freshfield, E., ed. (1895), *The Account Books of the Parish of St. Bartholomew Exchange in the City of London 1596-1698*, London.

Goldney, F. H. (1889), *Records of Chippenham Relating to the Borough from Its Incorporation by Queen Mary 1554 to Its Reconstruction by Act of Parliament 1889*, London.

Gower, G. L. (1877), *A Register of All the Christening, Berials and Weddings within St. Peter Cornhill*, London.

Harding, N. D. (1930), *Bristol Borough Charters 1155-1373*, Bristol Record Society Publications, Vol. 1, Bristol.

Hudson, W. and Tingey, J. C. (1906-10), *Records of the City of Norwich*, 2 Vols., Jarrod.

Jefferson, L. (2009), *The Medieval Account Books of the Mercers of London*, 2 Vols., Farnham/Burlington.

Johnson, A. H. (1914-22), *The History of the Worshipful Company of Drapers of London*, 5 Vols., London.

Kitching, C. J. (1980), *London and Middlesex Chantry Certificate, 1548*, London Record Society Publications, Vol. 16, London.

Latham, R. C. (1947), *Bristol Charters 1509-1899*, Bristol Record Society Publications, Vol. 12, Bristol.

Livock, D. M., ed. (1966), *City Chamberlains' Accounts in the Sixteenth and Seventeenth Centuries*, Bristol Record Society Publications, Vol. 24, Bristol.

Lyell, L. (1936), *Acts of Court of the Mercers' Company 1453-1527*, Cambridge.

Macdonald, W. (1906), *Select Charters and Other Documents Illustrative of American History 1606-1775*, London.

Masters, B., ed. (1984), *Chamber Accounts of the Sixteenth Century*, London Record Society Publications, Vol. 20, London.

Oxford Dictionary of National Biography, Oxford, 1996.

Parsloe, G. (1964), *Wardens' Accounts of the Worshipful Company of Founders of the City of London 1497-1681*, London.

Philips, Sir Thomas (1928), *Londonderry and London Companies 1609-1629*, Belfast.

Ricart, R. (1872), *The maire of Bristowe is kalendar*, ed. by Lucy Toulmin Smith, Camden Society Publications, New series, 5.

Selby, W. D., ed. (1891), *The Charters, Ordinances and By-laws of the Mercers' Company*, London.

Sellers, M. (1912-14), *York Memorandum Book*, 2 Vols., Surtees Society Publications, Vols. 120, 125, York.

Seyers, S. (1812), *Charters and Letters Patents granted by the Kings and Queens of England to the Town and City of Bristol*, Bristol.

Sharpe, R. (1899-1912), *Calender of Letter Books, Preserved among the Archives of the Corporation of the City of London*, 12 Vols. (A-L), London.

Shepheard, W. (1659, rep. 1978), *Of Corporations, Fraternities and Guilds* (Rep. New York 1978. Classics of English Legal History in Modern Era).

Shurtleff, N. B., ed. (1968), *Records of Governor and Company of the Massachusetts Bay in New England*, Vol. 1, London.

Slack, P., ed. (1975), *Poverty in Early Stuart Salisbury*, Wiltshire Record Society Publications, Vol. 3, Devizes.

Smith, Sir Thomas (1549, 1581, rep. 1893), *A Discourse of the Commonweal of This Realm in England*, ed. by Mary Dewar, Charlottesville. 〔T・スミス，出口勇蔵監訳『近世ヒューマニズムの経済思想』有斐閣，1957〕

Smith, Sir Thomas (1583, rep. 2009), *De Republica Anglorum*, ed. by Mary Dewar, Cambridge U.P.

Smith, Toulmin (1870, rep. 1963), *English Gilds: The Original Ordinances of More Than Hundred Early English Gilds*, Oxford U.P.

Statutes of the Realm, Vol. 5.

Stow, J. (1603, rep. 1971), *A Survey of London*, ed. by C. L. Kingsford, 2 Vols., Oxford U.P.

Thomas, A. H. (1924), *Calendar of Early Mayor's Court Rolls Preserved Among the Archives of Corporation of London at the Guildhall 1298-1307*, Cambridge U.P.

Webb, J., ed. (1996), *The Town Finances of Elizabethan Ipswich*, Suffolk Record Society

Publications, Vol. 38.

二次文献

Archer, I. (1988), 'London Lobbies in the Later Sixteenth Century', *The Historical Journal*, Vol. 31, No. 1.
Archer, I. (1991a), *The Pursuit of Stability: Social Relations in Elizabethan London*, Cambridge U.P.
Archer, I. (1991b), *The History of the Haberdashers' Company*, Chichester.
Archer, I. (2000a), 'Popular Politics in the Sixteenth and Early Seventeenth Centuries', in Griffiths, P. and Jenner, M., eds., *Londinopolis*, Manchester U.P.
Archer, I. (2000b), 'Politics and Government 1540–1700', in Clark, P., ed. (2000).
Archer, I. (2002), 'The Livery Companies and Charity in the Sixteenth and Seventeenth Centuries', in Gadd, I. A. and Wallis, P., eds. (2002).
Armitage, D. and Braddick, M., eds. (2002, 2nd ed. 2009), *The British Atlantic World, 1500–1800*, Basingstoke.
Arnold, M., ed. (1981), *On the Laws and Customs of England: Essays in Honour of Samuel E. Thorne*, Chapel Hill.
Ashton, R. (1979), *The City and the Court, 1603–1643*, Cambridge U.P.
Atherton, I. (2011), 'Cathedrals and the British Revolution', in Braddick, M. J. and Smith, D. L. (2011).
Atkinson, T. (1963), *Elizabethan Winchester*, London.
Aylmer, A. G. (1961), *King's Servant*, New York.
Bainbridge, V. (1996), *Gilds in the Medieval Countryside*, Woodbridge.
Ball, N. (1995), 'Representation in the English House of Commons: The New Boroughs, 1485–1640', *Parliaments, Estates and Representation*, Vol. 15.
Ballard, A. and Tait, J. (1923), *British Borough Charters 1216–1307*, Cambridge.
Barron, C. (1969), 'Richard Whittington: The Man behind the Myth', in Hollander, A. E. J. and Kellaway, W., eds. (1969).
Barron, C. (1985), 'Parish Fraternities of Medieval London', in Barron, R. M. and Harper-Bill, eds., *The Church in Pre-Reformation Society*, Woodbridge.
Barron, C. (2004), *London in the Later Middle Ages: Government and People 1200–1300*, Oxford.
Barry, J., ed. (1990), *The Tudor and Stuart Town: A Reader in English Urban History 1530–1688*, Harlow.
Barry, J. and Brooks, C., eds. (1994), *The Middling Sort of People: Culture, Society and Politics in England, 1550–1800*, Basingstoke.〔ジョナサン・バリー／クリストファ・ブルックス編，山本正監訳『イギリスのミドリング・ソート』昭和堂，1998〕
Bartlett, J. N. (1959), 'The Expansion and Decline of York in the Later Middle Ages', *Economic History Review*, Vol. 12, No. 1.
Basing, P. (1982), *Parish Fraternity Register: Fraternity of the Holy Trinity and S. S.*

Fabian and Sebastian, London Record Society Publications, Vol. 18, London.
Beattie, J. M. (2001), *Policing and Punishment in London 1660–1750: Urban Crime and the Limits of Terror*, Oxford U.P.
Beier, A. L. and Finlay, R., eds. (1986), *The Making of the Metropolis London 1500–1700*, London/New York.〔A・L・ベーア／R・フィンレイ，川北稔訳『メトロポリス・ロンドンの成立』三嶺書房，1992〕
Benson, R. and Hatcher, H. (1843), *History of Salisbury*, London.
Beresford, M. and Finberg, H. P. R. (1973), *English Medieval Boroughs*, Newton Abbot.
Berlin, M. (1986), 'Civic ceremony in early modern London', *Urban History Year Book*.
Berlin, M. (2000), 'Reconsidering rituals: ceremony and the parish, 1520–1640', in Griffiths, P. and Jenner, M., eds. (2000).
Besant, W. and Rice, J. (1881), *Sir Richard Whittington: Lord Mayor of London*, New York.
Bird, R. (1949), *The Turbulent London of Richard II*, London.
Bond, S. and Evans, N. (1976), 'The process of granting charters to English Boroughs 1547–1649', *English Historical Review*, Vol. 91, No. 358.
Borsey, P. (rep. 2002), *The English Urban Renaissance: Culture and Society in the Provincial Town, 1660–1770*, Oxford.
Boulton, J. (1987), *Neighbourhood and Society: A London Suburb in the Seventeenth Century*, Cambridge U.P.
Braddick, M. J. (1991), 'State formation and social change in early modern England: a problem stated and approaches suggested', *Social History*, Vol. 16, No. 2.
Braddick, M. J. (1996), *The Nerves of State: Taxation and the Financing of the English State 1558–1714*, Manchester U.P.〔M・J・ブラディック，酒井重喜訳『イギリスにおける租税国家の成立』ミネルヴァ書房，2000〕
Braddick, M. J. (2000), *State Formation in Early Modern England c. 1550–1700*, Cambridge.
Braddick, M. J. (2008), *God's Fury, England's Fire: A New History of the English Civil War*, London.
Braddick, M. J. and Smith, D. L., eds. (2011), *The Experience of Revolution in Stuart Britain and Ireland: Essays for John Morrill*, Cambridge U.P.
Brenner, R. (1993), *Merchants and Revolution: Commercial Change, Political Conflict, and London's Overseas Traders, 1550–1653*, Princeton U.P.
Brett-James, N. G. (1935), *The Growth of Stuart London*, London.
Brigden, S. (1984), 'Religion and Social Obligation in Early Sixteenth Century London', *Past & Present*, No. 103.
Brigden, S. (1989), *London and the Reformation*, Oxford.
Brooks, C. (1994a), 'Professions, Ideology and the Middling Sort in the Late Sixteenth and Early Seventeenth Centuries', in Barry, J. and Brooks, C., eds. (1994).
Brooks, C. (1994b), 'Apprenticeship, Social Mobility and the Middling Sort, 1550–1800',

in Barry, J. and Brooks, C., eds. (1994).
Brunton, D. and Pennington, D. H. (1954), *Members of the Long Parliament*, London.
Burke, P. (1985), 'Popular Culture in Seventeenth Century London', in Reay, B., ed. (1985).
Butlin, R. A. (1977), 'Irish Towns in the Sixteenth and Seventeenth Centuries', in Butlin, R. A., ed. (1977).
Butlin, R. A., ed. (1977), *The Development of the Irish Town*, Croom Helm.
Byford, M. (1998), 'The Birth of Protestant Town: The Process of Reformation in Tudor Colchester', in Collinson, P. and Craig, J., eds. (1998).
Carlson, E. (1995), 'The origins, function and status of the office of churchwarden, with particular reference to the diocese of Ely', in Spufford, M., ed. (1995).
Carlton, C. (1974), *The Court of Orphans*, Leicester U.P.
Carr, C. T. (2nd ed. 1984), *The General Principles of the Law of Corporations*, Colorado.
Carus-Wilson, E. M. and Coleman, O. (1963), *England's Export Trade 1275-1547*, Oxford.
Chase, M. (2000), *Early Trade Unionism: Fraternity, Skill and the Politics of Labour*, Aldershot.
Clark, P. (1972), 'The Migrant in Kentish Town 1580-1640', in Clark, P. and Slack, P., eds. (1972).
Clark, P. (1983), *The English Alehouse: A Social History 1200-1830*, Burnmill.
Clark, P., ed. (1985), *The European Crisis of the 1590s*, London.
Clark, P., ed. (1995), *Small Towns in Early Modern Europe*, Cambridge U.P.
Clark, P. (1996), *The History of Maidstone: The Making of a Modern County Town*, rep. Stroud.
Clark, P. (2000), *British Clubs and Societies 1580-1800*, Oxford U.P.
Clark, P., ed. (2000), *The Cambridge Urban History of Britain*, Vol. 2, 1540-1840, Cambridge U.P.
Clark, P. and Slack, P., eds. (1972), *Crisis and Order in English Towns 1500-1700: Essays in Urban History*, Frome/London.
Clark, P. and Slack, P. (1976), *English Towns in Transition 1500-1700*, Oxford.〔P・クラーク／P・スラック，酒田利夫訳『変貌するイングランド都市』三嶺書房，1989〕
Clode, C. M. (1875), *Memorials of the Guild of Merchant Taylors of the Fraternity of St. John the Baptist*, London.
Clode, C. M. (1888), *The Early History of the Guild of Merchant Taylors of the Fraternity of St. John the Baptist*, 2 Pts., London.
Coleman, D. C. and John, A. H., eds. (1976), *Trade, Government and Economy in Pre-Industrial England*, London/Edinburgh.
Collinson, P. and Craig, J., eds. (1998), *The Reformation in English Towns 1500-1640*, Basingstoke.
Consitt, F. (1933), *The London Weavers' Company*, Vol.1, Oxford.

Cook, C. and Keith, B. (1975), *British Historical Facts 1830-1900*, London/Basingstoke.
Cook, C. and Wroughton, J. (1980), *English Historical Facts 1603-1688*, London/Basingstoke.
Corfield, P. J. (1976), 'Urban Development in England and Wales in the Sixteenth and Seventeenth Centuries', in Coleman, D. C. and John, A. H., eds. (1976).
Corfield, P. J., ed. (1991), *Language, History and Class*, Oxford.
Corfield, P. J. (1996), 'The Rivals and Other Gentlemen', in Harte, N. B. and Quinault, R., eds. (1996).
The Corporation of London: Its origin, constitution powers and duties (1950), Oxford U.P.
Craig, J. S. (1993), 'Co-operation and Initiatives: Elizabethan Churchwardens and the Parish Accounts of Mildenhall', *Social History*, Vol. 18, No. 3.
Craven, W. F. (1932), *Dissolution of the Virginia Company: The Failure of a Colonial Experiment*, Oxford U.P.
Cross, C. (1998), 'Religion in Doncaster from Reformation to the Civil War', in Collinson, P. and Craig, J., eds. (1998).
Cross, C., Loades, D. and Scarisbrick, J. J., eds. (1988), *Law and Government under Tudors: Essays presented to Sir Geoffrey Elton*, Cambridge.
Crouch, D. J. F. (2000), *Piety, Fraternity and Power: Religious Gilds in Late Medieval Yorkshire, 1389-1547*, Woodbridge.
Curl, J. S. (1986), *The Londonderry Plantation 1609-1914*, Chichester.
Curl, J. S. (2000), *The Honorable Irish Society and the Plantation of Ulster 1608-2000*, London/Frome.
Curtis, M. (1918), 'The London Lay Subsidy of 1332', in Unwin, G., ed., *Finance and Trade under Edward III*, Manchester.
Curtis, M. E. (1932), *Some Disputes between the City and the Cathedral Authorities of Exeter*, Manchester U.P.
Cust, R. (1989), 'Politics and the Electorate in the 1620s', in Cust, R. and Hughes, A., eds. (1989).
Cust, R. (1992), 'Anti-Puritanism and Urban Politics: Charles I and Great Yarmouth', *The Historical Journal*, Vol. 35, No. 1.
Cust, R. and Hughes, A., eds. (1989), *Conflict in Early Stuart England: Studies in Religion and Politics 1607-1642*, London/New York.
Dale, M. K. (1962), 'New Salisbury', in *VCH, Wiltshire*, Vol.6.
Davies, R. (1969), 'English Foreign Trade, 1700-1774', in Minchinton, W. E. ed. (1969).
Davis, J. P. (1905), *Corporations: A Study of the Origin and Development of Great Business Combinations and of Their Relation to the Authority of the State*, Vol. 2, New York/London.
De Krey, G. S. (1985), *A Fractured Society*, Oxford
De Krey, G. S. (2005), *London and the Restoration 1659-1683*, Cambridge U.P.
Dean, D. M. (1988), 'Public or Private? London, Leather and Legislation in Elizabethan

England', *The Historical Journal*, Vol. 31, No. 3, 4.
Dean, D. M. (1989), 'London Lobbies and Parliament: The Case of the Brewers and Coopers in Parliament of 1593', *Parliamentary History*, Vol. 8, No. 2.
Dean, D. M. (1990), 'Parliament and Locality', in Dean, D. M. and Jones, N. L., eds. (1990).
Dean, D. M. (1991), 'Pressure Group and Lobbies in the Elizabethan and Early Jacobean Parliament', *Parliament, Estates and Representation*, Vol. 11, No. 2.
Dean, D. M. and Jones, N. L., eds. (1990), *The Parliament of Elizabethan England*, Oxford.
Dobson, C. R. (1980), *Masters and Journeymen: A Prehistory of Industrial Relations 1717-1800*, Croom Helm.
Doolittle, I. (1982a), *The City of London and Its Livery Companies*, Dorchester.
Doolittle, I. (1982b), 'Walpole's City Election Act (1725)', *English Historical Review*, Vol. 97.
Doolittle, I. (1994), *The Mercers' Company 1579-1959*, Leeds.
Draper, F. (1962), *Four Centuries of Merchant Tayors' School, 1561-1961*, Oxford U.P.
Dummelow, J. (1973), *The Wax Chandlers of London*, London/Chichester.
Dyer, A. (2000), 'Small Market Towns 1540-1700', in Clark, P., ed. (2000), Vol. 2.
Dyer, A. D. (1973), *The City of Worcester in the Sixteenth Century*, Leicester U.P.
Earle, P. (1989), *The Making of the English Middle Class: Business, Society and Family Life in London 1660-1730*, London.
Earle, P. (2001), 'The Economy of London, 1660-1730', in O'Brien, P., ed. (2001).
Elton, G. R. (1953), *The Tudor Revolution in Government: Administrative Change in the Reign of Henry VIII*, Cambridge.
Elton, G. R. (1968), *The Tudor Constitution: Documents and Commentary*, Cambridge U.P.
Elton, G. R. (1974a), *Studies in Tudor and Stuart Politics and Government*, 2 Vols., Cambridge.
Elton, G. R. (1974b), 'Tudor Government: The Points of Contact 1, The Parliament', *Transactions of the Royal Historical Society*, 5th ser., Vol. 24.
Elton, G. R. (1975), 'Tudor Government: The Points of Contact 2, The Council', *Transactions of the Royal Historical Society*, 5th ser., Vol. 25.
Elton, G. R. (1976), 'Tudor Government: The Points of Contact 3, The Court', *Transactions of the Royal Historical Society*, 5th ser., Vol. 26.
Elton, G. R. (1990), 'Lex Terrae Victrix: The Triumph of Parliamentary Law in the Sixteenth Century', in Dean, D. M. and Jones, N. L., eds. (1990).
Evans, J. T. (1979), *Seventeenth-century Norwich: Politics, Religion, and Government 1620-1690*, Oxford.
Everitt, A. (1967), 'The Marketing of Agricultural Produce', in Thirsk, J., ed. (1967), Vol. 4.
Everitt, A., ed. (1973), *Perspectives in English Urban History*, London/Basingstoke.

Farnhill, K. (2000), *Guilds and the Parish Community in Late Medieval East Anglia, c. 1470-1550*, Woodbridge.
Finlay, R. (1981), *Population and Metropolis*, Cambridge U.P.
Finlay, R. and Shearer, B. (1986), 'Population Growth and Suburban Expansion', in Beier, A. L. and Finlay, R., eds. (1986). 〔川北訳 (1992)〕
Fishwick, M. W. (1965), *James Town: First English Colony*, New York.
Foster, A. (1989), 'Church Policies of the 1630s', in Cust, R. and Hughes, A., eds. (1989).
Foster, F. F. (1977), *The Politics of Stability: A Portrait of the Rulers in Elizabethan England*, London.
Foster, G. C. F. (1979), 'The Early Years of Leeds' Corporation', *Thoresby Miscellany*, Vol. 16, Thoresby Society Publications.
Fry, P. and R. S. (1991), *A History of Ireland*, London/New York.
Gadd, I. A. and Wallis, P., eds. (2002), *Guilds, Society and Economy in London 1450-1800*, London.
Garret-Goodyear, H. (1981), 'The Tudor Revival of Quo Warranto and Local Contributions to Sate Building', in Arnold, M., ed. (1981).
Gauchi, P. (2002), 'Informalty and Influence: The Overseas Merchant and the Livery Companies, 1600-1720', in Gadd, I. A. and Wallis, P., eds. (2002).
George, R. H. (1936), 'Parliamentary Elections and Electioneering in 1685', *Royal Historical Society Transactions*, 4th ser.
George, R. H. (1940), 'Charters Granted to Parliamentary Corporations in 1688', *English Historical Review*, Vol. 55.
Girtin, T. (1958), *The Golden Ram: A Narative History of the Clothworkers' Company*, London.
Glaisyer, N. (1997), 'Merchants at the Royal Exchange, 1660-1720', in Saunders, A., ed. (1997).
Gottfried, R. S. (1982), *Bury St. Edmunds and the Urban Crisis*, Princeton U.P.
Graham, B. J. (1977), 'The towns of medieval Ireland', in Butlin, R. A., ed. (1977).
Grass, N. S. B. (1915, rep. 1967), *The Evolution of the English Corn Market from the 12th to the 18th Century*, Harvard U.P.
Grassby, R. (1995), *The Business Community of Seventeenth-Century England*, Cambridge U.P.
Graves, M. A. R. (1990), 'Managing Elizabethan Parliament', in Dean, D. M. and Jones, N. L., eds. (1990).
Graves, M. A. R. (1996), *Elizabethan Parliaments 1559-1601*, London/New York.
Green, J. R. (1894), *Town Life in the Fifteenth Century*, 2 Vols., London.
Griffiths, P. and Jenner, M., eds. (2000), *Londinopolis: essays in the cultural and social history of early modern London*, Manchester U.P.
Gross, C. (1890, rep. 1964), *Gild Merchant*, 2 Vols., Oxford U.P.
Haigh, C. (1993), *English Reformation: Religion, Politics, and Society under the Tudors*,

Oxford U.P.
Halliday, P. D. (1998), *Dismembering the Body Politic: Partisan Politics in England's Towns, 1650–1730*, Cambridge U.P.
Harding, V. (1990), 'The Population of London, 1550–1700: a review of the published evidence', *The London Journal*, Vol. 15, No. 2.
Harding, V. (2000), 'Reformation and Culture 1540–1700', in Clark, P., ed. (2000).
Harding, V. (2002), *The Dead and Living in Paris and London, 1550–1600*, Cambridge.
Harris, M. (1997), 'Exchanging Information: Print and Business at the Royal Exchange in the Late Seventeenth Century', in Saunders, A., ed. (1997).
Harte, N. B. and Quinault, R. (1996), *Land and Society*, Manchester U.P.
Harvey, C., Green, E. and Corfield, P. (1998), *The Westminster Historical Database*, Bristol.
Haskins, C. (1912), *The Ancient Trade Guilds and Companies of Salisbury*, Salisbury.
Hasler, P. W. (1981), *The House of Commons 1558–1603*, 3 Vols., Her Majesty's Office, London.
Hazlitt, W. C. (1892, rep. 1969), *The Livery Companies of London*, London.
Heal, F. (1988), 'The crown, the gentry and London: the enforcement of proclamation, 1596–1640', in Cross, C., Loades, D. and Scarisbrick, J. J., eds. (1988).
Henderson, B. L. K. (1912), 'The Commonwealth Charters', *Transactions of the Royal Historical Society*, 3rd ser., Vol. 6.
Herbert, W. (rep. 1968), *Twelve Great Livery Companies*, 2 Vols., Newton Abbot.
Herlan, R. W. (1976), 'Social Articulation and the Configuration of Parochial Poverty in London on the Eve of Restoration', *Guildhall Studies in London History*, Vol. 2, No. 2.
Hill, F. (1948), *Medieval Lincoln*, Cambridge.
Hindle, S. (2002), *The State and Social Change in Early Modern England, 1550–1640*, London.
Hirst, D. (1975), *The Representative of the People? Voters and Voting in England under the Early Stuarts*, Cambridge U.P.
Hoak, D. (1995), 'The Iconography of the Crown Imperial', in Hoak, D., ed. (1995).
Hoak, D., ed. (1995), *Tudor Political Culture*, Cambridge U.P.
Hobhouse, H. (1963), *The Ward of Cheap in the City of London: Published to Mark the Centenary of the Ward of Cheap Club*, Aylesbury.
Hollander, A. E. J. and Kellaway, W., eds. (1969), *Studies in London History Presented to Philip Edmund Jones*, London.
Hoskins, W. G. (1976), *The Age of Plunder: The England of Henry VIII 1500–1547*, New York.
Hunt, M. (1996), *The Middling Sort: Commerce, Gender, and the Family in England 1680–1780*, London.
Imray, J. (1991), *The Mercers' Hall*, London.
Innes, J. and Rogers, N. (2000), 'Politics and Government 1700–1840', in Clark, P., ed.

(2000), Vol. 2.
Jordan, W. K. (rep. 1974), *The Charities of London 1480–1660*, New York.
Keeler, M. F. (1954), *The Long Parliament, 1640–1641: A Biographical Study of Its Members*, Philadelphia.
Kellet J. R. (1958), 'The Breakdown of Gilds and Corporation Control over the Handicraft and Retail Trade in London', *Economic History Review*, Vol. 10, No. 3.
Kermode, J. (2000), 'The Greater Towns 1300–1540', in Palliser, D. M., ed. (2000), Vol. 1.
Kimball, E. G. (1977), 'Commissions of the peace for urban jurisdictions in England, 1327–1485', *Proceedings of the American Philosophical Society*, Vol. 121.
Kishlansky, M. A. (1986), *Parliamentary Selection: Social and Political Choice in Early Modern England*, Cambridge U.P.
Kitch, M. J. (1986), 'Capital and Kingdom: Migration to Later Stuart London', in Beier, A. L. and Finlay, R., eds. (1986). 〔川北訳(1992)〕
Knight, M. (1997), 'A City Revolution: the Remodelling of the London Livery Companies in the 1680s', *English Historical Review*, Vol. 112.
Kowaleski, M. (2000), 'Port Towns: England and Wales 1300–1540', in Palliser, D. M., ed. (2000), Vol. 1.
Lamburn, D. (1998), 'Politics and Religion in Early Modern Beverley', in Collinson, P. and Craig, J., eds. (1998).
Lane, J. (1996), *Apprenticeship in England 1600–1914*, London.
Lang, R. G. (1971), 'London's Aldermen in Business, 1600–1625', *Guildhall Miscellany*, Vol. 3, No. 4.
Lang, R. G. (1974), 'Social Origins and Social Aspirations of Jacobean London Merchants', *Economic History Review*, Vol. 27, No. 1.
Langton, J. (2000), 'Urban growth and economic change: from the late seventeenth century to 1841', in Clark, P., ed. (2000), Vol. 2.
Levin, J. (1969), *The Charter Controversy in the City of London 1660–1688 and Its Consequences*, London.
Litzenberger, C. (1998), 'The Coming of Protestantism to Elizabethan Tewksbury', in Collinson, P. and Craig, J., eds. (1998).
Loades, D. (1997), *Power in Tudor England*, London.
Lockyer, R. (2005), *Tudor and Stuart Britain*, 3rd ed., Harlow.
MacCaffrey, W. T. (1958), *Exeter 1540–1640*, London.
MacCambell, A. E. (1976), 'The London Parish and the London Precinct, 1640–1660', *Guildhall Studies in London History*, Vol. 2, No. 3.
MacCulloch, D. (1998), 'Worcester: a Cathedral City in the Reformation', in Collinson, P. and Craig, J., eds. (1998).
MacNeil, J. G. S. (1917), *The Constitutional and Parliamentary History of Ireland Till the Union*, Dublin/London.
Maitland, F. W. (1908), *The Constitutional History of England*, Cambridge. 〔F・W・メ

イトランド，小山貞夫訳『イングランド憲法史』創文社，1981〕
Mancke, E. (2002), 'Empire and State', in Armitage, D. and Braddick, M., eds. (2nd ed. 2009).
Martin, J. (1998), 'Leadership and Priorities in Reading during the Reformation', in Collinson, P. and Craig, J., eds. (1998).
Mclaren, A. N. (1999), *Political Culture in the Reign of Elizabeth I: Queen and Commonwealth 1558-1585*, Cambridge U.P.
Mcree, B. R. (1994), 'Peacemaking and its Limits in Late Medieval Norwich', *English Historical Review*, Vol. 111.
Miller, J. (1985), 'The Crown and the Borough Charters in the Reign of Charles II', *English Historical Review*, Vol. 100.
Minchinton, W. E., ed. (1969), *The Growth of English Overseas Trade in the Seventeenth and Eighteenth Centuries*, Methuen.
Mitchell, D. (1997), 'Table Linen Associated with Queen Elizabeth's Visit to Gresham's Exchange', in Saunders, A., ed. (1997).
Moody, T. W. (1939), *The Londonderry Plantation 1609-1641*, Belfast.
Morrill, J. (1976), *The Revolt of the Provinces: Conservatives and Radicals in the English Civil War 1630-1650*, London/New York.
Morrill, J. (1999), *Revolt in the Provinces: The People of England and the Tragedies of War 1630-1648*, London.
Neale, J. E. (1949), *The Elizabethan House of Commons*, London.
Neale, J. E. (1953, 1957), *Elizabeth I and her Parliaments 1584-1601*, 2 Vols., London.
Nightingale, P. (1989), 'Capitalists, Crafts and Constitutional Change in Late Fourteenth-Century London', *Past & Present*, No. 124.
O'Brien, P., ed. (2001), *Urban Achievement in Early Modern Europe: Golden Ages in Antwerp, Amsterdam and London*, Cambridge U.P.
Oldland, J. (2006), 'The Wealth of the Trades in Early Tudor London', *The London Journal*, Vol. 31, No. 2.
Outhwaite, R. B. (1985), 'Dearth, the English Crown and the Crisis of the 1590s', in Clark, P., ed. (1985).
Outhwaite, R. B. (1982), *Inflation in Tudor and Early Stuart England*, London.〔R・B・オウスウェイト，中野忠訳『イギリスのインフレーション』早稲田大学出版部，1996〕
Palliser, D. M. (1979), *Tudor York*, Oxford U.P.
Palliser, D. M. (1983), *The Age of Elizabeth: England under the later Tudors 1547-1603*, Harlow.
Palliser, D. M., ed. (2000), *The Cambridge Urban History of Britain*, Vol. 1, *600-1540*, Cambridge U.P.
Patterson, C. (1998), 'Conflict Resolution and Patronage in Provincial Towns, 1590-1640', *Journal of British Studies*, Vol. 37.
Patterson, C. (1999), *Urban Patronage in Early Modern England: Corporate Boroughs,*

the Landed Elite and the Crown, 1580–1640, Stanford.
Patterson, C. (2000a), 'Corporation, Cathedrals and the Crown: Local Dispute and Royal Interest in Early Stuart England', *History*, Vol. 85.
Patterson, C. (2000b), 'Quo Warranto and Borough Corporations in Early Stuart England: Royal Prerogative and Local Privileges in the Central Courts', *English Historical Review*, Vol. 120, No. 488.
Pearl, V. (1961), *London and the Outbreak of the Puritan Revolution*, Oxford U.P.
Pearl, V. (1979), 'Change and Stability in Seventeenth-century London', *The London Journal*, Vol. 5, No. 1.
Phythian-Adams, C. (1972), 'Ceremony and the citizen: The communal year at Coventry 1450–1550', in Clark, P. and Slack, P., eds. (1972).
Phythian-Adams, C. (1978), 'Urban Decay in Late Medieval England', in Abrams, P. and Wrigley, E. A., eds., *Towns in Societies: Essays in Economic History and Historical Sociology*, Cambridge U.P.
Phythian-Adams, C. (1979), *Desolation of a City: Coventry and the Urban Crisis of the Late Middle Ages*, Cambridge U.P.
Pincus, S. (2006), *England's Glorious Revolution: A Brief History with Documents*, Boston.
Platt, C. (1973), *Medieval Southampton: The Port and Trading Community, A.D. 1000–1600*, London/Boston.
Plumb, J. H. (1969), 'The Growth of the Electorate in England from 1600 to 1715', *Past & Present*, No. 45.
Plummer, A. (1972), *The London Weavers' Company 1600–1970*, London/Boston.
Pollard, A. F. (1964), *The Evolution of Parliament*, 2nd ed., London.
Pollock, F. and Maitland, F. W. (2nd ed. 1968), *The History of English Law*, Vol. 1.
Power, E. and Postan, M. M., eds. (1933), *Studies in English Trade in the Fifteenth Century*, London.
Price, W. H. (1913), *The English Patents of Monopoly*, Harvard U.P.
Pugh, R. B. (1962), 'Relations with the Bishops before 1612', *VCH Wiltshire*, Vol. 6.
Ramsay, G. D. (1975), 'Industrial Discontent in Early Elizabethan London: Clothworkers, Merchant Adventurers in Conflict', *London Journal*, Vol. 1, No. 2.
Ramsay, G. D. (1977), 'Clothworkers, Merchant Adventurers and Richard Hakluyt', *English Historical Review*, Vol. 92, No. 364.
Ramsay, G. D. (1978), 'The Recruitment and Fortunes of Some London Freemen in the Mid-Sixteenth Century', *Economic History Review*, Vol. 31, No. 4.
Rappaport, S. (1989), *Worlds within worlds: structures of life in sixteenth century London*, Cambridge U.P.
Reay, B. (1985), 'Popular Religion', in Reay, B., ed. (1985).
Reay, B. ed. (1985), *Popular Culture in Seventeenth-Century England*, Beckeham.
Reddaway, T. F. (1975), *The Early History of the Goldsmiths' Company 1327–1509*,

London.
Reed, M. (1995), 'The Cultural Role of Small Towns in England 1600-1800', in Clark, P., ed. (1995).
Reynolds, S. (1995a), '1483: Gloucester and Town Government in the Middle Ages', in Reynolds, S. (1995c).
Reynolds, S. (1995b), 'The history of the idea of incorporation or legal personality: a case of fallacious teleology', in Reynolds, S. (1995c).
Reynolds, S. (1995c), *Ideas and Solidarities of the Medieval Laity*, Aldershot.
Rigby, S. H. and Ewan, E. (2000), 'Government, Power and Authority 1300-1540', in Palliser, D. M., ed. (2000), Vol. 1.
Robertson, J. (2002), 'The Adventures of Dick Whittington and the Social Construction of Elizabethan London', in Gadd, I. A. and Wallis, P., eds. (2002).
Robinson, P. S. (rep. 2000), *The Plantation of Ulster: British Settlement in an Irish Landscape 1600-1670*, Belfast.
Rogers, A. (1973), 'Late Medieval Stamford', in Everitt, A., ed. (1973).
Rogers, N. (1989), *Whigs and Cities: Popular Politics in the Age of Walpole and Pitt*, Oxford U.P.
Rose, M. A. (1927-28), 'Petition in Parliament under the Lancastrians from and relating to Towns', *Bulletin of the Institute of Historical Research*, Vol. 5.
Rosser, G. (1988), 'Communities of parish and guild in the late Middle Ages', in Wright, S., ed. (1988).
Rosser, G. (1991), 'Parochial conformity and voluntary religion in late-medieval England', *Transactions of the Royal Historical Society*, 6th ser., Vol. 1.
Rosser, G. (2015), *The Art of Solidarity in the Middle Ages: Guilds in England 1250-1550*, Oxford U.P.
Rule, J. T. (1983), *Experience of Labour in Eighteenth Century Industry*, London.
Russell, C. (1979), *Parliaments and English Politics 1621-1629*, Oxford.
Russell, C. (1990a), *The Causes of the English Civil War*, Oxford.
Russell, C. (1990b), *Unrevolutionary England 1603-1642*, London/Ronceverte.
Sacks, D. H. (1986), 'The Corporate Town and the English State: Bristol's "Little Businesses", 1625-1641', *Past & Present*, No. 110.
Sacks, D. H. (1991), *The Widening Gate: Bristol and the Atlantic Economy, 1450-1700*, Berkley/Los Angeles.
Sacks, D. H. and Lynch, M. (2000), 'Ports 1540-1700', in Clark, P., ed. (2000).
Sacret, J. H. (1930), 'The Restoration Government and Municipal Corporations', *English Historical Review*, Vol. 45, No. 178.
Saunders, A. (1997a), 'The Organization of the Exchange', in Saunders, A., ed. (1997).
Saunders, A. (1997b), 'The Building of the Exchange', in Saunders, A., ed. (1997).
Saunders, A., ed. (1997), *The Royal Exchange*, London Topographical Society Publications, No. 152.

Scarisbrick, J. J. (1968), *Henry VIII*, Harmondsworth.
Scarisbrick, J. J. (1984), *The Reformation and the English People*, Oxford.
Schen, C. S. (2002), *Charity and Lay Piety in Reformation London*, Aldershot.
Scott, W. R. (rep. 1968), *The Constitution and Finance of English, Scottish and Irish Joint-Stock Companies to 1720*, Vol. 2, Gloucester.
Sharpe, R. (1894), *London and the Kingdom*, 3 Vols., London.
Slack, P. (1980), 'Books of Orders: The Making of English Social Policy, 1577-1631', *Transactions of Royal Historical Society*, 5th ser., Vol. 30.
Slack, P. (2000), 'Great and Good Towns 1540-1700', in Clark, P., ed. (2000).
Smail, J. (1994), *The Origins of Middle-Class Culture: Halifax, Yorkshire, 1660-1780*, Ithaca/London.
Smith, A. G. R. (rep. 1981), *The Government of Elizabethan England*, London.
Smith, D. L. (1999), *The Stuart Parliaments 1603-1689*, London/New York.
Spufford, M., ed. (1995), *The World of Rural Dissenters*, Cambridge.
Staples, J. (1881), *Notes on St. Botolph without Aldersgate London*, London.
Stern, W. M. (1960), *The Porters of London*, London.
Street, F. (1916), 'The Relations of the Bishops and Citizens of Salisbury (New Sarum) between 1225 and 1612', *Wiltshire Archaeological and Natural History Magazine*, No. 125.
Sweet, R. (1999), *The English Town 1680-1840: Government, Society and Culture*, Harlow.
Tait, J. (1936, rep. 1968), *The Medieval English Borough*, Manchester.
Thirsk, J., ed. (1967), *The Agrarian History of England and Wales*, Vol. 4, Cambridge.
Thrupp, S. (1933), 'The Grocers of London: A Study of Distributive Trade', in Power, E. and Postan, M. M., eds. (1933).
Thrupp, S. (1962), *The Merchant Class of Medieval London*, Tronto.
Tittler, R. (1977), 'The Incorporation of Boroughs, 1540-1558', *History*, Vol. 62, No. 204.
Tittler, R. (1989a), 'Elizabethan Towns and the "Points of Contact": Parliament', *Parliamentary History*, Vol. 8, No. 2.
Tittler, R. (1989b), 'Emergence of Urban Policy, 1536-58', in Loach, J. and Tittler, R., eds., *The Mid-Tudor Polity c. 1540-1560*, London.
Tittler, R. (1998), *The Reformation and the Towns in England: Politics and Political Culture, c. 1540-1640*, Oxford/New York.
Tittler, R. (2001), *Architecture and Power: The Town Hall and the English Urban Community c. 1500-1640*, Oxford U.P.
Underdown, D. (1985), *Revel, Riot and Rebellion: Popular Politics and Culture in England, 1603-1660*. Oxford.
Unwin, G. (1904, New Imp., 1963), *Industrial Organization in the Sixteenth and Seventeenth Centuries*, London. 〔G・アンウィン，樋口徹訳『ギルドの解体過程』岩波書店，1980〕

Unwin, G. (1908, 4th ed. 1963), *The Gilds and Companies of London*, London.
Unwin, G. (1958), *Studies in Economic History*, ed. by Tawney, R. H., London.
Unwin, G. (2nd ed. 1968), *Samuel Oldknow and the Arkwrights*, Manchester.
Veale, E. M. (1966), *The English Fur Trade in the Later Middle Ages*, London.
Victoria County History (VCH), City of London (1974), Vol. 1, Folkestone/London.
Wareing, J. (1980), 'Changes in the Historical Distribution of the Recruitment of Apprentices to the London Companies 1486-1750', *Journal of Historical Geography*, Vol. 6, No. 3.
Webb, S. and B. (1908, rep. 1963a), *The Manor and the Borough*, Pt. I, *English Local Government*, Vol. 2, London.
Webb, S. and B. (1908, rep. 1963b), *The Manor and the Borough*, Pt. II, *English Local Government*, Vol. 3, London
Webb, S. and B. (1922, rep. 1963), *English Local Government: Statutory Authorities for Special Purposes, English Local Government*, Vol. 4, London.
Weinbaum, M. (1937), *The Incorporation of Boroughs*, Manchester.
Weinbaum, M. (1943), *British Borough Charters 1307-1660*, Cambridge.
Westlake, H. F. (1919), *The Parish Gilds of Medieval England*, London.
Whitney, D. W. (1963), 'London Puritanism: The Haberdashers' Company', *Church History*, Vol. 32, No. 3.
Williams, D. A. (1955), 'Puritanism in the City Government 1610-1640', *Guildhall Miscellany*, No. 4.
Williams, G. A. (1963), *Medieval London: From Commune to Capital*, London.
Willman, R. (1974), 'The Origins of "Whig" and "Tory" in English Political Language', *Historical Journal*, Vol. 17, No. 2.
Wilson, R. G. (1979), 'The Corporation of Leeds in the Eighteenth Century', in *Thoresby Miscellany*, Thoresby Society Publications, Vol. 16.
Withington, P. (2005), *The Politics of Commonwealth: Citizens and Freemen in Early Modern England*, Cambridge.
Withington, P. (2010), *Society in Early Modern England: the Vernacular Origins of Some Powerful Ideas*, Cambridge.
Wright, S., ed. (1988), *Parish, Church and People: Local Studies in Lay Religion 1350-1750*, London.
Wrightson, K. (1994), '"Sorts of People" in Tudor and Stuart England', in Barry, J. and Brooks, C., eds. (1994).〔山本正監訳（1998）〕
Wrigley, E. A. and Schofield, R. S. (1981), *The Population History of England 1541-1871*, London.
Youing, C. R. (1961), *The English Borough and Royal Administration 1130-1307*, Durham.

青木康（1997）『議員が選挙区を選ぶ』山川出版社

アリストテレス，田中美知太郎ほか訳（2009）『政治学』中央公論新社
市川実穂（1995）「中世後期イングランドの都市と宗教儀礼」樺山紘一編『西洋中世像の革新』刀水書房
岩井淳（2013）「イングランド近世の国家観と身体性」樋口映美・貴堂嘉之・日暮美奈子編『〈近代規範〉の社会史——都市・身体・国家』彩流社
岩井淳（2014）「コモンウェルス概念の史的変遷」山本正・細川道久編『コモンウェルスとは何か——ポスト帝国時代のソフトパワー』ミネルヴァ書房
岩井淳・指昭博編（2000）『イギリス史の新潮流——修正主義の近世史』彩流社
岩間俊彦（2008）『イギリス・ミドルクラスの世界』ミネルヴァ書房
M・ウェーバー，世良晃志郎訳（1970）『支配の諸類型』創文社
鵜川馨（1991a）「1483年グロスタア市の勅許状」同『イングランド中世社会の研究』聖公会出版
鵜川馨（1991b）「都市共同体とギルド」同『イングランド中世社会の研究』聖公会出版
岡田与好（1961）『イギリス初期労働立法の歴史的展開』御茶の水書房
岡田与好（1972）「現代経済史学の成立」『社会科学研究』24巻２号
岡田与好（2014）『競争と結合』蒼天社出版
唐澤達之（2004）「イングランド近世都市におけるフラタニティの変容」イギリス都市・農村共同体研究会／東北大学経済史・経営史研究会編『イギリス都市史研究』日本経済評論社
唐澤達之（2005）「都市の生活文化を支えた集団——フラタニティ」川北稔編『結社のイギリス史——クラブから帝国まで』山川出版社
川名洋（2007）「「長い17世紀」のイングランドにおける国家形成」『社会経済史学』73巻２号
川名洋（2010）『イギリス近世都市の「公式」と「非公式」』創文社
E・H・カントーロヴィチ，小林公訳（1992）『王の二つの身体』上　ちくま学芸文庫
A・ギデンズ，松尾精文・小幡正敏訳（1999）『国民国家と暴力』而立書房
楠義彦（1994a）「イングランドにおける「高等宗務官」と国教強制」『東北学院大学論集「歴史学・地理学」』26号
楠義彦（1994b）「イングランド宗教改革と国教強制——エリザベス時代を中心に」佐藤伊久男編『ヨーロッパにおける統合的諸権力の構造と展開』創文社
楠義彦（2000）「エリザベス時代の Visitation Article と国教強制」『西洋史研究』新輯29号
ラルフ・グリフィス編，北野かほる監訳（2009）『オックスフォード　ブリテン諸島の歴史第５巻』慶應義塾大学出版会
小泉徹（1996）「「イギリス絶対王政」再考」『武蔵大学人文学会雑誌』27巻２号
後藤はる美（2012）「17世紀イングランド北部における法廷と地域秩序」『史学雑誌』121編10号
小西恵美（2003）「地方行政組織の変化と連続」『比較都市史研究』22巻２号
小西恵美（2015）『長い18世紀イギリスの都市化——成熟する地方都市キングス・リン』日本経済評論社

小林麻衣子（2014）『近世スコットランドの王権』ミネルヴァ書房
P・J・コーフィールド，松塚俊三・坂巻清訳（1997）「イギリス・ジェントルマンの論争多き歴史」『思想』873号
小山貞夫（1968）『中世イギリスの地方行政』創文社
小山貞夫（1970）「14世紀のエスチーター」イギリス中世史研究会編『イギリス封建社会の研究』山川出版社
近藤和彦（2004a）「修正主義をこえて」財団法人史学会編『歴史学の最前線』東京大学出版会
近藤和彦（2004b）「「イギリス革命」の変貌——修正主義の歴史学」『思想』964号
坂下史（2014）「名誉革命史と「言説空間」の位置——政治，文学，公共圏」富樫剛編『名誉革命とイギリス文学——新しい言説空間の誕生』春風社
酒田利夫（1991）『イギリス中世都市の研究』有斐閣
酒田利夫（1994）『イギリス都市史』三嶺書房
坂巻清（1973）「イギリスにおけるクラフト・ギルドの崩壊過程—— Bristol の場合」上・下　研究年報『経済学』35巻１号，２号
坂巻清（1985）「クラフト・ギルドとフラタニティ」『比較都市史研究』４巻２号
坂巻清（1987a）「イギリス都市の“incorporation”をめぐる若干の問題」『西洋史研究』（東北大学）新輯16号
坂巻清（1987b）『イギリス・ギルド崩壊史の研究』有斐閣
坂巻清（1991）「中世末期ロンドンの教区フラタニティ」比較都市史研究会編『都市と共同体』上　名著出版
坂巻清（1999）「16・17世紀前半ロンドンの職業構造の変化とリヴァリ・カンパニー」イギリス都市・農村共同体研究会編『巨大都市ロンドンの勃興』刀水書房
坂巻清（2004）「近世ロンドンと国家および社会的流動性」イギリス都市・農村共同体研究会／東北大学経済史・経営史研究会編『イギリス都市史研究』日本経済評論社
坂巻清（2006）「中世都市ロンドンの終焉——1694年の「孤児条例」をめぐって」立正大学人文科学研究所編『都市論の現在』文化書房博友社
坂巻清（2007）「18世紀半ばのロンドンのリヴァリ・カンパニー」近藤和彦・伊藤毅編『江戸とロンドン』（別冊都市史研究）山川出版社
坂巻清（2009）『イギリス毛織物工業の展開』日本経済評論社
坂巻清（2011）「イギリス近世国家とロンドン」『立正史学』109号
坂巻清（2012）「18世紀ロンドンの支配権力の多元化」中野忠・道重一郎・唐澤達之編『18世紀イギリスの都市空間を探る——「都市ルネサンス」論再考』刀水書房
佐々井真知・唐澤達之（2014）「第５章　イギリス」河原温・池上俊一編『ヨーロッパ中世の兄弟会』東京大学出版会
指昭博編（2007）『王はいかに受け入れられたか——政治文化のイギリス史』刀水書房
指昭博（2010）『イギリス宗教改革の光と影——メアリとエリザベスの時代』ミネルヴァ書房
佐藤清隆（1985）「エリザベス朝・初期スチュアート朝イングランドの酒場の世界」『駿台史学』65号

佐藤清隆（1995）「シェイクスピア時代の「酒場」の世界と社会統制」二宮宏之編『結びあうかたち——ソシアビリテ論の射程』山川出版社
菅原秀二（1988）「イギリス革命期におけるセント・マーティン教区の救貧担当委員会計簿」『札幌学院大学人文学会紀要』62号
菅原秀二（1995-96）「イギリス革命期ウェストミンスターにおける貧民と救貧政策——セント・マーガレット教区を中心に」上・下『札幌学院大学人文学会紀要』57号，59号
菅原未宇（2001）「エリザベス一世の入市式における都市支配層の戦略」『比較都市史研究』20巻2号
菅原未宇（2011）「イングランドにおけるグラマー・スクール設立の動向——1501-1660」『史苑』72巻1号
高澤紀恵（1999）「近世パリの「危機」と「安定」——パリ史からのコメント」イギリス都市・農村共同体研究会編『巨大都市ロンドンの勃興』刀水書房
高澤紀恵（2008）『近世パリに生きる——ソシアビリテと秩序』岩波書店
田村理恵（2003）「14世紀後半ヨークにおける権力闘争」『西洋史学論集』41号
土井美徳（1993a）「1620年代イギリスにおける選挙改革の動きと選挙問題」『早稲田政治公法研究』42号
土井美徳（1993b）「イングランド短期・長期議会までの選挙をめぐる趨勢」『早稲田政治公法研究』44号
土井美徳（1995）「初期スチュアート期のコモン・ローと選挙権」『西洋史学』180号
土井美徳（2006）『イギリス立憲政治の源流』木鐸社
中野忠（1995）『イギリス近世都市の展開』創文社
中野忠（2000）「区審問記録——近世ロンドンの地域社会に関する一資料」『早稲田人文自然科学研究』57号
中野忠（2001）「近世ロンドンの都市財政——1643/4年度会計簿の分析から」『早稲田社会科学総合研究』1巻2号
中野忠（2004）「王政復古期のロンドン市民」イギリス都市・農村共同体研究会／東北大学経済史・経営史研究会編『イギリス都市史研究』日本経済評論社
中野忠・道重一郎・唐澤達之編（2012）『18世紀イギリスの都市空間を探る——「都市ルネサンス」論再考』刀水書房
仲丸英起（2011）『名誉としての議席——近世イングランドの議会と統治構造』慶應義塾大学出版会
成瀬治・吉岡昭彦編（1979）『近代国家形成の諸問題』木鐸社
西尾泉（2008）「中世後期ロンドンにおけるフラタニティと教区——ホーリー・トリニティ・フラタニティの「レジスタ」の分析を通して」『比較都市史研究』27巻2号
二宮宏之（1979）「フランス絶対王政の統治構造」成瀬・吉岡編(1979)（『二宮宏之著作集』第3巻，2011年に所収）
二宮宏之（2011a）「参照系としてのからだとこころ——歴史人類学試論」同『二宮宏之著作集』第3巻，岩波書店
二宮宏之（2011b）「社団的編成と「公共善」の理念」同『二宮宏之著作集』第3巻，岩波書店

二宮宏之（2011c）『二宮宏之著作集』第3巻「ソシアビリテと権力の社会史」岩波書店
浜林正夫（1971）『増補版イギリス市民革命史』未來社
浜林政夫（1987）『イギリス宗教史』大月書店
J・フォーテスキュ，北野かほる・小山貞夫・直江眞一訳（1989）『イングランド法の礼賛について』(1)(2)(3)『法学』53巻4号，5号，54巻1号
J・フォーテスキュ，直江眞一訳（2012）『自然法論』創文社
J・ベイカー，小山貞夫訳（1975）『イングランド法制史概説』創文社
T・ホッブズ，水田洋・田中浩訳（1966）『リヴァイアサン』河出書房
マイケル・マン，森本醇・君塚直隆訳（2002）『ソーシャルパワー――社会的な〈力〉の世界史』Ⅰ　NTT出版
水井万里子（1994）「エクセター市と西部の反乱――16世紀中葉のイングランド西部地域」『西洋史学』173号
水井万里子（2001）「近世イギリスの錫産業――すず先買制投入期(1595-1607年)を中心に」『史苑』72巻2号
水井万里子（2010）「近世コンウォール地域の政治状況――スタナリーズを中心に」『九州工業大学研究報告(人文・社会科学)』58号
三好洋子（1996）「イギリス中世都市研究の一視角」『比較都市史研究』15巻1号
八代崇（1979）『イギリス宗教改革史研究』創文社
山本信太郎（1999）「イングランド宗教改革とチャントリの解散――コヴェントリの事例から」『西洋史学』194号
山本信太郎（2009）『イングランド宗教改革の社会史』立教大学出版会
山本正（1985）「「イギリス革命」期，カトリック同盟のアイルランド議会観」『史林』68巻5号
山本正（2002）『「王国」と「植民地」――近世イギリス帝国のなかのアイルランド』思文閣出版

＊　本書脱稿後に青木康編『イギリス近世・近代史と議会制統治』（吉田書店，2015年11月）が刊行された。

註

序章　イギリス近世の国家をみる視点

1　二宮宏之（1979, 2011c）。

2　Unwin, G.（1908, 1963）; Do.（1904, 1963）〔樋口徹訳（1980）〕.

3　Braddick, M. J.（2000）. M・J・ブラディックには，Do.（1996）〔酒井重喜訳（2000）〕; Do.（2008）; Armitage, D. and Braddick, M. J. eds.（2009）: Do. and Smith, D. L., eds.（2011）などイギリス革命や政治文化に関する編著もあって多産であるが，本書では彼の国家形成論に注目することとする。

4　Hindle, S.（2002）.

5　二宮氏は，社会的結合の「きずな」の形成を，参照系としての「からだ」と「こころ」から捉えている。二宮宏之（2011a）。

6　アンウィンについては後述するが，Unwin, G.（1908, 1963）, Chap. 1.

7　二宮氏は社団的編成を秩序立てるためのイデオロギーとして「公共善」の理念をあげ，その国王による独占を指摘している。同「社団的編成と「公共善」の理念」(『著作集』第3巻，2011b)。16世紀イギリスの国家を意味する「コモンウェルス」「コモンウィール」という語自体が「公共善」の意味をもったことはいうまでもない。例えばT・スミスの「コモンウィール」は，国家が経済的繁栄による人民の福利をもたらすべきものという思想に貫かれているといえよう。Smith, Sir Thomas.（1549, 1581, 1893）〔出口勇蔵監訳（1957），9-11頁〕. だがイギリスでは，国家の秩序編成における法が重視されている。本書第6章参照。

8　エリザベス期の都市の社団的編成については，本書第4章を参照のこと。ただし，イギリスでは身分的な特権集団がさほど強固ではない点で，フランスとの差異があるように思われる。しかし，二宮氏の論においても基底にある社会的結合と王権との関係の問題であり，上向・下向のプロセスのあいだに，さまざまな法的地位をもった中間団体＝社団が形成されているという点では，英仏共通である。またそうした中間団体が法人格を得る場合もあり，社団的編成をとることは，都市やギルドに一層明確にみられる。なお小泉徹氏は，社団的編成はイギリスには妥当しないとし，その理由として1つは，イギリスの統治システムにおいては，国王から民衆にいたるまでの階層が重層的構造をもち，しかも階層間の流動性や重複などがあり，また職務の兼任もあって社団的編成を不可能としていたこと，もう1つは統治システムの基礎が土地所有であって，社団的編成ではなく地域的編成によっていることをあげている。しかし，イギリスにおいても，都市やギルドが社団化された一方，農村でも家，村落，教区，マナー，郡，州などが，社会的結合や行政上の単位となっていたことは否めない。小泉氏の指摘する階層の重層性や地域的編成は，イギリスの社団や社会的結合の在り方に特殊性を付加するものと考える。小泉徹（1996），10-12頁。

9　Unwin. G.（1908, 1963）, Chap. 1. なお Do., ‘The Aims of Economic History’（in Do., 1958）; 岡田与好（1972）；同（2014）も合わせ参照。

10　この点に関連して川名洋（2010）は，公式の領域と非公式の領域の区別だけでなく両者の関係を検討しており興味深い。とくに両者の「混在域」において，非公式なものが公式化することを指摘する一方，公式なものが非公式化・非合法化され「下降転化」する場合があることをも示唆しているのはユニークである（310-313頁）。これは統治システムが，公式の領域を広げる場合だけでなく，逆に公式の領域を狭めて非公式の領域を増加させ，安定化をはかる場合もあることを示唆しており，極めて興味深い。

11　Unwin, G. (1908, 1963), p. 12. なおアンウィンにおける非合法組織は，既存支配秩序における社会的均衡を破るものとして登場するが，その上昇転化が支配権力の性格を部分的にせよ変えつつ，新たな社会的均衡を生むものと解せる。

12　上記註 2 の文献における資本家にかかわる記述，および Unwin, G. (2nd ed. 1968) など。

13　Braddick, M. J. (1991). なお，ブラディックとヒンドルの国家形成論に関連して，川名洋（2007）。

14　マイケル・マン，森本醇・君塚直隆訳（2002）。とくに第 1 章と第14章。当該時代の国家について，調整的国家から有機的国家への転成として捉えている。

15　Braddick, M. J. (1991), pp. 2, 4, 6, etc.

16　Braddick, M. J. (2000), p. 19.

17　*Ibid.*, pp. 47-68.

18　*Ibid.*, pp. 7, 19.

19　*Ibid.*, pp. 172-173, 205-206, 300, 348f., 433-434.

20　*Ibid.*, p. 35.

21　Hindle, S. (2002), pp. 18-19; M・マン，森本・君塚訳（2002），A・ギデンズ，松尾精文・小幡正敏訳（1999）。

22　Hindle, S. (2002), pp. 16, 20.

23　以上について，*Ibid.*, pp. 20-34.

24　*Ibid.*, Chap. 8.

25　Wrightson, K. (1994), in Barry, J. & Brooks, C., eds. (1994)〔山本正監訳（1998），45-49頁〕。

26　ウィシントンも，ミドリング・ソートという言語は，個別のコミュニティにおける「より良き人々」が，国家的レヴェルでは自らをミドリング・ソートとして認めるところに成立するとみている。Withington, P. (2005), p. 76.

27　Wrightson, K. (1994), in Barry, J. & Brooks, C., eds. (1994), p. 45〔山本正監訳（1998），60頁〕; Braddick, M. J. (2000), pp. 172-173, 300, 433-434; Hindle, S. (2002), pp. 12, 28-29, 36, 64-65, 171-173, etc.

28　中産階級の形成は議論の多いところであるが，さしあたり Hunt, M. (1996); Corfield, P. J., ed. (1991), Chap. 5; Smail, J. (1994), pp. 3-18; 岩間俊彦（2008）など。なお本書においては，チューダー・初期スチュアート期の国家をひとまず絶対王政として捉えながらも，身分制的要因を多く残した家産制国家（家父長制国家）として捉えている（第 6 章第 2 節を参照）。

また本書では「ピューリタン革命」という語を用いている。最近の欧米の研究者のあ

いだではあまり用いられなくなったようであるが，坂下史氏の「ピューリタン革命」という語をタイトルに含む文献の検索結果は興味深い。もともと「内乱」という語が圧倒的に多く，「ピューリタン革命」はつねに圧倒的少数派であって，修正主義の出現がさらにその傾向を強めたということを，数字をもって示している。しかし「ピューリタン革命」という語が欧米において絶滅したというほどでもないようである。坂下史(2014)，56-57頁。修正主義には多くの学ぶべき点があるにせよ，本書は1640年頃から89年頃のあいだに，イングランドとウェールズにおいて，国王主権の政治体制から議会主権の政治体制への転換があったという観点から，王政復古までの時期の政治的変動に対しあえて「ピューリタン革命」という語を用いる。修正主義をめぐっては，1970年代のその形成についてMorrill, J.（1999）pp.1-21が明快であるほか，さしあたり近藤和彦（2004a）（2004b); 岩井淳・指昭博編（2000）などを参照。

29 Maitland, F. W.（1908)〔小山貞夫訳（1981)，74-75頁〕; Carr, C. T.（1984), Chaps. X, XI. このほかDavis, J. P.（1905), pp. 236-247; Pollock, F. & Maitland, F. W.（1968), Vol. 1, pp. 486-511.

30 Carr, C. T.（1984), pp. 150-152; Pollock, F. & Maitland, F. W.（1968), Vol. 1, p. 491f.

31 Carr, C. T.（1984), p. 151.

32 *Ibid.*, p. 153.

33 *Ibid.*, pp. 157-158; Pollock, F. & Maitland, F. W.（1968), Vol. 1, pp. 488-489, 502-503.

34 *Ibid.*, Vol. 1, pp. 489-490, 493-497; Carr, C. T.（1984), pp. 119, 159.

35 Reynolds, S.（1995b), pp. 1-5.

36 Ibid., pp. 12-13.

37 Shepheard, W.（1659, 1978). なおWilliam Shepheardは，National Biographyなどには，William Sheppardとして現れている。

38 *Ibid.*, pp. 1-3.

39 E・H・カントーロヴィチ，小林公訳（1992)，上，27-32頁など。

40 Shepheard, W.（1659, 1978), pp. 6-9; Halliday, P. D.（1998), pp. 32-33.

41 *Ibid.*, p. 33.

42 Goldney, F. H.（1889), p. 266.

43 Pollock, F. & Maitland, F. W.（1968), Vol. 1, p. 491.

44 Shepheard, W.（1659, 1978), pp. 50-57; Weinbaum, M.（1937), Chap. 1.

45 坂巻清（1987b), 90-92頁。

第1章　中世末期ロンドンの自発的結合組織の展開

1 Shepheard, W.（1659, 1978), pp. 10-18.

2 1540年代を画期とすることは，ブラディック，ヒンドルのほか，Titller, R.（1998）も，都市史の観点からそのような時期区分をしている。ただしSchen, C. S.（2002）は，二つの時期の連続性を主張している。

3 フラタニティにかかわる研究は，近年多数発表されている。ロンドン以外が多いが，Crouch, D. J. F.（2000); Bainbridge, V.（1996); Farnhill, K.（2000); Rosser, G.（2015); 唐澤達之（2004); 同（2005); 佐々井真知・唐澤達之（2014)，第5章；市川実穂（1995)。

なお鵜川馨（1991b）；三好洋子（1996）をも合わせ参照。

4　“Chantry”について，北野かほる氏の指摘は，その意味を深くから捉えつつ「礼拝寄進」という訳語を提起されている。ラルフ・グリフィス編，北野かほる監訳（2009），431-432頁。これまで「寄進礼拝堂」と安易に訳出していたことを反省させられるものがある。しかし，*Oxford English Dictionary* によると，14～16世紀の用例をあげつつ，Chantry について，⑴歌うこと（ミサのため），⑵まじないをかけること，⑶死者ミサを捧げる司祭を維持するための寄進（「礼拝寄進」），⑷寄進された礼拝堂，祭壇もしくは教会の一部，といった説明がある。つまり Chantry は，文脈によって訳し分けられる必要があり，場合によっては寄進された礼拝堂と解したほうがよい場合もあるように思われる。1547年の Chantry Act なども，その標題からして，国王に没収されるのは，寄進礼拝施設とその所属物（基金や地代徴収権）である。本書ではチャントリとのみ記し，その内容を明白にする必要がある場合のみ括弧を付して，内容を記載することとした。

5　Farnhill, K. (2000), pp. 9-20; Unwin, G. (1908, 1963), Chaps. 2, 8, 9.

6　*Ibid.*, p. 116.

7　*Ibid.*, pp. 203-205. なおアンウィンは1338年から1518年にわたって49の教区教会に敷設された68の教区フラタニティを示している。*Ibid.*, Appendix A. また毛織物商のフラタニティについて，Herbert, W. (1968), Vol. 1, p. 401.

8　*Victoria County History*（以下，*VCH* と略），*City of London*（1974），Vol. 1, pp. 213-214. なお，C・バロンは，1350年から1548年までに149の教区フラタニティができたとみている。Barron, C. (1985), p. 25.

9　Westlake. H. F. (1919), Chap. 3; Bainbridge, V. (1996), pp. 33-50. 14・15世紀には富裕な商人などが，それまでの豪族的な有力家門に代わって，教区教会の再建や拡張に乗り出し，教区フラタニティを設立していった。Unwin, G. (1908, 1963), pp. 111-117.

10　*Ibid.*, Chap. 10; Bird, R. (1949); Nightingale, P. (1989).

11　Crouch, D. J. F. (2000), pp. 13-16; Westlake, H. F. (1919), pp. 36-38. このときの令状については，Smith, Toulmin (1870, 1963), pp. 127-136.

12　Westlake, H. F. (1919), Appendix.

13　Smith, Toulmin (1870, 1963), Pts. 1, 2.

14　15世紀ロンドンの教区フラタニティの法人化については Barron, C. (1985), p. 22.

15　この史料は Basing, P. (1982) として刊行され，これを利用した論考として坂巻清（1991）。なおこの原史料のマニュスクリプトを利用した研究として，西尾泉（2008）がある。

16　Kitching, C. J. (1980), p. 30. なお1548年には，ロンドンの98教区で41,664人の聖体拝受者がおり，市壁外では3,000人を超える教区もあったが，市壁内では200～400人が平均的であった。14世紀末から15世紀中頃のロンドンの総人口が40,000人程度とすれば，各教区の平均的人口は400人程度となる。

17　以下，Basing, P. (1982), pp. x-xiii; Staples, J. (1881). なお，聖キャサリンは少女の守護聖人，聖セバスティアンは弓兵・兵士の守護聖人であり，またペストに対する守護聖人でもあった。

18　聖三位一体フラタニティとフェビアン・フラタニティは，合併以前から若干の会員

の重複があり，また２つのフラタニティの会長を経験した者も２名いる。Basing, P.(1982), p. xiii.

19 Staples, J. (1881), p. 17; Barron, C. (1985), pp. 13-14.

20 Basing, P. (1982), pp. 4-18.

21 *Ibid.*, pp. 15-17.

22 *Ibid.*, p. xxi.

23 *Ibid.*, pp. 1-4. ただし，規約のオリジナル史料の一部が失われており，全てが収録されているわけではない。なお聖キャサリンとフェビアン・フラタニティの規約については，Smith, Toulmin (1870, 1963), pp. 6-8, 9-13.

24 Barron, C. (1985), pp. 33-34; Kitching, C. J. (1980), pp. xvi-xvii; Westlake, H. F. (1919), pp. 47-48; *VCH, City of London* (1974), Vol. 1, pp. 229-231.

25 ラテン語の英訳文より翻訳した。Basing, P. (1982), pp. 54-55.

26 *Ibid.*, pp. xiv-xv, 84.

27 この教区にあった３つのフラタニティは，1388年の時点では規約に王家のために祈るという規定はないし，ほかの多くの規約も同様である。Basing, P. (1982), pp. 1-4; Smith, Toulmin (1870, 1963), pp. 6-8, 9-13, etc. ただしノリッジの聖クリストファのフラタニティの1388年の規約には，教皇などのほか，王，女王，貴族のために祈る規定がみられる。*Ibid.*, pp. 22-23. 問題は，法人化勅許状に規定されることによって，自発的な信心が国家的に公式化されることである。

28 Barron, C. (1985), p. 22.

29 Basing, P. (1982), pp. xvii-xix, 42-47, 52-54, 56-58, 62-68.

30 *Ibid.*, pp. xix-xx, 47-52, 59-62.

31 *Ibid.*, pp. xvii-xviii; Staples, J. (1881), pp. 20-21.

32 Basing, P. (1982), pp. 18-38, 68-76.

33 *Ibid.*, pp. 30-31.

34 三位一体祭や酒宴への出費については，*Ibid.*, pp. 28, 30, 34, 35, 36, 68, 69, 70, 75. 家屋などの修理費については，pp. 34-38.

35 *Ibid.*, pp. 30-31, 33-34.

36 *Ibid.*, pp. 19-20, 34, 35, 36.

37 1452～53年に42シリング余りであった四季納入金収入は，1453～54年に33シリング，1454～55年に27シリング，1455～56年には16シリングへと減少している。*Ibid.*, pp. 33-38.

38 *Ibid.*, pp. 77-78.

39 Kitching, C. J (1980), p. 30.

40 *Ibid.*, なお16世紀前半のロンドンのフラタニティ活動について，Scarisbrick, J. J. (1984), p. 36; Brigden, S. (1984), pp. 94-102.

41 Clark, P. (1983), pp. 151-157.

42 以上について，Williams, G. A. (1963), pp. 166-170; Thomas, A. H. (1924); Birch, W. de G., ed. (1887), pp. 45-50; Barron, C. (2004), pp. 199-200; Curtis, M. (1918); Veale, E. M. (1966), pp. 44-47, 107-108; 37 Edward III, c. 5 & 6, 38 Edward III, c. 2; Thrupp, S.

(1933).
43 Reddaway, T. F. (1975), pp. 70-71; Selby, W. D., ed. (1891), pp. 2-5.
44 Unwin, G. (1908, 1963), pp. 160-161, 170-173.
45 Unwin, G. (1904, 1963), Chaps. 1, 2〔樋口訳（1980），第１章，第２章〕.
46 15 Henry VI, c. 6.
47 Jefferson, L. (2009), Vol. 1; Clode, C. M. (1875), pp. 58-83; Reddaway, T. F. (1975), pp. 132-133; Johnson, A. H. (1914), Vol. 1; Parsloe, G. (1964).
48 Jefferson, L. (2009), Vol. 1, pp. 2, 15-18.
49 *Ibid.*, pp. 67-80(1391～92年)，243-249(1411～12年)，551-561(1431～32年).
50 *Ibid.*, pp. 331-339. 以上のほか，例えば祭壇の燭台，蠟燭や布の費用，供養の費用といったフラタニティ活動にともなう出費，市長がウェストミンスターへ儀礼のために行くときの船の借用代といった出費もみられる。Jefferson, L. (2009), Vol. 2, pp. 710-713. なお，ビードルの役目は多様であるが，絹物商の場合について，Jefferson, L. (2009), Vol. 1, pp. 48, 60; Doolittle, I. (1994), p. 12.
51 Clode, C. M. (1875), pp. 29-30; Reddaway, T. F. (1975), pp. 28-30; Imray, J. (1991), pp. 12-15; Unwin, G. (1908, 1963), pp. 176-189; Barron, C. (2004), pp. 216-217.
52 Imray, J. (1991), p. 13.
53 Johnson, A. H. (1914), Vol. 1, pp. 112-113.
54 Reddaway, T. F. (1975), pp. 78-80.
55 Unwin, G. (1908, 1963), pp. 176, 181.
56 *Ibid.*, pp. 189-190.
57 Reddaway, T. F. (1975), p. 79.
58 Unwin, G. (1908, 1963), pp. 190-192.
59 *Ibid.*, pp. 224-225. 同様に，馬具工，鍛冶屋などの奉公人もフラタニティを形成し，親方に対抗している。
60 Clode, C. M. (1888), Pt. I, pp. 60-74.
61 Barron, C. (2004), pp. 211-216; Unwin, G. (1908, 1963), pp. 225-232.
62 Repertories of the Court of Aldermen,Vol. 3, fo. 33.
63 1501年については，Thrupp, S. (1962), pp. 43, 46. 1515年については，Repertories of the Court of Aldermen, Vol. 3, fo. 66b.
64 Girtin, T. (1958), pp. 3-4.
65 Unwin, G. (1908, 1963), pp. 197-200. 1607年に仕立商カンパニーは，ジェームズ１世と王子ヘンリや多数の廷臣を招いて壮大な宴会を開いたが，その際それまでにこのカンパニーの名誉組合員となった王，王子，貴族の名簿を手渡し，王子ヘンリはじめ多数の貴族やジェントルマンが，仕立商カンパニーの組合員となった。この名簿と宴会についての詳細は，Clode, C. M. (1888), Pt. I, pp. 275-318.
66 Stern, W. M. (1960), pp. 9-10. 不熟練労働者であるポーターの組織は，ギルドではなく「たんなる仲間団体 mere fellowship」であり，市参事会員や市議会の統制を受けていた。なお，1487年から1550年にいたる，リヴァリ・カンパニーの職業と富の詳細な序列について，Oldland, J. (2006), pp. 150-151.

67　大陸都市に比してのイギリス都市の特徴について，坂巻清（1987b），272-274頁。

68　Johnson, A. H. (1915), Vol. 2, p. 61.

69　*Ibid.*, pp. 59-60; Repertories of the Court of Aldermen, Vol. 7, fo. 440.

70　Johnson, A. H. (1915), Vol. 2, pp. 62-63; Doolittle, I. (1994), p. 14. 絹物商カンパニーが修道院解散にともなって購入した土地からの地代は，1579年に83ポンド余りであり，地代収入全体426ポンドの20％ほどである。

71　1 Edward I, c. 14.

72　Kitching, C. J. (1980), pp. 81-95; 坂巻清（1987b），103-107頁。

73　Archer, I. (1991b), pp. 37-40.

第2章　都市の法人化

1　Weinbaum, M. (1937), pp. 132-135; Tittler, R. (1998), pp. 345-347. なお，Withington, P. (2005), pp. 18-25.

2　Weinbaum, M. (1937), p. 133.

3　Tittler, R. (1998), pp. 345-346.

4　Weinbaum, M. (1937), pp. 134-135.

5　都市の請願に基づく特許状賦与の手続きについては，Bond, S. & Evans, N. (1976); Rose, M. A. (1927-28).

6　Weinbaum, M. (1937), Chaps. 3, 4. 本書表 2-2 を参照のこと。なお当該期の都市の法人化について，坂巻清（1987a）がある。

7　1462年のコウルチェスター，1484年のポンテフラクト(パムフレット)の勅許状に法の制定権が確認される。*Calendar of Charter Rolls*(以下，*CCR* と略), Vol. 6, pp. 150, 265.

8　Weinbaum, M. (1937), pp. 90-91; Rigby, S. H. & Ewan, E. (2000), pp. 292-293.

9　*CCR*, Vol. 5, 15 Edward III - 5 Henry V (1341-1417), Vol. 6, 5 Henry VI - 8 Henry VIII (1427-1516); *Calendar of Patent Rolls* (以下，*CPR* と略), Henry VI, Vol. 5 (1446-1452), Edward IV, Edward V, Richard III (1476-1485), Henry VII, Vol. 1 (1485-1494), Vol. 2 (1494-1509). ブリストルについて，Harding, N. D. (1930), pp. 143-165. なお *CCR*, *CPR* は，「要覧」であり，史料としての限界もあるが，都市制度については，比較可能な水準に整理・要約されている。

10　グロスターについて，鵜川馨（1991a），354-377頁; Reynolds, S. (1995a).

11　Weinbaum, M. (1937), Chaps. 4, 5; Rigby, S. H. & Ewan, E. (2000). 個別都市については，Platt, C. (1973), Chap. 14; MacCaffrey, W. T. (1958), p. 19; Hill, F. (1948) を参照。

12　Cook, C. & Wroughton, J. (1980), p. 90.

13　Phythian-Adams, C. (1978), pp. 164-170; Kermode, J. (2000); Kowaleski, M. (2000).

14　Weinbaum, M. (1943), p. 89.

15　Ballard, A. & Tait, J. (1923), pp. 358-359.

16　Harding, N. D. (1930), p. 131; *CCR*, Vol. 5, pp. 355, 398, 422; *CCR*, Vol. 6, p. 10.

17　Weinbaum, M. (1943), pp. 65-68, 93-96; *CCR*, Vol. 6, pp. 8-11.

18　小山貞夫（1970），同（1968），第2編。

19　Green, J. R. (1894), Vol. 1, pp. 209-210.

20 *CCR*, Vol. 5, pp. 355, 398, 423, etc.

21 F・W・メイトランド，小山貞夫訳（1981），xiii, 55-61頁；Pollock F. & Maitland, F. W. (1968), Vol. 1, pp. 534-535; *CCR*, Vol. 5, pp. 354, 397, 421, etc.

22 Phythian-Adams, C. (1978), p. 167. イングランド都市の衰退と繁栄については，酒田利夫（1991），第1章；同（1994），第3，4章；坂巻清（1987b），第8章などがある。

23 *CCR*, Vol. 5, p. 355.

24 *CCR*, Vol. 5, pp. 87-89; *CCR*, Vol. 6, pp. 61-64, 125-127, 149-152, 155-161, 164-167, 218-220, 226-229.

25 ロチェスターは1446年に法人化され，62年の特許状で，市長と法律に精通した者が，治安判事となることとなった。*CCR*, Vol. 6, p. 179. またキングストン・オン・テムズは，1603年になって治安判事職を得ている。Weinbaum, M. (1943), p. 113.

26 *CCR*, Vol. 6, pp. 149-152, 226-228.

27 *CCR*, Vol. 6, pp. 150, 252.

28 *CCR*, Vol. 5, p. 87; *CCR*, Vol. 6, pp. 149, 218.

29 *CCR*, Vol. 6, pp. 155, 226.

30 例えばスタムフォードやグランサム。*CCR*, Vol. 6, pp. 65, 200. このほか州となった都市でもヨークやノリッジにもみられる。*Ibid.*, pp. 355, 423.

31 Shepheard, W. (1659, 1978), p. 10.

32 *CCR*, Vol. 6, pp. 128-129; *CPR*, Henry VII, Vol. 1, p. 300, Vol. 2, pp. 586-587.

33 1404年ノリッジ(*CCR*, Vol. 5, p. 423)，1462年ラドロウ(*CCR*, Vol. 6, p. 158)，1463年グランサム(*CCR*, Vol. 6, p. 201)，1468年ウェンロック(*CCR*, Vol. 6, p. 231)その他にみられる。

34 1396年ヨーク(*CCR*, Vol. 5, p. 355)，1404年ノリッジ(*CCR*, Vol. 5, p. 423)，1462年コウルチェスター(*CCR*, Vol. 6, pp. 151-152)，1467年ドンカスター(*CCR*, Vol. 6, p. 228)その他。

35 1468年ウェンロック(*CCR*, Vol. 6, pp. 229-230)。商人ギルドについては，*Ibid.*, p. 156（ラドロウ），p. 164(スタムフォード)，p. 199(グランサム)，p. 219(ドンカスター)，*CPR*, Henry VI, Vol. 5, p. 522(チチェスター)，Henry VII, Vol. 2, p. 425(ドンカスター)などにみられる。

36 コヴェントリについては，*CCR*, Vol. 6, p. 116. コウルチェスター，*Ibid.*, p. 149. ヘドン，*Ibid.*, p. 89. ロチェスター，*Ibid.*, p. 62.

37 Harding, N. D. (1930), pp. 143-165.

38 Weinbaum, M. (1937), p. 51; Rogers, A. (1973), pp. 21-25.

39 Youing, C. R. (1961), p. 27.

40 Harding, N. D. (1930), p. 121.

41 註18を参照のこと。

42 加えて，ブリストル，ノリッジ，ノーサンプトン，ニューカースル，イプスウィッチ，ドンカスター，ハル等々。Weinbaum, M. (1943), pp. 39, 56, 70, 73, 84, 87, 110, 126, 128, etc.

43 *CCR*, Vol. 6, pp. 10-11, 151. ノリッジについては *CCR*, Vol. 5, p. 422.

44　この過程は長い時間をへてである。Webb, S. & B. (1922, 1963), Pt. I, pp. 349-358.

45　小山貞夫 (1968), 第2編。

46　都市の治安判事について, Kimball, E. G. (1977).

47　Tait, J. (1936, 1968), Chap. XI, Appendix I & II. このほか註50の文献。

48　Weinbaum, M. (1937), p. 100.

49　Unwin, G. (1908, 1963), pp. 127-154; Bird, R. (1949).

50　Harding, N. D. (1930), pp. 135-139; Cronne, H. A. (1946), Introduction, pp. 77-78, 163-168; Carus-Wilson, E. M. & Coleman, O. (1963), pp. 84-119; 坂巻清 (1973) 下, 32-33頁。

51　Bartlett, J. N. (1959); Sellers, M. (1912-14); 田村理恵 (2003)。

52　Hudson, W. & Tingey, J. C. (1906), Vol. I, Introduction, pp. xxxviii-lxxviii; Tait, J. (1936, 1968), pp. 316-318; Mcree, B. R. (1994), pp. 843-853.

53　Tait, J. (1936, 1968), pp. 318-330, Appendix II.

54　*CCR*, Vol. 6, pp. 164-167; Rogers, A. (1973).

55　*CCR*, Vol. 6, pp. 226, 251.

56　Reynolds, S. (1995a), p. 48.

57　Rigby, S. H. & Ewan, E. (2000), pp. 304-306.

58　Ibid., p. 309. なお寡頭《かとう》化する理由はほかにも民衆反乱への対抗, 王の干渉による下降的圧力, 寡頭化が斬新であり都市間でそれを求めた競争関係があったことなどがあげられている。Ibid., pp. 310-311.

59　Cronne, H. A. (1946), pp. 77-78, 163-168; Tait, J. (1936, 1968), pp. 330-332.

60　MacCaffrey, W. T. (1958), pp. 16-23, 26-32; Weinbaum, M. (1943), pp. 24-25.

61　Phythian-Adams, C. (1972). なおフラタニティを軸とした教区レヴェルでのコミュニティに関してG・ロッサーの一連の研究がある。Rosser, G. (1988), pp. 29-55. Do. (1991), pp. 173-189 など。またより一般的に中世末期のコミュニティの結束のあり方についての最新作として Rosser, G, (2015), Chap. 6.

62　Phythian-Adams, C. (1972), pp. 58-60. なおコーパス・クリスティのギルドは1520年に282人(親方の約40%), 聖三位一体のギルドは同年に約60人がいたとみられる。Do. (1979), pp. 118-124. またコヴェントリの宗教ギルドに関連して, 酒田利夫 (1991), 第2章；山本信太郎 (1999), 8-20頁。

63　Phythian-Adams, C. (1972), pp. 65-70.

64　Ibid., pp. 70-77.

65　Harding, V. (2000), pp. 284-287; Phythian-Adams, C. (1972), pp. 79-80; Rosser, G. (2015), pp. 12-13; Palliser, D. M. (1983), pp. 338-240.

66　王権とフラタニティについては, Rosser, G. (2015), pp. 211-213.

第3章　16世紀後半のロンドン

1　Rappaport, S. (1989), Chap. 6.

2　*The Corporation of London* (1950), pp. 27-41.

3　Archer, I. (1991a), pp. 74-82.

4 Clark, P. (1983), pp. 151-157; 佐藤清隆 (1985) (1995)。

5 Dobson, C. R. (1980); Chase, M. (2000), pp. 56-59.

6 Clark, P. (1983), Chap. 3.

7 Boulton, J. (1987), pp. 211, 293.

8 *Ibid*., pp. 79-97, 234-236, 253.

9 Archer, I. (1991a), pp. 58-60, 64-67.

10 Rappaport, S. (1989), p. 182.

11 Pearl, V. (1979), pp. 15-16; Rappaport, S. (1989), pp. 182-183.

12 Foster, F. F. (1977), pp. 29-30.

13 Webb, S. & B. (1922, 1963), Vol. 2, Pt. II, p. 592.

14 Guildhall Library (以下 GL と略), MS 4069/1 Cornhill Wardmote Inquest Book, 1571-1651; MS 2050/1 Aldersgate Ward, Wardmote Minute Books, Vol. 1, 1467-1801. なおこれらのマイクロフィルム版がアメリカのユタの Genealogical Society のもとにある。

15 中野忠 (2000)。

16 例えば1580年にはこうした収入，支出ともに，16ポンド8ペンスという程度であり，1590年代には20ポンド台の収支が多くなる。また1581年の救貧資金は13シリング3.5ペンス，1599年でも46シリング1ペンスであり，さほど大きくはない。GL, MS 4069/1 years 1580, 1599, etc.

17 GL, MS 4069/1 years 1590, 1596.

18 例えば1591年にビードルには開催にともなう「労苦」に対し，5シリングが支払われている。

19 Archer, I. (1991a), pp. 63-67. ポートソーケン区の課税評価からすると，課税評価4ポンドを境にして，清掃係は4ポンド以上が10%，救貧資金徴収官が18%，治安官が29%，区審問官が21%，教区委員が50%，市議会員が100%である。

20 GL, MS 2050/1. なお1467年から1582年までは1583年に転写されたものである。

21 Kitching, C. J. (1980), p. 30.

22 Archer, I. (1991a), pp. 67-68, 78.

23 Webb, S. & B. (1922, 1963), Vol. 2, Pt. II, pp. 606-615.

24 Archer, I. (1991a), pp. 69-74; Foster, F. F. (1977), pp. 39-43.

25 GL, MS 4069/1 Cornhill Wardmote Inquest Book.

26 Archer, I. (1991a), p. 83.

27 *Ibid*., pp. 85-86.

28 *Ibid*., pp. 69-71; Foster, F. F. (1977), pp. 31-33, 35-37, 39-43; MacCambell, A. E. (1976), pp. 108-110.

29 39 Elizabeth I, c. 30.

30 ウェストミンスターの教区の教区委員会計簿と救貧担当委員(貧民監督官)会計簿の詳細な分析について，菅原秀二 (1988) (1995-96)。

31 Freshfield, E., ed. (1895).

32 Archer, I. (1991a), p. 92.

33 Freshfield, E., ed. (1895), pp. 4-5.
34 ロンドンでは，貧民監督官会計簿は，史料的に残存しているものが少ないようである。Archer, I. (1991a), pp. 261-263.
35 *Ibid.*, pp. 83-87.
36 Foster, F. F. (1977), p. 56.
37 *Ibid.*, pp. 58-59.
38 *Ibid.*, pp. 63-64, 70.
39 Doolittle, I. (1994), pp. 8-11.
40 Johnson, A. H. (1915), Vol. 2, pp. 191-195.
41 Doolittle, I. (1994), pp. 18-19; Johnson, A. H. (1915), Vol. 2, pp. 173, 240-241.
42 Lyell, L. (1936); Doolittle, I. (1994), pp. 12-18; Johnson, A. H. (1915), Vol. 2, pp. 177-187, 232-237; Archer, I. (2002).
43 Parsloe, G. (1964), pp. 156-157.
44 Unwin, G. (1904, 1963), pp. 107-109〔樋口訳（1980），140-152頁〕.
45 Unwin, G. (1904, 1963), pp. 103-104, 112-125〔樋口訳（1980），144-146, 155-172頁〕.
46 Clode, C. M. (1888), Pt. 1, Chap. 12.
47 *Ibid.*, pp. 198-203; Unwin, G. (1904, 1963), pp. 114-117; Ramsay, G. D. (1975); Do. (1977).
48 Consitt, F. (1933), Vol. 1, pp. 139-140, 145-150. 17世紀初めになるが，他カンパニーの織布工に対する移籍要求について，*Analytical Index* (1878), p. 103.
49 Unwin, G. (1904, 1963), pp. 105-106〔樋口訳（1980），148-149頁〕.
50 Tittler, R. (1998), pp. 305-306, 337. ブラディック，ヒンドルについては本書序章を参照。
51 Rappaport, S. (1989), p. 293.
52 Birch, W. de G., ed. (1887), pp. 45-50; Williams, G. A. (1963), p. 47; Sharpe, R. (1905), G, pp. 179-180.
53 Wareing, J. (1980), p. 243.
54 Ibid., pp. 241-249.
55 Rappaport, S. (1989), pp. 76-86.「生存のための長距離移動」と「改善のための短距離移動」については，Clark, P. (1972), pp. 145-154.
56 Ramsay, G. D. (1978), pp. 528, 531.
57 Barry, J. & Brooks, C., eds. (1994), pp. 56-59, 69-73〔山本正監訳（1998），74-75, 87-92頁〕.
58 プレミアム制について，Lane, J. (1996), pp. 19-27; Cambell, R. (1747, 1969), pp. 331-340. リヴァリ・カンパニーの慈善団体化について Archer, I. (2002), pp. 15-28; 坂巻清（1987b），第4章など。
59 以下は，Rappaport, S. (1989), Chap. 8 による。
60 *Ibid.*, pp. 369-370.
61 Parsloe, G. (1964), pp. 113-180.
62 1550年のヨーマン70名は，夫の死後その地位を継承したと思われる寡婦《かふ》3名を含むの

で，実質は67名である。*Ibid.*, p. 117.

63　組合長となった7名は，第二監事に延べ8回，若手監事に同じく6回，合計14回就任しているが，これは20年間の両監事の総計40回の35%にあたる。

64　Parsloe, G.（1964）, pp. 113–180.

65　Archer, I.（1991a）, pp. 120–124; Jordan, W. K.（1974）, pp. 198–202, 378–379; Johnson, A. H.（1915）, Vol. 2, pp. 232–241; Doolittle, I.（1994）, pp. 14–18. Clode, C. M.（1888）, Pt. I, pp. 194–195, 215–223.

66　以上について，Archer, I.（1991b）, pp. 37–45, 71–88; Do.（2002）, pp. 15–24.

67　Archer, I.（1991b）, pp. 75–80. なお，1560年代における「ピューリタン」という語の登場や，1570年代における「長老主義」の登場について，八代崇（1979）, 187，211頁を参照。

68　Whitney, D. W.（1963）, pp. 298–321; Archer, I.（1991b）, pp. 76–79. なおリヴァリ・カンパニーの支配層の多くは長老派であったとするものとして，Unwin, G.（1908, 1963）, p. 340. なお，Brenner, R.（1993）, Chap. 9.

69　Archer, I.（1991b）, pp. 71–73, 76. なお，仕立商カンパニーの学校は古典学者を校長として1561年に始まり，改革派のグリンダルの巡察を受けている。Draper, F.（1962）, pp. 12–21.

70　以下ロンドンの市政機関については，*The Corporation of London*（1950）, pp. 9–56; Pearl, V.（1961）, pp. 50–62; Barron, C.（2004）, pp. 121–146.

71　Beaven, A. B.（1908）, Vol. I, pp. 336–357.

72　Foster, F. F.（1977）, p. 105.

73　Lang, R. G.（1971）, pp. 243–244. なお市参事会員の社会的出自については，Do.（1974）, pp. 31–40.

74　Foster, F. F.（1977）, p. 89.

75　*Ibid.*, pp. 83, 90–91. 1579年のロンドンの市参事会議事録には，多数の孤児問題の議題や委員会の設立が確認される。Repertories of the Court of Aldermen, Vol. 22.

76　Masters, B., ed.（1984）. 一般会計のあとに3件の寄贈された土地の収支，軍事的要請にともなう収支，債権・債務の記載がある。

77　*Ibid.*, pp. xv–xvi, 9–10, 67. なお，ロンドン市の孤児資金預託や孤児養育については，Carlton, C.（1974）, Chap. 3 および坂巻清（2006）；中野忠（2001）などを参照。

78　Masters, B., ed.（1984）, p. xiii.

79　Johnson, A. H.（1915）, Vol. 2, p. 63; Sharpe, R.（1894）, Vol. 1, pp. 397–417. ヘンリ8世は，修道院解散にともなうロンドン市内の土地などを，当初は気に入りの者たちに与えていたが，貧民の増加に対応するべく1547年にいたって，ロンドン市に年500マーク（333ポンド6シリング8ペンス）で，その一部を授与したのである。

80　Masters, B., ed.（1984）, pp. 28–48, 80–94.

81　*Ibid.*, p. 48. 都市がパトロンを求めるときの第一歩は，贈り物を贈ることである。W・セシルはいくつかの都市のパトロンとなっている。Patterson, C.（1999）, pp. 18, 27, 32, 35, 55. ただし議員選挙に際し，ロンドンがパトロンの影響を受けたかは別問題である。

82　Carlton, C.（1974）, pp. 70–81, 98.

83　3つの小共同体とロンドンの安定については，Rappaport, S.（1989）, Chap. 6; Archer, I.（1991a）, Chaps. 3, 4. またV・パールもこうしたロンドンを「複合社会 pluralistic society」としている。Pearl, V.（1979）, p. 27.

84　Rappaport, S.（1989）, p. 334.

85　Clark, P., ed.（1985）, Chap. 3; Archer, I.（1991a）, pp. 9-14.

86　アーチャーは，市のエリートの同質性と，その家父長主義的社会政策を通じての下層民との協調的互酬的関係に安定要因をみている。*Ibid.*, pp. 39-57; Foster, F. F.（1977）, pp. 152-162.

87　*The Corporation of London*（1950）, pp. 20, 57f., 160.

88　小山貞夫（1968）における治安判事，コロナー，シェリフについての記述ならびに，同（1970）は必読である。

89　*The Corporation of London*（1950）, pp. 19-20, 213.

90　Robertson, J.（2002）, pp. 52-53.

91　Barron, C.（1969）, pp. 197-198. なお Besant, W. & Rice, J.（1881）を参照。

92　実在のウィッティントン像については，Barron, C.（1969）, pp. 198-235.

93　Robertson, J.（2002）, pp. 53-56.

94　Ibid., p. 53.

95　Stow, J.（1603, 1971）, Vol. 1, pp. 108-109, 242-243. ウィッティントン・カレッジは，救貧院として，絹物商カンパニーによって管理されていた。Doolittle, I.（1994）, pp. 16-17, 75, 128; Barron, C.（1969）, p. 198.

96　Robertson, J.（2002）, pp. 59-60, 62.

第4章　都市の社団的編成の確立

1　当該期の政治状況についてとりあえず，Lockyer, R.（2005）, Chaps. 3, 4, 5. また土地移動について Hoskins, W. G.（1976）, pp. 121-148; Tittler, R.（1998）, Chap. 6. なおティットラーについては，Do.（1989b）, pp. 74-75, 90-92; Do.（1977）, pp. 24-26をも合わせ参照。

2　Tittler, R.（1977）, p. 25f.; Bond, S. & Evans, N.（1976）, pp. 102-120.

3　*CPR*, Edward VI, Vol. 1（1547-1548）, Vol. 2（1548-1549）, Vol. 3（1549-1551）, Vol. 4（1551-1553）, Vol. 5（1551-1553）with Appendicies, 1547-1553; Philip & Mary, Vol. 1（1553-1554）, Vol. 2（1554-1555）, Vol. 3（1555-1557）, Vol. 4（1557-1558）.

4　*CPR*, Philip & Mary, Vol. 2, pp. 80-86.

5　*CPR*, Edward VI, Vol. 1, pp. 386-387; Philip & Mary, Vol. 1, pp. 50-52.

6　Tittler, R（1998）, p. 177.

7　*Ibid.*, pp. 150-166.

8　*Ibid.*, pp. 167-171; Do.（1977）, pp. 28-29.

9　Tittler, R.（1998）, p. 168.

10　都市の首長の名称が Mayor だけでなく，Bailiff, Alderman など種々ある。ティットラーは Mayor は，住民仲間の第一人者，領主へ対抗する代表者，王権による法的権威を得た者といった意味をもつとみている。16世紀の Bailiff, Alderman, Portreeve も市

長と同様の存在であるのだが，Bailiff が本来マナー裁判所の執行人，Alderman が商人ギルドの長といった意味をもつことからすると，ある程度までその都市の起源を示しているように思われる。Tittler, R.（1998）, pp. 235-237; Webb, S. & B.（1922, 1963）, Vol. 2, Pt. I, pp. 259, 265; Gross, C.（1890, 1964）, pp. 23-28.

11　*CPR*, Edward VI, Vol. 2, pp. 330-331, Vol. 3, pp. 21-22, Vol. 5, pp. 279-280. ウィズビーチは年価値100ポンド，スタッフォードは20ポンド，ストラトフォードは40ポンド余りの土地所有を認められている。

12　文法学校について，菅原未宇（2011）がある。

13　リンカンシャーのラウス（Louth）の法人化勅許状は，首長たるワーデンと６人の補佐役が王によって指名されている。*CPR*, Edward VI, Vol. 4, pp. 119-120. 同様にセント・オールバンズ（Vol. 5, p. 33）等々。現在の首長などを法人化後も継続する場合でも，勅許状において，つまり王によって，指名・任命するという形式がとられている。

14　*CPR*, Philip & Mary, Vol. 1, pp. 100, 137, 141, 395. Vol. 2, p. 80, etc.

15　*CPR*, Philip & Mary, Vol. 1, pp. 47, 101, 105, 139, 248, 404, Vol. 2, pp. 21, 86, Vol. 3, pp. 177, 203, 381, Vol. 4, p. 374.

16　Tittler, R.（1977）, p. 35.

17　*CPR*, Philip & Mary, Vol. 3, pp. 76-81, Vol. 4, pp. 371-372.

18　Tittler, R.（1989b）, pp. 90-92.

19　Lockyer, R.（2005）, pp. 185-211; 八代崇（1979），第５章。

20　Tittler, R（1989b）, pp. 91-92; Palliser, D. M.（1983）, pp. 219-225, 299-325; Archer, I.（2000b）, pp. 241-253.

21　Tittler, R.（1998）, pp. 188-193, 345-346.

22　Palliser, D. M.（1983）, p. 203. Cf. Slack, P.（2000）, p. 35; Sacks, D. H. & Lynch, M.（2000）, p. 384; Phythian-Adams, C.（1972）, p. 12.

23　Tittler, R（1998）, pp. 345-347 のリストにより，Beresford, M. & Finberg, H. P. R.（1973）および Weinbaum, M.（1943）から特許状・勅許状などによる特権の授与の有無，さらに人口規模をも考慮し分類した。

24　例えばボドミンやプールなどの市制について，*CPR*, Elizabeth I, Vol. 2, pp. 511-513, Elizabeth I, Vol. 4, pp. 166-168.

25　*CPR*, Elizabeth I, Vol. 4, pp. 13-14, 139-148. なお Archer, I.（2000b）, pp. 241-246.

26　Sacks, D. H. & Lynch, M.（2000）, pp. 386-406; Corfield, P. J.（1976）, pp. 223-230.

27　Tittler, R.（1998）, pp. 150-153.

28　ブリストルの収入役会計簿によると，1556～67年の収入は557ポンドでうち各種地代が479ポンドで86％を占めていたのが，1627～28年には収入1,448ポンドのうち地代は1,091ポンドで75％となっている。Livock, D. M., ed.（1966）, pp. xv-xvi. またイプスウィッチの Treasurer（財務役）会計簿でも，1559～60年の収入はほとんどが地代であるが，同年の177ポンドから1599～1600年には231ポンド，地代以外が多い収入役（Chamberlain）会計簿も125ポンド（1558～59年）から253ポンド（1599～1600年）への増加がみられる。Webb, J., ed.（1996）, Appendix C & D. ニューカースルについては，中野忠氏の研究が商取引にともなう収入の大幅な増加を示している。中野忠（1995），379頁。

またエクセターについては，MacCaffrey, W. T.（1958）, pp. 55-57. 16世紀後半のインフレーションを考慮しなければならないが，これらの都市の財政収入の増加は確かである。なお都市の土地獲得について，Tittler, R.（1998）, pp. 64-83, 348-353，また都市財政について pp. 104-110.

29 Curtis, M. E.（1932）; Street, F.（1916）; Tittler, R.（1998）, pp. 158-161. なお16世紀前半までであるが，ベリ・セント・エドマンズについて，Gottfried, R. S.（1982）, Chap. 5.

30 以上の分類は，Beresford, M. & Finberg, H. P. R.（1973）および Weinbaum, M.（1943）に基づく。なお(4)の都市として扱われた痕跡というのは，ベレスフォードとフィンバーグが，課税基準が都市（バラ）であったとか，「巡察（eyre）において，それ自身の陪審員によって，都市（バラ）であることを示した」としていることである（例えばティヴァートン，イースト・ルー，アマーシャム等々）。また，ベレスフォードとフィンバーグは，1500年までに都市となったものを609市とし，うち王立都市160，宗教領主都市143，世俗領主都市232とその他に分類している。Beresford, M. & Finberg, H. P. R.（1973）, pp. 41, 70, 77, 99.

31 Everitt, A.（1967）, pp. 467-480; Dyer, A.（2000）, pp. 425-436.

32 Everitt, A.（1967）, pp. 476, 488-490; Dyer, A.（2000）, pp. 440-444. 市場町の文化について，Reed, M.（1995）を参照。

33 このように成長してゆく市場町がある一方，衰退し消滅してゆく市場町もあった。市場町も競争関係にあり，発展するものと没落するもの（例えばダラムのウィカム，サマセットのモンタキュート，ウィルトシャーのスティープル・アシュトンなど）へと分極化し，両者はほぼ均衡していたのである。Dyer, A.（2000）, pp. 431-432.

34 タムワースについて *CPR*, Elizabeth I, Vol. 2, pp. 7-8. ダヴェントリについて *CPR*, Elizabeth I, Vol. 7, pp. 107-108. その他ラドノー，ボドミン等々について *CPR*, Elizabeth I, Vol. 2, pp. 343-346, 511-513, etc.

35 Tittler, R.（1998）, pp. 166-171.

36 *CPR*, Edward VI, Vol. 4, p. 119（ラウス）, Philip & Mary, Vol. 2, p. 95.

37 Tittler, R.（1998）, p. 171.

38 Ball, N.（1995）, pp. 118, 120-121; *CPR*, Elizabeth I, Vol. 2, pp. 343-346（ラドノー）, pp. 347-350（ビューマリス）, pp. 511-513（ボドミン）.

39 ボドミン（1563年），ウェスト・ルー（1574年），ヘルストン（1585年），リスカード（1587年），イースト・ルー（1587年），トルアラウ（1589年），マラザイアン（1594年）。Weinbaum, M.（1937）, pp. 133-134.

40 コーンウォールの錫《すず》産業や政治状況について水井万里子氏の一連の研究がある。水井万里子（2001）（2010）など。

41 Birch, W. de G., ed.（1887）, pp. 139-150.

42 Tittler, R.（1998）, p. 240.

43 Patterson, C.（1999）, pp. 5-7; Clark, P. & Slack, P.（1976）〔酒田利夫訳（1989）〕; Archer, I.（2000b）, pp. 240-241.

44 Patterson, C.（1999）, pp. 164-179; Tittler, R.（1998）, p. 175.

45 Patterson, C.（1999）, p. 32.

46 Tittler, R. (1998), pp. 172-174.

47 *Ibid.*, pp. 229-235. パトロンと都市の互酬性およびそこにみられるパターナリズムについて，Patterson, C. (1999), pp. 41-42, 59-60.

48 *Ibid.*, p. 2.

49 *Ibid.*, pp. 243-254 より作成。

50 *Ibid.*, pp. 74-86, 236-237.

51 Withington, P. (2005), pp. 66-68. なおアリストテレスの「貴族制」「寡頭《かとう》制」については，アリストテレス，田中美知太郎ほか訳（2009）を参照。

52 Withington, P. (2005), pp. 67, 76; Wrightson, K. (1994), in Barry, J. & Brooks, C., eds. (1994), pp. 41-51〔山本正監訳（1998），55-68頁〕.

53 Tittler, R. (1998), p. 146.

54 *Ibid.*, pp. 183-184.

55 ラテン語も elect とあり select となっていない。例えば Goldney, F. H. (1889), p.263. Cf. Kishlansky, M. A. (1986), p.12. なお，限定された範囲での選挙と，新メンバーの co-option（補充選任）という方式は，この時期のほとんど全ての法人化特許状・勅許状にみられる。*CCR*, Elizabeth I, Vol. 2, p. 7（タムワース），pp. 143-344（ラドノー），p. 511（ボドミン）等々。

56 Archer, I. (2000b), p. 243.

57 Seyers, S. (1812), pp. 123-164; Cronne, H. A. (1946), pp. 82-83, 163-188; Latham, R. C. (1947), pp. 1-3.

58 1562年のビューマリス。*CCR*, Elizabeth I, Vol. 2, p. 7. 1550年代になるが，ラウス，ドロイトウィッチなど。*CCR*, Edward VI, Vol. 4, p. 119; Philip & Mary, Vol. 1, p. 403.

59 中野忠（1995），第10章。

60 Livock, D. M., ed. (1966), pp. xxi-xxii, xxviii-xxix.

61 *Ibid.*, pp. xxvii-xxx.

62 MacCaffrey, W. T. (1958), pp. 58-67. エクセターはロンドンにならって孤児裁判所を設けている。

63 *Ibid.*, pp. 67-71. 運河建設・維持に出費が多く，エクセター市の会計収支は赤字である。

64 *Ibid.*, pp. 101-108.

65 イプスウィッチについて Webb, J., ed. (1996), pp. 5-7, ウィンチェスターについて Atkinson, T. (1963), pp. 124-132. ウースターについて Dyer A. D. (1973), pp. 217-226. その他レスター，グロスター，オックスフォード等々について，Tittler, R. (1998), pp. 119-131.

66 *Ibid.*, pp. 254-255; Do. (2001), p. 14. 都市財政とホールの建設・購入費については，*Ibid.*, Chap. 3.

67 Tittler, R. (1998), pp. 254-269, 272-275.

68 Berlin, M. (1986), p. 18; Palliser, D. M. (1979), p. 65; *The Corporation of London* (1950), p. 18. なおロンドンの入市式をめぐる興味深い研究として菅原未宇（2001）がある。

69　Livock, D. M., ed. (1966), p. xxii.

70　Tittler, R. (1998), pp. 211-220.

71　*Ibid.*, pp. 275-294; Ricart, R. (1872); Stow, J. (1603, 1971).

72　Withington, P. (2005), p. 52.

73　Tittler, R. (1998), pp. 311-325; Harding, V. (2000), pp. 270-278; Reay, B. (1985); Collinson, P. & Craig, J., eds. (1998), pp. 8-19.

74　Withington, P. (2005), p. 51f. ブリグデンが1550年頃のロンドンの信教の状況を「半分改宗したロンドン」としているのも興味深い。Brigden, S. (1989), pp. 483-487.

75　Tittler, R. (1998), pp. 314-315.

76　*Ibid.*, p. 319. なおロンドンでは，Midsummer Watch が，市長祭に代わってゆく。Berlin, M. (1986), pp. 18-19. またロンドンの教区での宗教儀式の変化について，Do. (2000). またヨークの聖史劇の終焉について，指昭博（2010），第 8 章。

77　Tittler, R. (1998), p. 306.

78　Litzenberger, C. (1998). なおこのほか，コウルチェスターでの説教師の努力やオランダ移民を含めてのプロテスタンティズムへの移行について Byford, M. (1998)，ドンカスターでの都市支配層によるプロテスタンティズムへのスムーズな移行について Cross, C. (1998)，周辺の保守的状況のなかで孤塁を守った毛織物工業都市ウースターのプロテスタント化について MacCulloch, D. (1998)，守旧的宗教勢力を法人化によって遮ったレディングについて Martin, J. (1998)，そして1590代にカトリックのジェントリが都市支配者となり非支配層がプロテスタント化を進めたビヴァリィについて Lamburn, D. (1998) などの研究がある。

79　以下 Tittler, R. (1998), pp. 322-330. なお Burke, P. (1985), pp. 39-41.

80　Withington, P. (2005), pp. 118-119, 127, 139-143. オネスタスなる市民の徳は，徒弟制を通じて養成されるとみている。*Ibid.*, pp. 162, 173-175; Brooks, C. (1994b), in Barry, J. & Brooks, C., eds. (1994), pp. 77-78〔山本正監訳（1998），97頁〕.

81　Withington, P. (2005), pp. 127, 137-149, 254, 256, 266-267.

第 5 章　議会と都市

1　当該期の議会史の学説整理と研究については，仲丸英起（2011），第 1 章参照。

2　Pollard, A. F. (1964); Neal, J. E. (1949); Do. (1953, 1957), 2 Vols.; Elton, G. R. (1953); Do. (1974a), 2 Vols.; Do. (1974b) (1975) (1976).

3　仲丸英起（2011), 97-100，110-112頁; Kishlansky, M. A. (1986), Chap. 1. ただし仲丸氏は，キシュランスキーに対しても，有権者・議員の代表観念についての検討を欠き，有権者が代表選出権に基づきその主張を通そうとする場合や競争選挙の可能性などについての考察を欠いていることを指摘している(前掲書99頁)。

4　Smith, Sir Thomas (1583, 2009), p. 88. この場合 Prince(君主)=King と考えられる。

5　Graves, M. A. R. (1996), pp. 3, 8, 10-11. 以下主として修正主義者とされるグレイヴズによる。

6　*Ibid.*, pp. 3, 6-8. Cf. Elton, G. R. (1974a), Vol. 2, pp. 37-61.

7　Elton, G. R. (1990), pp. 25-27.

8 Graves, M. A. R. (1996), pp. 56-57, 65, 71-72.
9 *Ibid.*, pp. 84-85; Do. (1990), pp. 37-38.
10 Hasler, P. W. (1981), Vol. 1, p. 23.
11 *Ibid.*, p. 54, Appendix I-X.
12 *Ibid.*, p. 56.
13 Graves, M. A. R. (1990), p. 31.
14 Hasler, P. W. (1981), Vol. 1, pp. 29, 31-33.
15 *Ibid.*, pp. 45, 57. なお，治安判事などは，その任命が国王の任命書による限り，国王役人であるが，当該期の国家を身分制的な家産制国家とする立場からすれば国王役人＝国家役人であり，ここでは都市に対して王より国家を強く意識したので国家役人とした。
16 仲丸英起（2011），250頁以下。とくに都市1のタイプに注目したい。
17 Hasler, P. W. (1981), Vol. 1, pp. 200-201.
18 *The Corporation of London* (1950), p. 14; Pearl, V. (1961), pp. 52-53; Hasler, P. W. (1981), Vol. 1, pp. 201-202. 2名はナイトの位を得た。
19 *Ibid.*, Vol. 1-3 の各議員経歴などから作成。
20 フリートウッドは，仕立商カンパニーに所属したが，ロンドン市の下院議員を4回(ほかの都市で4回，合計8回)にわたって務め，30年余りのあいだ議会で活躍した。ロンドン市の法律顧問官は，その後ウェストミンスターで国王役人となる者が多かった。表5-3のうち，Fleetwood, Drew, Croke は，勅撰上級法廷弁護士，Wilbraham は後見裁判所判事となっている。その他の法律顧問官で下院議長を務めた者，大法官となった者もいる。法律顧問官は，ロンドン市のためウェストミンスターへ頻繁に通い，国王とロンドンをつなぐ役目を負った。このため国王は，法律顧問官の選任に圧力をかけることもあり，フリートウッドは法律顧問官への昇進をレスター伯によったという。Foster, F. F. (1977), p. 141. なお Clode, C. M. (1888), Pt. II, Chap. 19.
21 Hasler, P. W. (1981), Vol. 1, pp. 212-213. 議員選挙方法について，Evans, J. T. (1979), pp. 107-109.
22 Hasler, P. W. (1981), Vol. 1, pp. 292-295; Palliser, D. M. (1979), pp. 72-73.
23 Hasler, P. W. (1981), Vol. 1, pp. 162-163; Sacks, D. H. (1986).
24 Neale, J. E. (1949); Map. The Parliamentary Boroughs, 1584, showing the residence of members.
25 Tittler, R. (1989a), pp. 276-280; 仲丸英起（2011），98-99頁。
26 Elton, G. R. (1974b); Tittler, R. (1989b), p. 281.
27 ティットラーは都市は議会にあまり関心をもたなかったとしているが，ディーンはそれを誇張してはならないとしている。Dean, D. M. (1990), p. 146.
28 Dean, D. M. (1991), pp. 142-144.
29 Dean, D. M. (1989). この場合，多額の金を使用したロビー活動は結局ロンドン市参事会に戻り，市参事会で決着された。Do. (1991), pp. 145-146. またこうした地方的利害に即した法案が，個人や都市などに向けられて，費用のかかる個別法にするか，王国全体に向けられた一般法のかたちをとるかは，ロビー活動のなかでの選択の問題ともなっていった。Do. (1988), pp. 525-526, 547.

30　Dean, D. M. (1990), pp. 146-149, 162. ただし地方から議会への立法化要請は，大部分がイングランド南部からであり，北部は議会には部分的に統合されていたにすぎないとし，さらに地方エリートは議会立法化を時間と費用のかかる，非生産的な手段とみていたとしている。仲丸英起（2011）。

31　Archer, I. (1988), pp. 19-25.

32　Ibid., pp. 43-44; Unwin, G. (1904, 1963), Chap. 4〔樋口訳（1980），第4章〕.

33　Price, W. H. (1913), p. 20.

34　Archer, I. (1988), pp. 29-34.

35　16世紀中頃までの独占特許は，新技術の保護育成の意味をもち，多くは時限の特許であった。16世紀末の独占は，価格の上昇，品質の悪化，手工業者の貧困化をもたらし，コモンウェルスへの弊害とする論が現れている。Price, W. H. (1913), pp. 23-24. なお1598年と1601年の議会における独占問題について，Neale, J. E. (1957), Vol. 2, pp. 353-356, 376-393.

36　Dean, D. M. (1991), p. 151.

37　1601年の議会で，ロンドンの法律家R・マーティンは，独占家を「コモンウェルスの吸血鬼」と呼んだという。Neal. J. E. (1957), Vol. 2, p. 379.

第6章　国家秩序の編成

1　Smith, Sir Thomas (1583, 2009), p. 64, cf. pp. 59-60. なお我が国の最近のコモンウェルス研究として，岩井淳（2013），第4章，同（2014），第1章。なおウィシントンは都市コーポレイション自体を小さなコモンウェルスとみている。Withington, P. (2005), pp. 25-28, 66-68, 89-90. 彼は，修正主義者のローカリズムが州共同体などの研究に向かったのに対し，都市をも対象とすべきとの観点を示している。都市ローカリズムに対し，D・H・サックスは，こうした見方がナショナルなものから切断されたローカリズムの主張に陥る傾向にあることを認識しつつ，都市は「より大きなコモンウェルスの一部」とし，都市の小さな事業がナショナルなものと接続していることを主張している。Sacks, D. H. (1991); Do. (1986). しかしウィシントンは，市民の公共圏の形成から革命への展望をも語っており，ポスト修正主義ともいうべき立場に立っている。Withington, P. (2005), pp. 4-5, 125-127, Chap. 8.

2　Smith, Sir Thomas (1583, 2009), pp. 49-50, 64-65.

3　J・フォーテスキュ，北野かほる・小山貞夫・直江眞一訳（1989），(1)，430-432頁。

4　「イングランド法礼賛」では，王権のみの統治の開始を征服に求めているが，『自然法論』における王権の正当性を自然法，神法に求める理解のほうがより根源的に思える。J・フォーテスキュ，直江眞一訳（2012），第18章など；フォーテスキュ，北野・小山・直江訳（1989），(1)，429-430頁，(2)，599-602頁。

5　Braddick, M. J. (2000), pp. 26-27.

6　*Ibid.*, p. 27.「プロト官僚」は，例えば後見権裁判所の役人(ロンドンに約12人，地方40人以上)，大法官府の書記などであり，彼らは登録され給与もしくは謝礼を得ている。Smith, A. G. R (1981), pp. 54-56. またA・G・エイルマーは，チャールズ1世期についてこうした役人を取り上げているが，枢密院の書記，宮内府ハウスホールドの執事

長，会計官，検査官，チェインバーの侍従長，財務府の備忘係，検査官等々詳細な表を示しており，売官もおこなわれていたとしている。Aylmer, A. G. (1961), pp. 204-210, 225-237.

7 Braddick, M. J. (2000), p. 30. 1580年のイングランドの治安判事の総数は1,738名であった。Smith, A. G. R. (1981), p. 90.

8 安定の代表的例はロンドンである。Archer, I. (1991a), pp. 257-260; Foster, F. F. (1977), Chap. 9.

9 Braddick, M. J. (2000), pp. 27-35. 国家の統治に協力しコミットする在地有力者は，政治的国民(political nation)であり，その拡大・深化は「統治の増大」となる。Loades, D. (1997), pp. 4-5.

10 *Ibid*., pp. 7, 70-82.

11 Smith, A. G. R. (1981), pp. 57-69; Patterson, C. (1999), pp. 2-4.

12 Braddick, M. J. (2000), Pts. II, IV.

13 以下，M・ウェーバー，世良晃志郎訳 (1970), 33-36，44-49，56-59頁。

14 同書 , 35-36頁 ; cf. Smith, Sir Thomas (1583, 2009), pp. 59-60.

15 Hoak, D. (1995); Mclaren, A. N. (1999); 指昭博編 (2007)。

16 例えばウェストミンスターの一教区のこうした二種類の会計簿を精緻に分析した研究として，菅原秀二 (1995-96)。

17 Oathwaite, R. B. (1985); Palliser, D. M. (1983), Chaps. 2, 5; Hindle, S. (2002), pp. 54-65.

18 Braddick, M. J. (2000), pp. 101, 167, 172-173.

19 27 Henry VIII, c. 25.

20 5 Elizabeth I, c. 3.

21 14 Elizabeth I, c. 5.

22 39 Elizabeth I, c. 30.

23 Hindle, S. (2002), pp. 225-230.

24 Grass, N. S. B. (1915, 1967), p. 233.

25 *Ibid*., pp. 152-153.

26 5 Elizabeth I, c.12.

27 Slack, P. (1980), pp. 8-16.

28 Grass, N. S. B. (1915, 1967), pp. 236-240.

29 5 Elizabeth I, c. 4. なお「職人規制法」については，岡田与好 (1961)。

30 Braddick, M. J. (2000), pp. 155-165; Hindle, S. (2002), pp. 78-93, 171-175. ヒンドルは家父長制的政策は，教区役人たちに権限と自由裁量の余地を残したが，それは必ずしも安定につながらなかったとしている。

31 穀物仲買人について，Grass, N. S. B. (1915, 1967), pp. 180-182, 199-209. 1563年の徒弟制や賃銀規制についてはBraddick, M. J. (2000), pp. 114-116; Unwin, G. (1958), pp. 187-192, 320-322.

32 フォーテスキュ，直江訳 (2012)，第18，22，23，42章 ; 同，北野・小山・直江訳 (1989)，(2)，599-602頁。

33　小林麻衣子（2014），50-55頁。

34　26 Henry VIII, c. 1. 'An act for the king's highness to be supreme head of the Church of England and to have. . .'. なお Elton, G. R.（1968）, p. 355.

35　Lockyer, R.（2005）, p. 44; Scarisbrick, J. J.（1968）, pp. 158-161.

36　Act of Supermacy（1 Elizabeth I, c. 1）, Act of Uniformity（1 Elizabeth I, c. 2）; Haigh, C.（1993）, pp. 244-249.

37　*Ibid.*, pp. 241-242; Braddick, M. J.（2000）, p. 293; Lockyer, R.（2005）, pp. 185-190; 八代崇（1979），174-184頁。

38　Braddick, M. J.（2000）, p. 287.

39　J・ベイカー，小山貞夫訳（1975）, 98-100頁。

40　Elton, G. R.（1968）, p. 217f.

41　山本信太郎（2009），第 II 部。

42　同書 , 124-131頁 ; Braddick, M. J.（2000）, p. 300.

43　ベイカー，小山訳（1975），124-131頁。

44　Braddick, M. J.（2000）, pp. 298-299.

45　楠義彦（1994a）（1994b）（2000）。

46　Elton, G. R.（1968）, pp. 222-223.

47　*Ibid.*, pp. 217-218.

48　*Ibid.*, pp. 221, 222, 225.

49　Braddick, M. J.（2000）, pp. 300-301. なお17世紀初めの四季裁判所におけるレキュザント訴追をめぐる，ジェントリたちの対応の差異・対立，正当性，秩序形成を分析した研究として，後藤はる美（2012）。また，17世紀のロンドン治安裁判所によるレキュザント訴追について Bowler, D. H.（1934）の史料集がある。

50　Elton, G. R.（1968）, pp. 292-298.

51　Braddick, M. J.（2000）, p. 336.

52　Hindle, S.（2002）, pp. 171-174. こうした事態は，教区会の政治的自律性を強化した。エリザベス期の教区の行政は，マナー裁判所から教区会へと移行し，ジェントリもまた教区会から離れてゆく傾向にあった。教区の「ミドリング・ソートの経済的姿勢は，パターナリズムと私的利益の奇妙な混合物」であった。*Ibid.*, p. 227.

53　*Ibid.*, p. 21. とりわけ教区委員は社会的に上位のジェントリの違反を取り上げることはためらった。Braddick, M. J.（2000）, p. 300. 関連して，Craig, J. S.（1993）, pp. 357-380; Carlson, E.（1995）, pp. 164-207.

第７章　17世紀前半の社団的編成の動揺

1　Wrigley, E. A. & Schofield, R. S.（1981）, pp. 208-209.

2　Finlay, R. & Shearer, B.（1986）, in Beier, A. L. & Finlay R., eds.（1986）, pp. 39, 45〔川北稔訳（1992），53, 58頁〕; Harding, V.（1990）, pp. 112-113. なお cf. Do.（2002）, pp. 14-26.

3　Outhwaite, R. B.（1982）, Chap. 1〔中野忠訳（1996），第１章〕.

4　16世紀のロンドンの安定を追求したI・アーチャーも，1620年代のロンドン民衆の忠

誠感情の変化を指摘している。Archar, I. (2000a), pp. 40-42.

5 Unwin, G. (1904, 1963), Chap. IV〔樋口訳 (1980), 第4章〕.

6 坂巻清 (1987b), 190-210頁。

7 Doolittle, I. (1994), pp. 18-20; Johnson, A. H (1915), Vol. 2, pp. 240-241, Vol. 3. pp. 197-200; Archer, I. (1991b), Chap. 5.

8 Unwin, G. (1904, 1963), pp. 105-107〔樋口訳 (1980), 146-150頁〕.

9 Kellet, J. R. (1958). その他例えば織布工カンパニーについて Consitt, F. (1933), pp. 139-155. なお17世紀初めのロンドン市参事会議事録には, 商業的カンパニーから手工業・小売商カンパニーへの移籍が確認される。例えば毛織物商から燃料商カンパニーへ(1607年4月), 食糧品雑貨商から燃料商カンパニーへといった工合にである(1607年5月)。Repertories of the Court of Aldermen(以下 Rep. と略), Vol. 28, fos. 11, 29b.

10 薬種商カンパニーの設立について Rep. 32, fos. 36b, 228b; Rep. 33, fo. 268b seq. 手袋工の独立について Rep. 46, fos. 204b, 300b seq.; Rep. 51, fo. 155. フェルト帽製造工について Unwin, G. (1904, 1963), Chap. V〔樋口訳 (1980), 第5章〕; Do. (1908, 1963), Chap. 12.

11 Hazlitt, W. C. (1892), pp. 306-308.

12 Archer, I. (1991b), pp. 60-70.

13 富裕商人の中央部への集中については, Finlay, R. (1981), pp. 77-82. ストウは16世紀末のロンドンの商工業者の移動について述べている。Stow, J. (1603, 1971), Vol. 1, pp. 81-82; 坂巻清 (1999), 282-284頁。貿易会社については, Brenner, R. (1993), pp. 51-82; Scott, W. R. (1968), Vol. 2, pp. 83-88, 89-116.

14 以下 Saunders, A. (1997a) による。なお王立取引所の建設, 名称を王立取引所とするにいたったエリザベスの訪問について, Do. (1997b); Mitchell, D. (1997).

15 Saunders, A. (1997a), p. 88.

16 Ibid., p. 89.

17 Pearl, V. (1961), pp. 50-53; Ashton, R. (1979), Chap. 7; Brenner, R. (1993), pp. 213-218, 290-291.

18 National Biography.

19 Archer, I. (1991a), pp. 67-68.

20 Webb, S. & B. (1922, 1963), Vol. 2, Pt. II, p. 607.

21 *Ibid.*, pp. 606-607.

22 Archer, I. (1991a), p. 69.

23 MacCambell, A. E. (1976), p. 109.

24 Hobhouse, H. (1963), p. 78.

25 GL, MS 2050/1 Aldersgate Ward, Wardmote Minute Books, Vol. 1, 1467-1801. なおコーンヒル区のような市内中央区の区審問会記録では1620年代・30年代においても, 1570・80年代とほぼ同様の記載がみられる。GL, MS 4069/1 Cornhill Wardmote Inquest Book, 1571-1651.

26 MacCambell, A. E. (1976), p. 118

27 Ibid., pp. 109-110, 115; Pearl, V. (1961), pp. 55-56; Webb, S. & B. (1922, 1963), Vol. 2, Pt. II, pp. 606-615.

28 Birch, W. de G., ed. (1887), pp. 139-150.

29 Pearl, V. (1961), pp. 23-27. ロンドンの人口増加を防ぐためには，家の新築や大家屋の細分化を禁止する政策もとられている。*Ibid.*, pp. 17-23; Brett-James, N. G. (1935), pp. 71-73.

30 Pearl, V. (1961), pp. 11, 13, 23-24; Brett-James, N. G. (1935), pp. 31-36.

31 Stow, J. (1603, 1971), Vol. 1, pp. 45-46, 121-124, 139-142.

32 *Ibid.*, Vol. 1, pp. 73-74, Vol. 2, pp. 25-28.

33 *Ibid.*, Vol. 1, pp. 318-319, Vol. 2, pp. 22-25.

34 *Ibid.*, Vol. 1, pp. 339-341, Vol. 2, pp. 11-15, 279-280.

35 *Ibid.*, Vol. 2, pp. 46-47, 364.

36 Birch, W. de G., ed. (1887), p. 144.

37 *Ibid.*, p. 145.

38 Rappaport, S. (1989), p. 53; Brett-James, N. G. (1935), Chap. 3. パールは17世紀半ばでもロンドンの男子世帯主の4分の3は市民としているが，ボールトンはこれを批判して2分の1とし，ラパポートも17世紀初めに3分の2に減少したとしている。Boulton, J. (1987), pp. 151-154.

39 Birch, W. de G., ed. (1887), pp. 146-149.

40 *Ibid.*, pp. 169-176.

41 Pearl, V. (1961), p. 31.

42 *Ibid.*, pp. 34-35.

43 Brett-James, N. G. (1935), pp. 230-231. なおブレット＝ジェームズは，補佐役数を80名とし，この団体が政治的性格をもつものとしているが，パールはこれを批判している。ここでは，パール説によった。Pearl, V. (1961), p. 34, 35n.

44 *Ibid.*, pp. 35-37; Brett-James, N. G. (1935), pp. 229-239.

45 Tittler, R. (1998), pp. 346-347.

46 本節第3項参照。

47 Smith, D. L. (1999), pp. 101-113; Lockyer, R. (2005), pp. 280-294.

48 Dyer, A. D. (1973), pp. 193-195. 1621年に首長は2人のベイリフから1名の市長となり，六人制の市参事会員が設置されている。ウースターはピューリタンの強い都市であり，周辺農村の保守的勢力やロード派となる聖堂参事会などと対立的であった。*Ibid.*, p. 233.

49 Foster, G. C. F. (1979); Wilson, R. G. (1979).

50 Tittler, R. (1998), pp. 346-347.

51 *Ibid.*, pp. 188-193.

52 前節で述べたロンドンの1608年の法人化は，実質的に再法人化であり，流入民と人口増加への対処の例である。

53 Tittler, R. (1998), p. 189.

54 *Ibid.*, pp. 192-193.

55 *Ibid.*, p. 190.

56 Patterson, C. (2000a), pp. 558-571. なおイギリス革命（ピューリタン革命）における

主教座聖堂の重要性を主張した最近の研究として Atherton, I. (2011) がある。

57 Street, F. (1916), pp. 186-187; Dale, M. K. (1962), p. 69.

58 Street, F. (1916), p. 203f.

59 Pugh, R. B. (1962), p. 102; Street, F. (1916), p. 234.

60 Ibid., pp. 237-257. また1474年には市政府の構成は，市長を頂点に，24人会，48人会がおかれ，従来より市内は４つの行政区に分かれていたが，各区には査定役，徴収役，治安官が選出されることとなった。Ibid., pp. 220-221.

61 Ibid., p. 222.

62 Ibid., pp. 322-328.

63 Ibid., pp. 351-356; Benson, R. & Hatcher, H. (1843), pp. 773-783. なおこの特許状と若干の違いはあるが，1656年にクロムウェルが更新した法人化特許状について，'The Commonwealth Charter of the City of Salisbury', in *The Camden Miscellany*, Vol. 11, *Camden Society Publications*, 3rd series, 1907. また1612年の法人化は，貧民対策と経済対策としての意味をもち，この年以後ソールズベリのギルドはカンパニーとして再編成されていった。Slack, P., ed. (1975), pp. 8-9; Haskins, C. (1912); 坂巻清 (2009), 133-138頁。

64 Patterson, C. (2000a), p. 559; *VCH, Wiltshire*, Vol. 6, p. 118.

65 Patterson, C. (2000a), p. 568.

66 *VCH, Wiltshire*, Vol. 6, p. 118.

67 Curtis, M. E. (1932), pp. 20-42.

68 *Ibid.*, pp. 44-45; MacCaffrey, W. T. (1958), p. 19. なお西部の反乱との関連で，1530年代のエクセター市の法人化と州への昇格を論じた論考として，水井万里子 (1994) がある。

69 Curtis, M. E. (1932), pp. 45-52.

70 *Ibid.*, pp. 52-53; MacCaffrey, W. T. (1958), p. 28.

71 Evans, J. T. (1979), pp. 84-95.

72 *Ibid.*, pp. 102-104.

73 Foster, F. F. (1977), p. 130n. なおここでピューリタンとされるロンドンの支配者は，ピューリタン説教師のパトロンとなった者，メアリ時代に追放された者，急進的教区での説教の奨励者，オランダ人・フランス人教会の支援者を含んでいる。*Ibid.*, p. 129.

74 Williams, D. A. (1955), pp. 11-12. なおロードは中庸の人であり，弾圧者とはみない修正主義的見解に対する反論として，Foster, A. (1989).

75 Williams, D. A. (1955), pp. 8-9.

76 Ibid., pp. 4-6.

77 Ibid., pp. 12-14. ピューリタン支持者であった市参事会員は，1630代には沈黙していったが，N・レイントン(小間物商カンパニー組合長)は1632～33年に市長となり，1640年には国王から要請された20万ポンドの支払いに賛同する者のリストの提供を拒否し，ほかの３名の市参事会員とともに投獄されている。なおロード体制とロンドンの関係については，Pearl, V. (1961), pp. 79-80 に対し批判的な Ashton, R. (1979), pp. 188-198 の見解がある。

78　Pearl, V. (1961), p. 91; Brenner, R. (1993), pp. 290-291; Ashton, R. (1979), p. 188f.

79　*Ibid*., Chaps. 5, 6. ナショナルな問題では，課税としてはとくに船舶税，宗教問題としては十分の一税の徴収権，聖職禄や安息日問題があげられている。

80　Patterson, C. (2000a), pp. 560, 561-564.

81　Ibid., pp. 564-565.

82　以下は主としてC・パターソンの研究による。Patterson, C. (2000b). チューダー期における権限開示要求の復活について，Garret-Goodyear, H. (1981), pp. 231-232. ヘンリ８世は，地方行政における不正や，中央と地方間の阻害要因の除去などのために権限開示令状の発布を復活させた。Ibid., p. 246.

83　Patterson, C. (2000b), pp. 881-882; Clark, P. (1996), pp. 41-42, 56-57.

84　Patterson, C. (2000b), p. 884

85　Ibid., p. 888f. 17世紀前半には，都市役人の数を減らし寡頭《かとう》化を強める傾向があった。例えば，ソールズベリは，1656年の特許状では市参事会員は24名から15名，補佐役は48名から24名へ減り，ヤーマスでは王権の支持を得た寡頭派が，首長を２名のベイリフから１名の市長に変えようとしている。The Salisbury Commonwealth Charter, *Camden Society Publications*, 3rd series, Vol. 8, p. 174.

86　Patterson, C. (2000b), p. 894.

87　Ibid., pp. 896-900. なおヤーマスについてCust, R. (1992) を参照。

88　Patterson, C. (2000b), pp. 900-903.

89　Levin, J. (1969), pp. 82-95; George, R. H. (1940), p. 47.

90　Patterson, C. (2000b), pp. 903-904.

91　Plumb, J. H. (1969); Hirst, D. (1975); Kishlansky, M. A. (1986); Cust, R. & Hughes A., eds. (1989); 土井美徳 (1993a) (1993b) (1995)。

92　Plumb, J. H. (1969), p. 98f.; Hirst, D. (1975), p. 49f.; 土井美徳 (1993a), 107頁以下。

93　Hirst, D. (1975), Chap. 4.

94　*Ibid*., p. 90

95　*Ibid*., pp. 91-103.

96　*Ibid*., Appendix III, V; Brunton, D. & Pennington, D. H. (1954), Appendix V, VI より作成。なお土井美徳 (1993b), 55頁以下に詳細な表がある。また，王対議会，宮廷対地方といった二項対立への批判としてRussell, C. (1979), pp. 5-25, 35-49, Do. (1990b) pp. xxv-xxx. 都市民の選挙権を現実のMP選択は別とする指摘についてKishlansky, M. A. (1986), pp. 15-17.

97　市民の議員選挙権要求は，ブリストル市議会によって否定されている。Sacks, D. H. (1986), p. 104.

98　Hirst, D. (1975), pp. 227-228.

99　*Ibid*., pp. 24, 72-75, 132.

100　ヤーマスでは，ピューリタニズムと民衆の結合を恐れた反カルヴァン派が，チャールズ１世の支持を得て，都市の寡頭化を進め，ピューリタン市参事会員などへの圧迫を加えた。しかしこの都市は結局長期議会に議会派議員を選出している。Brunton, D. & Pennington, D. H. (1954), pp. 206, 229, 238; Cust, R. (1992), pp. 17-26.

101 Hirst, D. (1975), p. 105.
102 Keeler, M. F. (1954), p. 23.
103 浜林正夫 (1971), 122頁。
104 Brooks, C. (1994b), in Barry, J. & Brooks, C., eds. (1994), p. 57〔山本正監訳 (1998), 74-75頁〕.
105 Heal, F. (1988), pp. 211-226.
106 Borsey, P. (2002), pp. 200, 222-232, 311-320.
107 Keeler, M. F. (1954), p. 18. ロンドンでは1497年の議会から1626年の議会まで，議員の1名は必ず法律顧問官であった。Sharp, R. (1894), Vol. 3, pp. 482-485.
108 Keeler, M. F. (1954), p. 23.
109 Brooks, C. (1994a), in Barry, J. & Brooks, C., eds. (1994), pp. 113-117, 130-136〔山本正監訳 (1998), 146-150, 167-174頁〕.
110 Smith, D. L. (1999), pp. 109-129.
111 Hirst, D. (1975), pp. 233, 236; 土井美徳 (1995)。なお関連して，同 (2006), 第4章。
112 Cust, R. (1989), p. 134.
113 Kishlansky, M. A. (1986), Chaps. 3, 4.
114 ローカリズムの主張者への批判として，ブリストルについて Sacks, D. H. (1986), p. 105. ヤーマスについて Cust, R. (1992)。なおキシュランスキー批判として，Ibid., pp. 134-143.
115 Hirst, D. (1975), Chap. 4.
116 Price, W. H. (1913), pp. 25-34; Unwin, G. (1908, 1963), pp. 229-317.
117 21 & 22 James I, c. 3.
118 Price, W. H. (1913), p. 45. カルペパーについて Keeler, M. F. (1954), p. 138. この人物は，のちに王党派となっている。
119 Brunton, D. & Pennington, D. H. (1954), pp. 56-57.
120 Price, W. H. (1913), p. 46.
121 以上について Hirst, D. (1975), pp. 192-193.

第8章　社団と帝国

1 ヴァージニア植民地におけるジェームズタウンなどは最良の例である。Fishwick, M. W. (1965).
2 Scott, W. R. (1968), Vol. 2, Division I & II.
3 *Ibid.*, pp. 246-266, 338-342.
4 ヘンリ2世のアイルランド侵攻にともなうアイルランド都市の建設について Graham, B. J. (1977), pp. 30-33. このような場合，都市を自発的結合体として捉えることはできない。またヘンリ2世はダブリンに，ブリストルと同じ特権を与え，ブリストルからの移住・植民を促している。Cronne, H. A. (1946), pp. 27-30.
5 Butlin, R. A. (1977), pp. 77-92. なお近世アイルランドを王国でありかつ植民地であるという二重性において捉えた研究として，山本正 (2002) がある。
6 アイルランド都市の法人化は，1412年のドロイーダに始まり15世紀中は，ほかにウ

ォーターフォード，ゴールウェイ，ダブリン，ヨールなど5都市についておこなわれた。イングランド都市の場合と同様に，イングランド王からの特許状・勅許状の授与という形式がとられている。法人格の5つの指標は，必ずしも明確でないなどの相違もあるが，市政府の構成，治安判事やエスチーターの設定などはイングランド都市の場合と基本的には同じである。*CCR*, Vol. 5, pp. 447-450(1412年，ドロイーダ)，Vol. 6, pp. 22-23(1442年，ダブリン)，pp. 171-176(1462年，ウォーターフォード)など。そして，16世紀にも法人化されたのは14都市にすぎず，アイルランド都市の法人化は，植民地化政策としての意義はもつものの，16世紀までは必ずしも重要性をもっていたとはいえない。Weinbaum, M. (1937), pp. 111-115, 135-136.

しかし，17世紀に入ると都市法人化は，アイルランド議会におけるカトリック議員に対するプロテスタント議員の多数派形成策として一挙に増加した。ジェームズ1世は，1612年12月から13年5月の約半年間に40にのぼる都市を法人化したが，これらのうち18はプロテスタントが強いアルスターの都市であった。このような法人化政策の結果，1613年5月の議会においてはプロテスタント議員が多数派となったが(下院132対100)，これに対しカトリック議員はこれらの都市には，議員を選出するにふさわしくない「惨めな村落」が含まれていると抗議し，11都市の議員選出資格が剝奪されている。Fry, P. & R. S. (1991), pp. 142-143; MacNeil, J. G. S. (1917), pp. 33-34. 関連して山本正（1985)。その後1615年から1712年までに31都市が法人化され，アイルランド都市の法人化は総計104市にのぼる。Weinbaum, M. (1937), pp. 135-136.

7 Curl, J. S. (2000), pp. 13-27; Robinson, P. S. (2000), pp. 37-42.

8 Journals of the Court of Common Council, Vol. 28, fos. 46-49; Philips, Sir Thomas (1928), pp. 13-16; Moody, T. W. (1939), pp. 78-83; Curl, J. S. (2000), pp. 42-45; Do. (1986), pp. 33-34.

9 Moody, T. W. (1939), p. 99.

10 Curl, J. S. (1986), pp. 34-39; Do. (2000), pp. 46-50; Moody, T. W. (1939), pp. 84-96, 176-177.

11 *Ibid.*, pp. 96-98.

12 Curl, J. S. (2000), pp. 53-57, 122-123, 138.

13 Curl, J. S. (1986), pp. 62-71; Moody, T. W. (1939), pp. 154-156.

14 *Ibid.*, p. 78f.; Curl. J. S. (1986), pp. 33-34, 42-45, 69-71.

15 Curl, J. S. (2000), pp. 56-57; Moody, T. W. (1939), pp. 132-138, 267-270.

16 *Ibid.*, pp. 132-133.

17 *Ibid.*, pp. 123-132.

18 *Ibid.*, pp. 280-283.

19 *Ibid.*, pp. 185-188.

20 *Ibid.* pp. 186, 242-244.

21 *Ibid.*, pp. 170, 189.

22 Curl, J. S. (2000), pp. 86-87.

23 Moody, T. W. (1939), pp. 179-183, 294-314, 331-335.

24 *Ibid.*, p. 201.

25 *Ibid.*, pp. 191-194.

26 *Ibid.*, pp. 335-339. ただし収入の算出期間と支出のそれとのあいだに1年のずれがある。

27 Curl, J. S. (1986), pp. 73-74; Do. (2000), pp. 119-124; Moody, T. W. (1939), pp. 185-190.

28 *Ibid.*, p. 114.

29 *Ibid.*, pp. 200-201; Curl, J. S. (2000), pp. 126-132; Do. (1986), pp. 74-80.

30 Moody, T. W. (1939), pp. 222-236.

31 *Ibid.*, pp. 239-242.

32 *Ibid.*, pp. 249-250.

33 Philips, Sir Thomas (1928), pp. 127-131; Curl, J. S. (1986), pp. 84-87.

34 Moody, T. W. (1939), pp. 355-357.

35 Curl, J. S. (1986), pp. 87-88; Moody, T. W. (1939), pp. 357-365. 判決については *Ibid.*, pp. 365-369.

36 *Ibid.*, pp. 385-389.

37 *Ibid.*, pp. 400-405.

38 *Ibid.*, pp. 412-413.

39 Curl, J. S. (2000), p. 154; Do. (1986), pp. 94-95.

40 Curl, J. S. (2000), pp. 157-160.

41 *Ibid.*, pp. 162-167; Do. (1986), pp. 102-115. ブラディックは，チューダー・スチュアート朝の支配の対外的拡大を，在地エリートにイングランド王権が正当性を与えつつ，イングランド的な秩序・文化を形成してゆく王朝国家の創出とみている。こうした観点からするとき，ウェールズはもっとも成功した地域であり，スコットランドではエリートがなかばイングランドに統合されたが完遂せず，ウェールズと異なってスコットランド王国への野望を持ち続けた。これに対し，アイルランドはイングランド王権と在地エリートの互酬性の形成は，ある程度は進んだが，結局失敗に終わり，その結果は植民地化であった。アイルランドは王国の形式をとりながら実質植民地なのである。また北アメリカでは在地エリートが，イングランドに類似した自発的政治秩序の形成に向かったが，本国政府はこれを認めず，規制抑圧して植民地化したのである。Braddick, M. J. (2000), pp. 420-425.

42 Scott, W. R. (1968), Vol. 2, pp. 246-259; Johnson, A. H. (1922), Vol. 3, pp. 54-57. なおヴァージニア会社に授与された3つの特許状について，Macdonald, W. (1906), pp. 10-23.

43 Scott, W. R. (1968), Vol. 2, p. 255.

44 *Ibid.*, pp. 287-288; Johnson, A. H. (1922), Vol. 3, pp. 65-74. ただし特許状を欠いた貿易会社組織として暫時存続。ヴァージニア会社の解散については，Craven, W. F. (1932), Chap. 10; Brenner, R. (1993), pp. 205-239.

45 Scott, W. R. (1968), Vol. 2, pp. 306-311.

46 *Ibid.*, pp. 312-315. 1628年の設立特許状について，Shurtleff, N. B., ed. (1968), Vol. 1, pp. 3-18.

47 Braddick, M. J. (2000), pp. 417-419; Mancke, E. (2002), pp. 207-213.

終章　議会主権と社団的秩序の後退

1 ピューリタン革命期の都市の動向についてArcher, I. (2000b), pp. 251-255; 西部の動向について，Underdown, D. (1985), pp.165-182. なお，ロンドンの動向は複雑であるが，コモン・ホールは1640年の下院議員選挙において，市議会は1641年12月の市議会議員選挙において，また国王支持だった市参事会は1642年以降，議会派になってゆく。Pearl, V. (1961), Chap. 4; Ashton, R. (1979), pp. 201-221など。

2 Henderson, B. L. K. (1912), pp. 155-162. 新たに法人化された都市はスウォンジーである。

3 Halliday, P. D. (1998), pp. 59-62, 71f. なお，この著者は王座裁判所の調停機能の存在に注目している。

4 T・ホッブズ，水田洋・田中浩訳 (1966)，219頁；Withington, P. (2005), p. 11.

5 13 Charles II, c. 1. この法令の執行のためコミッショナーが任命され，1663年3月まで活動期間が与えられた。Halliday, P. D. (1998), p. 95, Appendix D. この法とその実施結果については，*Ibid.*, pp. 85-105; Levin, J. (1969), pp. 9-11. なおチャールズ2世は，都市役人統制と並んできたるべき下院議員選挙での国王支持派の獲得を目指していた。Sacret, J. H. (1930), pp. 232-233.

6 Halliday, P. D. (1998), pp. 213, 220. 新特許状では法律顧問官と市書記が国王の承認事項となっているものが多い。またウィッグ系役人のトーリへの入替えについては，ロンドンのリヴァリ・カンパニーがよい例であり，リヴァリ1,795名が国王の敵として追放された。Knight, M. (1997), p. 1159. なお権限開示要求が頻発される以前の1670年代からすでに，再法人化特許状などで法律顧問官と市書記を王が指名し(1674年ファマス，ニューポート)，また特許状に最初の市長，市参事会員を決めて授与する(リーズ，ハルなど)，あるいは法律顧問官と市書記の人事承認権と法人構成員の罷免権をもつ(1672年のグロスター)といった例がみられ，王権が都市統制を強めている。Miller, J. (1985), pp. 63-64, 68-69.

7 Levin, J. (1969), Appendix A.

8 Sweet, R. (1999), pp. 64-71.

9 Grassby, R. (1995), pp. 247-251. 3万ポンド以上の最富裕層40人のうち，15人は資産額10万ポンドを超える。1万ポンド以上が400人，貿易商人とみられる5000～1万ポンドの600人と合わせ，貿易に従事する者は1,000人ともみなせる。またロンドンの中産層の多くが国債や株式に投資していたことについて，Earle, P. (1989), pp. 145-148.

10 Harris, M. (1997), pp. 190-191; Glaisyer, N. (1997), pp. 200-202.

11 Harris, M. (1997), p. 194. なおEarle, P. (2001), pp. 81-82, 95-96.

12 Harris, M. (1997), pp. 188, 192.

13 Johnson, A. H. (1922), Vol. 3, pp. 246-260; Doolittle, I. (1994), pp. 89-95. プレミアムについてCambell, R. (1747, 1969), pp. 331-341; Lane, J. (1996), pp. 19-25.

14 徒弟供給地についてKitch, M. J. (1986), in Beier, A. L. & Finlay R., eds. (1986), pp. 228-230, 245-248〔川北訳 (1992), 300-305, 319-323頁〕.

15　上記註13の文献に加え，Archer, I. (2002), pp. 19-25.

16　De Krey, G. S. (1985), pp. 165-176; Do. (2005), pp. 326-327. なおここでド・クレイは，ウィッグ系候補者２名のうち１名のみで得票を計算しているが，もう１名を加えればウィッグ4,500票余り，トーリ2,200票余りである。

17　Webb, S. & B. (1922, 1963), Vol. 2, Pt. II, pp. 606-615.

18　Sweet, R. (1999), pp. 30-33.

19　徒弟数減少について，Kitch, M. J. (1986), in Beier, A. L. & Finlay R., eds. (1986), p. 226〔川北訳（1992），296頁〕. 市民認可数の減少について，中野忠（2004），64頁。非市民の貿易商人の増大について，Gauchi, P. (2002), p. 130. これによれば1690年代の活動的貿易商人850名のうち，51％のみが市民であり，38％のみがリヴァリマンであった。

20　以上について，坂巻清（2012），134-140頁。

21　Beattie, J. M. (2001), p. 94; Webb, S. & B. (1922, 1963), Vol. 2, Pt. II, pp. 676-677.

22　Birch, W. de G., ed. (1887), pp. 159-200.

23　*The Corporation of London* (1950), pp. 60-61.

24　Webb, S. & B. (1922, 1963), Vol. 2, Pt. I, pp. 382-383, 384-394. Webb, S. & B. (1922, 1963), Vol. 2, Pt. II は，これら３タイプに即しての都市行政の分析である。

25　唯一の例外は，1725年の議会における，ウィッグ寡頭《かとう》支配からするロンドン市選挙法の制定である。11 George I, c. 18; Doolittle, I. (1982b), esp. pp. 515-520; Rogers, N. (1989), pp. 35-45; 坂巻清（2012），130-134頁。

26　Sweet, R. (1999), pp. 65-69.

27　Webb, S. & B. (1922, 1963), Vol. 4, Chaps. 1-4; Sweet, R. (1999), p. 44f.

28　Sweet, R. (1999). pp. 47-50. キングス・リンにおける法定委員会の本格的な実証研究として，小西恵美（2015），第４章。都市自治体と改良委員会の補完性の指摘が興味深い（180-184頁）。同（2003）。

29　以上について，Sweet, R. (1999), pp. 59-62.

30　これは青木康氏の研究によった。青木康（1997), 49-67頁。

31　Keeler, M. F. (1954), p.23.

32　Sweet, R. (1999), pp. 39-42, 66-71.「この時期に都市において次第に支配的影響力をもつようになったのは都市の治安判事だった」が，都市の自治的な権利・義務を果たさないようなバラの場合には「州の治安判事が……バラを州に吸収する」こともあったという。Webb, S. & B. (1922, 1963), Vol. 2, Pt. II, pp. 266, 288. なお名望家行政については，M・ウェーバー，世良晃志郎訳（1970），189-192頁。

33　二宮宏之（2011c），161-163頁。

34　高澤紀恵（1999），152-161頁；同（2008），第4，5，6 章。

35　Halliday, P. D. (1998), pp. 220-223.

36　坂下史氏は，S・ピンカスの所論を紹介しつつ，ジェームズ２世がルイ14世治世下のフランス国家を模範とし，国王への権力集中，官僚制と軍隊の強化，カトリック教会制を目指すのに対し，ウィリアム３世がオランダをモデルとしつつ，議会における土地所有と商人の利害を調整して商工業の発展を目指すという２つの国家像を対比している。坂下史（2014），34頁；Pincus, S. (2006), pp. 29-33.

37 Levin, J. (1969), pp. 93-94.

38 Doolittle, I. (1982a), pp. 12-18; De Krey, G. S. (1985); Rogers, N. (1989), pp. 13-45.

39 Sweet, R. (1999), pp. 65-70.

40 中世には理想の騎士を意味したジェントルマンは，その後16・17世紀には地主，法律家，商人などを含むようになり，さらには人格者，パブリック・スクールの教育を受けた者から，19世紀には一介の男子をも含むように「下向」した。この過程は，B・ラッセルのように「ジェントルマンの概念は，貴族が中産階級を支配するために発明した」と捉えるより，A・トクヴィルのように「ジェントルマンの歴史は，民主主義の歴史そのもの」とする捉え方に，P・J・コーフィールドとともに共鳴できる。P・J・コーフィールド，松塚俊三・坂巻清訳 (1997); Corfield, P. J. (1996).

41 Rule, J. T. (1983), pp. 152-156; Dobson, C. R (1980), pp. 60-73; Unwin, G. (1904, 1963), Chap. 8〔樋口訳 (1980)，第 8 章〕.「永続的ジャーニーマン」のアソシエーション形成やそれにいたるプロセスについては，坂巻清 (1987b)，第 9 章。なお，17世紀末から簇生する多様なアソシエーションについて Clark, P. (2000), Chap. 3.